新编公共管理类专业实践教学系列教材

（顾问　夏书章 / 主编　王枫云）

GONGGONG GUANLILEI ZHUANYE
MONI SHIXI JIAOCHENG

公共管理类专业模拟实习教程

王枫云　陈亚楠　编著

中山大学出版社
SUN YAT-SEN UNIVERSITY PRESS

·广州·

版权所有　翻印必究

图书在版编目（CIP）数据

公共管理类专业模拟实习教程／王枫云，陈亚楠编著. —广州：中山大学出版社，2016.8

（新编公共管理类专业实践教学系列教材／顾问　夏书章　主编　王枫云）

ISBN 978 – 7 – 306 – 05802 – 7

Ⅰ. ①公… Ⅱ. ①王… ②陈… Ⅲ. ①公共管理—实习—高等学校—教材 Ⅳ. ①D035 – 45

中国版本图书馆 CIP 数据核字（2016）第 205450 号

出 版 人：	徐　劲
策划编辑：	曾一达
责任编辑：	曾一达
封面设计：	曾　斌
责任校对：	刘学谦
责任技编：	何雅涛
出版发行：	中山大学出版社
电　　话：	编辑部 020 – 84110771，84110283，84111997，84110779
	发行部 020 – 84111998，84111981，84111160
地　　址：	广州市新港西路 135 号
邮　　编：	510275　　传　真：020 – 84036565
网　　址：	http://www.zsup.com.cn　　E-mail：zdcbs@mail.sysu.edu.cn
印 刷 者：	广州中大印刷有限公司
规　　格：	787mm×1092mm　1/16　13.25 印张　314 千字
版次印次：	2016 年 8 月第 1 版　2016 年 8 月第 1 次印刷
定　　价：	35.00 元

如发现本书因印装质量影响阅读，请与出版社发行部联系调换

本教材是下列教学改革与教学研究项目的部分成果：

（1）广东省教育科学"十二五"规划2013年度课题："珠三角城市群教育资源的优化配置研究"（2013JK140）。

（2）广州市教育科学"十二五"2013年度项目："广州教育公共服务体系优化研究"（2013A010）。

（3）广东省本科高校教学质量与教学改革工程2014年立项建设项目："广州大学——广州市政务服务中心政务实践教学基地"。

（4）广州市第二批示范性实践教学基地2014年度建设项目："广州市政务服务中心政务实习基地"。

（5）广东省研究生教育创新计划2014年项目："广州市人民政府政务管理办公室联合培养研究生示范基地"。

（6）广州大学2015年省级"本科教学质量工程"项目："广州大学——广州市城市管理委员会实践教学基地"。

（7）2015年广州市高等学校第七批教育教学改革重点立项项目，2015年广东省高等教育教学改革项目（本科类）："地方院校行政管理专业'双导师制'的实施现状调查及其完善对策研究——以广州大学为例"。

（8）广东省教育研究院2014年度教育研究重点项目："地方院校本科生培养质量的跟踪评估研究——以广州大学为例"（GDJY—2014—C—a008）。

（9）2014年度广东教育教学成果奖（高等教育）培育项目："校外实践教学基地建设中的大学与政府全面合作模式"。

作者简介

王枫云　广州大学公共管理学院副院长、教授、管理学博士、研究生导师。

序　言

公共管理作为一门应用性和实践性很强的学科，实践教学在其学科体系中占有非常重要的地位。实践教学体系是否充分、完备，将会直接影响到学生的实际应用能力和综合素质的提升，关乎本专业能否培养出符合社会需要的高层次创新应用型人才。但是，由于受到传统教育理念和教学模式的束缚或影响，当前我国的公共管理教学一般主要以课堂教学为主；往往偏重对理论知识的传授，而实践教学内容、实践教学形式、实践教学课时等方面的安排不够合理、不够充分。这一现状已经影响了公共管理专业的人才培养质量。这就需要突破原有的教育理念和教学模式，将实践教学作为整个公共管理专业教学体系的有机组成部分。尤其是在当前我国加快落实"创新驱动发展战略"，大力建设"创新型国家"，倡导"大众创业、万众创新"的时代背景下，公共管理专业更应主动适应经济社会发展的"新常态"，将"创新性、创造性和实践性"作为衡量人才培养质量的重要标尺。

有鉴于此，我很乐于看到王枫云教授主编的"新编公共管理类专业实践教学系列教材"的出版。作为国内第一套公共管理类专业实践教学的系列教材，这套教材由《公共管理类专业模拟实习教程》《公共管理类专业综合实习教程》和《公共管理类专业本科学位论文的写作与答辩》三本各自独立而又有内在关联的教材组成。其中，《公共管理类专业模拟实习教程》以"在课堂教学中创设情景模拟实习环境，让学生在情景模拟角色的扮演中加深对知识的理解、领会、吸纳与应用"为目标，涵盖了如下教学内容：公文写作模拟实习、公文管理模拟实习、电子政务模拟实习、政府网站管理模拟实习、公共部门人力资源管理模拟实习、公共关系模拟实习、公共危机管理模拟实习、公共管理研究模拟实习等。《公共管理类专业综合实习教程》以"让学生在不断实践的过程中找准自己的职业方向，积累工作经验，为正式就业打下基础"为指针，涉及如下教学内容：政府办公事务处理实习、接待事务实习、会务工作实习、档案管理实习、调研工作实习等。《公共管理类专业本科学位论文的写作与答辩》以"推进公共管理类专业本科生学位论文写作与答辩的思想性、学术性、创造性、规范性和严谨性"为导向，包括如下教学内容：公共管理类专业本科学位论文的结构和格式、公共管理类专业本科学位论文写作常用的调查方法、公共管理类专业本科学位论文的选题、公共管理类专业本科学位论文材料的搜集与整理、公共管理类专业本科学位论文写作过程、公共管理类专业本科学位论文各部分的主要写法、公共管理类专业本科学位论文语言和逻辑、公共管理类专业本科学位论文写作规范、公共管理类专业本科学位论文答辩等。

上述三本教材从课堂模拟实习到校内外综合实习，再到实践教学的最终环节——学位论文的写作与答辩，形成了一个从课内到课外，再到最终环节的公共管理类专业实践教学的课程体系，将能有效地促进公共管理类专业实践教学的教学内容改革、教学方式改革、考核方式改革、毕业论文（设计）改革等，进而推进公共管理类专业高层次创新应用型人才培养目标的达成。

  当然，具有创新性、创造性和实践性特征的公共管理类专业本科人才的培养是一个复杂的系统工程，除了不断创新实践教学教材的内容、提升实践教学教材的质量外，还要着力建立以学生为中心的实践教学运行机制，打造服务实践教学的运行平台与管理体系，构建起全方位、全覆盖的实践教学质量监控体系等。这样，才能培养出与国家、社会需求相契合的公共管理类专业本科人才。

2016 年 6 月 11 日

目 录

第一章 公共管理类专业模拟实习概述 … 1
第一节 公共管理类专业模拟实习的内涵与特征 … 1
一、公共管理类专业模拟实习的内涵 … 1
二、公共管理类专业模拟实习的特征 … 4
第二节 公共管理专业类模拟实习的功能与意义 … 5
一、公共管理类专业模拟实习的功能 … 5
二、公共管理类专业模拟实习的意义 … 7
第三节 公共管理专业类模拟实习的主要内容 … 9
第四节 公共管理专业类模拟实习中应注意的问题 … 12
一、模拟实习教学实施的建构原则 … 12
二、对师资、教学方法与理念、教学设计等提出了更高要求 … 13
三、模拟实习教学实施时必须解决的几个常见的问题 … 16
四、模拟实习实施时应正确处理的若干关系 … 17

第二章 公文写作模拟实习 … 19
一、公文的概念 … 19
二、公文的特点 … 20
第一节 命令、决定、公告写作的模拟实习 … 22
一、命令 … 22
二、决定 … 24
三、公告 … 26
第二节 通告、通知、通报写作的模拟实习 … 28
一、通告 … 28
二、通知 … 31
三、通报 … 34
第三节 批复、议案、请示写作的模拟实习 … 38
一、批复 … 38
二、议案 … 40
三、请示 … 42
第四节 报告、函、意见、会议纪要写作的模拟实习 … 45
一、报告 … 45
二、函 … 47

  三、意见 ··· 50
  四、会议纪要 ··· 51

第三章　公文管理模拟实习 ·· 56
第一节　公文管理概述 ·· 56
  一、公文管理的原则 ··· 56
  二、公文管理制度 ·· 58
  三、公文信息加工 ·· 60
  四、公文平时归卷 ·· 61
  五、办结公文处置 ·· 61
  六、公文管理 ·· 63
第二节　公文处理模拟实习 ··· 66
  一、公文处理的概念 ··· 66
  二、公文处理的原则 ··· 67
  三、公文处理的作用 ··· 67
  四、发文处理程序 ·· 68
  五、收文处理程序 ·· 70
第三节　模拟实习 ··· 75
  一、实训安排 ·· 75
  二、附件 ··· 78

第四章　公共部门人力资源管理模拟实习 ··· 81
  一、公共部门人力资源管理的含义 ······································· 81
  二、公共部门人力资源管理的特点 ······································· 81
  三、公共部门人力资源管理的重要性 ··································· 82
第一节　人力资源规划模拟实习 ·· 83
  一、人力资源规划的含义 ··· 83
  二、公共部门人力资源规划的程序 ······································· 84
  三、模拟实习 ·· 87
第二节　招聘与配置模拟实习 ·· 88
  一、公共部门人员招聘的途径 ·· 88
  二、公共部门人力资源配置 ·· 91
  三、模拟实习 ·· 92
第三节　培训与开发模拟实习 ·· 93
  一、公共部门培训与开发的含义 ··· 93
  二、公共部门培训与开发的作用 ··· 94
  三、公共部门人力资源培训方法 ··· 94

四、角色扮演模拟 ································· 95
第四节　人力资源绩效管理模拟实习 ························ 96
　　一、公共部门人力资源绩效管理的含义 ···················· 96
　　二、公共部门人力资源绩效考核方法 ······················ 97
　　三、模拟关键事情分析 ······························ 99
第五节　薪酬与福利管理模拟实习 ·························· 100
　　一、公共部门薪酬管理的含义和功能 ····················· 100
　　二、薪酬制度设计的基本过程 ························· 101
　　三、福利的含义、作用及形式 ························· 102
　　四、模拟实习 ···································· 103

第五章　公共关系模拟实习 ································· 105
　　一、公共关系的定义 ································ 105
　　二、公共关系的功能 ································ 105
第一节　问卷调查模拟实习 ································ 107
　　一、定义与内容 ·································· 107
　　二、问卷的类型 ·································· 107
　　三、问卷设计的原则 ································ 108
　　四、问卷的分发方式 ································ 109
　　五、操作练习 ···································· 110
第二节　公众访谈模拟实习 ································ 111
　　一、公众访谈法的类别 ······························ 111
　　二、访谈方法和技巧 ································ 113
　　三、操作练习 ···································· 114
第三节　网络公关模拟实习 ································ 117
　　一、网络公关的定义 ································ 117
　　二、网络公关的优势 ································ 117
　　三、网络公关的渠道 ································ 118
　　四、操作练习 ···································· 120
第四节　公关谈判模拟实习 ································ 121
　　一、公共谈判的关系 ································ 121
　　二、公共谈判的过程 ································ 121
　　三、公共谈判常用策略 ······························ 123
　　四、操作练习 ···································· 126
第五节　公关礼仪模拟实习 ································ 127
　　一、公共礼仪的作用 ································ 127
　　二、公共礼仪的原则 ································ 129

三、公共礼仪的基本内容 …………………………………………………… 130
　　四、操作练习 …………………………………………………………………… 131

第六章　公共危机管理模拟实习 …………………………………………… 133
　　一、公共危机管理的基本内涵 ………………………………………………… 133
　　二、公共危机管理的特征 ……………………………………………………… 133
　第一节　公共危机决策模拟实习 ………………………………………………… 135
　　一、公共危机决策的特点 ……………………………………………………… 135
　　二、公共危机决策的模式 ……………………………………………………… 137
　　三、案例分析 …………………………………………………………………… 138
　第二节　公共危机预警模拟实习 ………………………………………………… 139
　　一、公共危机预警的含义 ……………………………………………………… 139
　　二、公共危机预警系统的功能 ………………………………………………… 139
　　三、建立公共危机预警系统的作用 …………………………………………… 140
　　四、公共危机预警系统的建立 ………………………………………………… 140
　　五、案例分析 …………………………………………………………………… 144
　第三节　应急处置与救援模拟实习 ……………………………………………… 145
　　一、应急处置的原则 …………………………………………………………… 145
　　二、应急处置的流程 …………………………………………………………… 146
　　三、案例分析 …………………………………………………………………… 149
　第四节　恢复与重建模拟实习 …………………………………………………… 151
　　一、恢复与重建的含义 ………………………………………………………… 151
　　二、恢复重建的过程 …………………………………………………………… 152
　　三、恢复重建的原则 …………………………………………………………… 153
　　四、恢复重建的关键性问题 …………………………………………………… 153
　　五、案例分析 …………………………………………………………………… 156
　第五节　公共危机管理中沟通的模拟实习 ……………………………………… 158
　　一、危机沟通的定义和特点 …………………………………………………… 158
　　二、危机沟通的意义 …………………………………………………………… 159
　　三、不同公共危机管理阶段的沟通方式和策略 ……………………………… 160
　　四、案例分析 …………………………………………………………………… 162

第七章　公共管理研究模拟实习 …………………………………………… 166
　第一节　选题与文献回顾模拟实习 ……………………………………………… 166
　　一、研究问题的概念 …………………………………………………………… 166
　　二、公共管理研究的问题 ……………………………………………………… 166
　　三、选题的具体标准 …………………………………………………………… 167

  四、文献回顾 ……………………………………………………………… 169
  五、课程模拟练习 ………………………………………………………… 171
 第二节 研究设计模拟实习 ……………………………………………………… 172
  一、研究设计的内涵 ……………………………………………………… 172
  二、研究设计的基本要素 ………………………………………………… 173
  三、课程模拟练习 ………………………………………………………… 177
 第三节 概念的测量及操作化模拟实习 ………………………………………… 177
  一、概念的定义 …………………………………………………………… 178
  二、测量 …………………………………………………………………… 179
  三、操作化的含义和方法 ………………………………………………… 181
  四、课程模拟练习 ………………………………………………………… 182
 第四节 研究资料收集模拟实习 ………………………………………………… 182
  一、访谈法 ………………………………………………………………… 182
  二、问卷法 ………………………………………………………………… 183
  三、实验法 ………………………………………………………………… 184
  四、实地研究 ……………………………………………………………… 185
  五、课程模拟练习 ………………………………………………………… 187
 第五节 研究资料分析模拟实习 ………………………………………………… 187
  一、单变量统计分析 ……………………………………………………… 187
  二、单变量推论统计 ……………………………………………………… 188
  三、双变量统计分析 ……………………………………………………… 188
  四、定性资料分析 ………………………………………………………… 189
  五、定性资料分析与定量资料分析的差异 ……………………………… 190
  六、课程模拟练习 ………………………………………………………… 191
 第六节 研究论文撰写模拟实习 ………………………………………………… 191
  一、研究论文的分类 ……………………………………………………… 192
  二、研究论文的基本特点 ………………………………………………… 193
  三、研究论文的基本结构 ………………………………………………… 194
  四、课程模拟练习 ………………………………………………………… 197

参考文献 …………………………………………………………………………… 198

第一章 公共管理类专业模拟实习概述

第一节 公共管理类专业模拟实习的内涵与特征

一、公共管理类专业模拟实习的内涵

我国的公共管理学最早主要是从行政管理学科中发展而来的,而行政管理学早在20世纪30年代就已经出现,但1952年院系学科大调整后被废止。随后到了1980年以后才开始逐渐恢复研究,20世纪80年代中期之后才重新开设了行政管理学的本科专业教育。作为一门新兴的独立学科,公共管理学相当年轻,1996年我国才将"公共管理"设置为一级学科,并开始进行公共管理类专业的课程建设和教材建设。随着当时中国经济的发展,市场经济体制也开始建立并且得到逐步发展。为了适应社会发展,需要培养一批公共管理事业的人才,同时也是为了满足政府建设新型公共事务体制的要求。因此公共管理类专业自1998年开设以来呈跨越式发展趋势,到2013年,全国开设该专业的高校已达500多所。

近年来,高等学校学生的实践能力培养已经得到了社会的广泛关注。现在社会上的大多数企业需要的是专业技术人员;而高等院校的毕业生缺乏实践经验和社会经验,心态不够稳重,拥有的那套理论思路根本无法在实际生活中或者在问题面前发挥作用,这种现象造成了社会一片唏嘘。我们可以看到开设公共管理类专业院校的剧增并未给该专业的学科带来明显的优势,反而是人才培养模式滞后于市场需求、社会声誉度不高等问题日益突出。

反思现状,公共管理类专业人才培养模式应从传统的理论学术研究向应用性人才培养发展,特别是要拓展实践教学模式的层次与内涵。我们都知道公共管理类专业是理论性和实践性比较强的专业性课程,该课程培养的重点目标应该是要学会在工作与学习中灵活运用管理的思想,而不是把重心放在理论知识的认知上。[①] 但就目前来看,传统的教学方法是多以演示法、教授法为主要教学模式。如教师在讲台上讲授,充当演员的角色;学生在台下听,充当听众的角色;久而久之,形成了一种"满堂灌"的教学方法。在这种课堂教学中,教学的重点在于基本理论、基本知识的讲授和灌输。教师常常停留在概念的解析、理论的演绎和方法的介绍上。而学生呢?往往是无奈地听讲,被动地接受。由于学生缺少管理实践的背景知识,教师仅仅依靠这种教学方法来进行课堂教学,在调动学生学习的积极性的同时,学生主体地位的发挥及应用能力的培养等方面都受到了一定的制约。传统的授课式教学不但不能创设知识形成的情景,更不利于调动学生学习的主动性和积极性。那么如何培养学生既能在较轻松的学习环境中掌握公共管理学的

---

① 周琼婕:《浅析情景模拟教学法在〈公共管理学〉教学中的运用》,载《企业导报》,2013(16)。

基本理论、知识和方法，又能将其与实践高效地结合呢？这就是我们接下来将要探讨的。

在20世纪80年代的西方逐渐兴起的情境认知理论认为，知识是基于社会情境的一种活动。人类所有的知识都是人的活动和情境互动的产物，人的学习也内在固有地依存于背景、情境之中。所以说学习不仅仅是为了掌握一大堆已有的事实性知识，还要求学习者创设一定的情境，在情境互动中感受知识、获取知识。虽然借鉴国外公共管理专业教学的先进经验，公共管理专业课程也越来越重视学生实践能力的培养。一方面，在学校教育中增大了案例教学的比例，另一方面在公共部门之中建设了若干学生实习基地。但是，公共部门本身就具有一定的封闭性，且出于保密和工作效率等方面考虑，公共部门作为实践教学资源，在实践部门、时间和具体工作分工等方面并不能完全满足公共管理专业的实践教学需求。之后有关专家通过多种教学法的尝试后，认为模拟实习的教学方式可以在课程中得到综合应用；不仅可以有效地锻炼学生收集资料、表达问题、解决问题的能力；还极大地释放了学生的激情，提高其学习兴趣，培养其社会实践能力。

模拟实习教学的理论基础来源于建构主义。① 建构主义学习理论是对传统学习理论的修正和拓展，并对现代教育教学理念的更新以及高等管理、财经类专业教学模式的改革和创新产生积极的影响。建构主义理论强调在真实的情景中建构知识意义，即为学习者建构创造必要的学习环境和条件，让学习者步入真实的环境中去感受和体验；从而学会解决实际问题，提高学习者的动手能力和创新思维能力。模拟实习教学是学生将理论知识有效运用到社会实践的桥梁，是巩固、贯通、创新所学知识的重要手段。

模拟实习教学法是以一种案例、情景或者操作为载体的实践性教学方法，是一种在教学活动中将实际现状引入课堂的教学方式，实质为课内实践教学的方法。它避免了校外实践教学的困境，在课堂内就能给予学生直观感知实际的效果。这种教学比较高的要求教师在教学活动中承担更多更重要的角色，并且能够借助一定的手段和模式，采取模拟教学、仿真教学、现场再现、实际操作等方法来推进实践教学的改革和创新。通过围绕某一教学主题，创设情景而引导学生扮演角色，将事情的发生及发展过程虚拟再现出来，通过角色的扮演，让学生可以设身处地去实践现代管理实践中那个可能属于自己的未来角色。培养学生的分析和综合思维能力，增强学生应对突变环境条件的应变及组织能力，锻炼学生的团队合作能力。让学生仿佛身临其境，获得亲身体验，提高应用所学理论分析问题、解决问题的能力。最后，通过模拟实习教学这一方式，使学校学习和社会实践之间架起一座桥梁；让学生通过亲身感受更快适应实际操作，更快融入社会，成为社会所需要的优秀的管理人才。

模拟教学在欧美高校已成为一种主流的公共管理人才培养模式，获得了社会的广泛认可。在教学中通过开展政务仿真的情景模拟实习教学可以在学生和现实的公共部门之间搭建一座桥梁，锻炼学生处理公共管理事务的能力，从而培养社会所需的复合型、应用型公共管理人才。根据情境认知理论，当学习被镶嵌在运用该知识的社会和自然情境中时，有意义的学习才有可能发生；所获得的知识，这才是最真实、最完整也是最有力

---

① 张术松：《公共管理实验教程》，天津大学出版社，2009。

和最有用的。同时该理论还强调学习不仅仅是为了获得一些事实性的知识，还要求思维与行动的改变，要求学习者参与到真正的情境中。这种方法强调学生的深度参与。在教学中教师起主导作用，学生是教学的主体，是课堂的主人，真正体现了"做中学"、"教和做合一"的理论。模拟实习教学要求教师根据教学内容和背景材料设计场景，学生在假设而又逼真的场景中扮演相应角色设身处地进行实际操作。这种教学方法为学生提供了一个仿真的实践平台，在课堂教学中实现了知识向经验技能的转化。

　　模拟教学与传统的课堂教学有很大的不同。模拟实习教学是教学法的一种新的发展，它突破了传统教学法时效性差、互动性弱、过于抽象、难以激发学生学习兴趣的困境，通过营造贴近公共部门实际工作和学生日常生活的场景，让学生在场景中模拟进行实践活动，从而使学生达到身临其境的教学效果。培养学生的知识运用能力，语言表达能力和实务操作能力。它一反传统课堂教学的理念，强调通过创设情景模拟、角色扮演来获取知识，具有传统课堂教学无法实现的实践性。在模拟教学中，教师为学生提供了一个仿真的实践平台，让学生在亲身参与、感受中自觉地将理论知识与实际应用结合起来，从而培养分析问题、解决问题、理论思维、团结协作、口头表达等各种能力。

　　在模拟教学中，知识的传播不是单项灌输，而是双向互动的综合过程。这种互动既包括教师和学生之间的互动，也包括学生与学生之间的互动。模拟教学一般都是通过角色扮演来进行，学生在一定的情境中扮演着各自的角色，为学生提供了一个相互了解、相互交流的平台。学生在相互交流之中扩大自己的视野，培养自己的能力，获取自己所需的知识。模拟实习教学为培养学生的团队意识，增强学生的协作精神提供了有效的途径。在模拟活动中，学生既是团队成员又扮演着各自的角色，在演练过程中相互协作，相互沟通，通过共同努力来实现教学目标，完成教学任务。模拟实习教学不同于其他教学方法，主要以学生参与为主，把一个个现实中的场景"搬"到课堂上，让学生身临其境地扮演一定的角色。这种教学在气氛上一扫教师主讲时的尊崇和压抑，内容上突破纯理论学习的束缚；学习不再是个人枯燥的努力，而是主观能力的释放，以及集体智慧的合作。这就较好地弥补了单纯的理论知识传授型课堂教学的不足，极大调动了学生学习的积极性、主动性与创造性，从而取得事半功倍的教学效果。

　　以实践为主的理想教学应该是让学生在真实或仿真的活动中，通过参与和观察，在亲身体验中获得真正有用的知识和能力。由此，应在课堂教学中创设情景模拟实习环境，穿插情景模拟分析，安排情景模拟演练，让学生在情景模拟角色的扮演中加深对知识的理解、领会、吸纳与应用。[1] 因此，在公共管理类专业实践教学过程中，应广泛推广模拟实习教学。模拟实习教学借助对公共部门实践活动的仿真，从而在学生和现实的公共部门之间建立了一座桥梁，能够锻炼学生处理公共事务的能力，培养学生的综合素质。[2] 为学生的知识运用能力、语言表达能力和实务操作能力的培养搭建一个有效的平台，从而为社会提供大量所需的专业性人才。

---

[1] 刘雪明：《情景模拟法在公共政策课程教学中的应用》，载《教育评论》，2011（1）。
[2] 闫章荟：《公共管理专业情境模拟教学模式设计及应用》，载《中国电力教育》，2012（20）。

二、公共管理类专业模拟实习的特征

公共管理类模拟实习课程的设置就是让学生学习公共管理类专业的基本原理，培养正确的操作理念，运用有效的操作手段实现目标。通过对模拟实践教学法的分析和研究，可以总结出模拟实习教学法的特点主要有以下几点。

1．理论与实践高度融合

从模拟实践教学法的定义可以看出这类方法本身就是建立在理论与实践相结合的基础之上。与传统的教学方法相比较，这类方法更多的是注重课堂教学模式的创新，注重实践教学，不断的为学生提供一个模拟实践的场景，为学生搭建一个模拟实践的平台；让学生尝试将理论知识与实践操作相结合，使学生深刻领会所学的管理基本理论知识和基本技能。不仅培养了学生独立分析和解决问题的能力，还增加了学生团队合作及动手操作的能力；从而有效地训练学生的多方面能力扩展，使其教学法的开展将始终围绕教学目的进行，实现重要的教学创新理念。

2．突出学生的主体性

模拟实践教学法强调学习的主体是学生，在模拟情景中学生独立地进行活动，教学活动的重点随之就从"教"向"学"发生了转变；从而促进学生在实践中学习知识、应用知识和提高能力。模拟实习教学法可以摆脱传统教学中教师作为教学的主体。即使这样，教师的责任还是不容忽视的，他要帮助学生灵活处理好教材内容与模拟情景二者的关系，以具体教材内容为基础开展模拟活动。同时，教师还要注意灵活把握好课堂气氛及课程节奏，处理好情境中将出现的一系列问题，让学生可以更加真实的融入到课程模拟的气氛当中。让学生只能被动接受教师传授知识导致学生学习效率较低的境况，很少会再出现。总之，在整个实践教学过程中，任务分工、活动策划甚至活动组织，都基本上要通过学生自己来实施，教师只是起到辅助和引导作用。这样有助于培养学生独立思考的能力，也能够培养学生自我解决问题的能力。

3．教学内容体现社会需求

模拟实践教学是一个与时俱进、不断发展变化的过程。在这个教学过程中的学习和培训的内容应该是与时代和社会现实紧密联系在一起的。社会发展需要的问题，或者说模拟实践教学不仅是传授知识，而是引导和帮助学生合理使用这些相关知识来发现问题和解决问题。引导学生充分参与到实践过程中，让学生学会如何解决各种典型的问题，帮助学生提升实践能力和水平。这就要求我们的模拟教程应尽可能真实生动，力求寻求有真实情景的管理实践中的一些管理活动和案例，并能够真实反映管理实践活动的基本规律和基本情景。从而让学生通过课程学习而把握社会动态，了解社会需求。让课程与社会更好的接轨。

4．教师与学生互动加强

模拟实践教学是师生双向互动的教学方法，在教学过程中教师改变自己的角色，意识到自己不再是传统教育中的定位。模拟实习教程的主要目的是通过课程气氛提高教学效果及学生兴趣。因此在开展模拟实习时，教师应该注意开发学生的智力和培养学生的实践能力。这就要求教师针对情景的难易度，要把握适度，兼顾好各个层次的学生，尽可能调动所有学生自愿参与情景活动。同时学生也应该转变观念，从原来的被动接受知识，转变为主动发现问题和学习新知识。模拟实践教学方法让教师必须同时面对现实教学问题和学生创造性提问的两个挑战，这使得两者之间的交流是双向或多向而不是传统意义上的单向。有时双方之间需要互相讨论甚至争论。在指导学生参与实践的过程中，不仅提高了教师和学生之间的互动，也增强了教师和学生之间的沟通。

第二节　公共管理专业类模拟实习的功能与意义

一、公共管理类专业模拟实习的功能

为了强化实践教学在人才培养中的重要作用，很多高校的公共事业管理专业都开始探索政校合作共建实践教学基地的模式。但是也存在了一定的局限性，公共部门的工作特质决定了其在实践的部门、时间、学生容纳、工作分工等方面并不能完全满足公共事业管理专业的实践教学需求。而从国外公共管理人才输出的模式来看，开展政务活动仿真模拟实习教学已成为一种成熟、成功的模式。情景模拟教学由美国心理学家哈茨霍恩（H. Haytshoyne）首先提出，后在公共管理人才培养中得到广泛认可。其主要是指在课程教学中设置一定的工作情景，由学生进行角色扮演、分工，运用所学知识处理问题，在情景模拟中体验真实的工作状态。公共事业管理作为应用型专业，主要培养适合党政机关、企事业单位的复合型、应用型人才。但是，传统的理论灌输式人才培养模式导致很多学生或是"眼高手低"，或是"专业认可度偏低"。为了推动公共事业管理专业的可持续发展，开展政务仿真的模拟实习教学势在必行，其主要功能如下。

1. **有助于培养目标的实现**

公共管理专业是培养具备一定专业基础知识、能较熟练的掌握一些办公技能及有一定分析能力的工作人员。因此，培养学生具有一定专业理论知识和不断提高实际操作技能是管理的重要部分。由于平时传统的教学只在课堂内进行，毕业实习处于教学过程的终级阶段，学生是在完成理论学习后再将所学知识运用于实际工作，因而不利于学生在对所学知识的理解、巩固及掌握。有了公共管理类专业模拟实习教程，从学习基本的公文写作开始，到档案管理、电子政务的一些基本操作，以及公共部门人力资源的管理与公共危机的处理等项目的技能训练，就可以配合公共管理类专业的理论教学，进行各种管理实际情景的模拟实习。通过长时期、系统的模拟实习，可以较好地提高教学效果，有利于培养技能过硬的管理人员。

2. **有助于公共事业管理专业教学绩效的提高**

学生参与教学的积极程度是影响教学效果的重要因素。传统的理论灌输教学模式虽便于操作，但其效果却与复合型、应用型公共管理人才培养的初衷背道而驰。该专业侧重于对社会公共事务及公共管理实践的研究，这就决定了教学必须以实践应用为核心。模拟实习教学通过开展政务活动的仿真实践有利于提升公共事业管理专业的教学成效。

（1）模拟实习教学相对其他实践教学模式具有易组织、经济适用的优势。可在课堂内外，随机或集中组织进行，对资金、技术、设备的要求相对较低，能够以较小的成

本让学生体验现实工作的感觉。

（2）模拟实习教学能够促使教学互融，提升学生的动手操作能力和逻辑思维能力等。

（3）模拟实习教学贯彻了学生的"学习主体"地位，充分调动学生的学习热情和主动性，使课程教学焕发生机与活力。

3. 有助于激发学生的求知欲望和培养学生的自主学习能力

美国教育家林德曼（E. Lindeman）认为"成人教育是一种没有权威的合作探讨和非正规学习，其主要目的是发现经历的意义。"大学教育的核心不在于教会学生怎么做，而在于学习能力的培养。引导学生学会思考、创新，在实践中挖掘潜力，凝聚核心竞争力。[①] 由于师资匮乏和实践教学环节薄弱，很多公共事业管理专业学生大学四年仅仅是完成了对课本知识的"复制"，未能有效的开发其自主学习的潜能。正因为如此，模拟实习教学的应用对于公共事业管理专业人才的培养极其重要。公共管理类模拟实习是运用直观性的原则，通过具体的事物和形象，引导学生充分感知。模拟实习教材展示大量的直观材料，让学生获得感性的知识，扩大视野，开拓思路，以作为形成科学概念的基础。以往课堂教学只讲理论知识，由语言文字唤起学生表象的完整性与鲜明性远远不如刺激作用感官所产生的知识那样鲜明具体。所以在公共管理类模拟实习中，学生发挥主体性作用，亲自动手操作，从模拟主题的确定与方案设计、资料搜集与准备到角色分工与活动组织等全过程均主要由学生独立自主完成。这就给学生创造了一种思维活跃的气氛和环境，对于学生在实践中认知自己、挖掘潜能等具有十分重要的价值。而学生置身于实际的管理处理过程中工作，使学习的公共管理理论知识得到实践检验，从而巩固所学的理论知识。于是学生在模拟实习中就会有成就感，这就充分调动了学生学习的积极性，发挥了学生的聪明才智，激发了学生的求知欲望与探索精神。

4. 有助于学生毕业后缩短"适应期"，早日适应工作

学生过去往往是在毕业前夕到政府或者是企业去实习，一般称为"毕业实习"。这种方法对于学生走出校门、理论联系实际、提高教学质量起到一定的作用。但是，毕业实习存在难以克服的实际困难。比如说政府管理部门的一些软件操作或者是一些档案处理的要求比较高，学生在短时间内掌握主要的操作技巧是难以实现的，学生基本处于"见习"状态。实践证明，这种课堂教学与实习脱节的做法效果不好，延缓了公共管理类人才的培养进程。

公共管理类模拟实习不受时间和空间的限制，在模拟实习中，为学生创造一个真实的实习空间，有利于学生理论知识的消化和吸收。同时，还设置了与公共管理工作相联系的有关职能部门，如企业中人事部门的招聘、规划、培养等课程，学生在模拟实习课程中可以模拟充当人事人员，模拟实习涉及人事管理业务的相关行为，这样可以很快的帮助学生熟悉该领域的办事流程，使学生获得的知识更加丰富广泛。在模拟实习教学中学生可以大胆的操作，学到的知识也可以分步和系统的得到验证。在统一的模拟实习资

---

① 聂火云，黄心华：《公共事业管理专业人才培养中情景模拟教学法的应用探讨》，载《成都工业学院学报》，2014（1）。

料下"同步进行",学生获得知识的机会是均等的。而且同学之间还可以进行意见交流,彼此沟通,老师也可以从旁给予建议指导,这样就有利于学生从理论知识更快的过渡到实际操作。通过学生在校期间,长时间、多次地进行模拟实习,毕业时,已基本掌握从事管理类的相关工作技能;这就大大缩短了学生毕业后从事实际工作的"适应期",从而提高社会对公共管理类专业应届生的评价,满足社会的需求。

二、公共管理类专业模拟实习的意义

1. 公共管理应用型人才培养的需要

我国的社会发展是社会主导性的发展模型,政府的意志主导着社会发展的方向和道路,决定着社会结构的格局和变化。因此,公共管理人才的素质和能力对我国社会发展具有重大影响,可谓"国以才立,政以才治理"。我国高校是培养公共管理人才的主要基地。随着公共管理日趋复杂化,新的公共管理人才绝大多数具有受过高等教育的经历,但学历不等于能力。面对经济全球化和科技国际化的激烈竞争以及社会主义市场经济建设的需要,公共管理人才培养的应用性特点越来越突出。改变教育理念,创新人才培养模式,培养社会需求的公共管理复合型、应用型人才,成为学科建设的主要方向。与医学、法学、工程类学科相类似,公共管理是一门实践性很强的应用社会科学学科。强实践性的公共管理学科要求公共管理类专业的教学与研究必须以实践为根基,教学环境要有现实性。公共管理专业要重视对公共管理从业或准从业者的适应能力和具体方法、技术的培训和训练。要更倾向于策略管理,更多地关注公共管理过程问题,更多地集中于职业公共管理者,而不是政治理论工作者。公共管理学科的发展归属于操作,目的在于提高公共管理操作过程的效率,因此,它又是一门操作性很强的社会科学学科。但是,传统的教学培养方式存在严重的缺陷。教学方法单一,偏重于课堂灌输;对于强调时间与操作性的公共管理类专业,缺乏教学实践环节的课堂教学是脱离学生生活世界的、单调的理性活动,限制了课堂教学丰富的动态生成性,学生因此有知识而少能力。在"重素质胜过重知识,重能力胜过重学历,重人品胜过重文凭"的人才观变革中,公共管理类学科应用型人才培养必须由以学术、理论教育为中心转为以学生应用能力培养为中心,由知识本位转为能力和素质本位。突破单一理论教育模式,着眼于受教育主体的生存和发展,实施以能力和素质为本位的新的人才培养模式。在高等院校教学的诸多环节中,模拟实习教学在培养学生实践能力和创新能力方面具有不可替代的作用。教育部"质量工程"就明确指出要实施"实践教学与人才培养模式的改革创新"。同时,随着现代信息技术、通信技术和网络技术广泛应用于政治、经济活动,对高校公共管理类专业人才培养以及学生专业实践技能都就提出了更新更高的要求。公共管理类专业的毕业生不但要熟练掌握自己所学的专业基本理论及专业技能,而且还要对相对信息技术及知识有所了解,这些都必须通过实训而获得。

2. 学科专业建设与发展的需要

随着我国高等教育快速发展,高校本科生就业压力越来越大,公共管理学科作为一个新兴的学科,教育界和学术界有较好的预期和前景,但社会认知度还不高。因此,制定一个适合公共管理复合型、应用型人才培养方案对这个学科的可持续发展至关重要。

公共管理复合型、应用型人才不仅要具备相应的专业知识水平，还必须具备较高的实践能力和综合应用能力，因此，学科建设必须侧重于综合能力的培养和实践能力的提高。要加强培养学生分析与解决问题的能力、电子政务操作能力、团队协作能力与组织领导能力、人际交往、公关处理、公共危机处置能力等。要高度重视实践环节，提高学生实践能力，以应用能力和创新能力培养为目的，实施开放式教育，理论联系实际，重视实践育人，成为公共管理人才培养模式具有体色的关键点和突破点。模拟实习教程配合专业教学计划扩展课堂实践教学，深化专业技能培训，注重实践应用效果，建立了多渠道、多途径、持续不断的实践教学新体系，把培养应用型高素质人才的培养目标落到了实处。这样的课程可以提高学科层次地位，优化学科课程体系，提高实践教学质量，使学科体系建设更加合理，不同程度地丰富和扩展了人才培养的学科专业知识。

3. 为社会提供服务的需要

现代社会公共管理人才培养模式的定位是复合型、应用型人才。本书的模拟实习教程将坚持以专业职业修养的培训为导向，使学历教育（素质教育或通识教育）与职业教育紧密结合，使理论教育与技能培养紧密结合，培养大批复合型、应用型的具有公共管理职业综合素质和公共管理实务能力的人才。

公共管理模拟实习在公共管理教学中，为了做到理论联系实际，培养学生处理实际业务的能力，把政府或者企业公共部门的业务活动浓缩于事先设计好的公共管理模拟实习教程中。通过模拟实习，可以巩固学习内容，掌握基本技能，提高工作能力，培养学生严谨的科学态度和求实精神。为学生毕业走上工作岗位后缩短"适应期"，胜任工作任务奠定了基础。在公共管理模拟实习中，有些业务虽然是不真实的，但是在老师的直接指导下，学生的模拟操作与实际人员的操作几乎是没有出入的，一样可以达到想要的效果。

4. 提高课堂的教学效果

在教学中，多媒体的运用和课堂讲解相得益彰，改变以往传统教学模式中枯燥无味的局面，使抽象的知识更加具体化、简单化、直观化；更深层次地激发了学生学习的兴趣和表达欲望，提高课程教学效果。模拟实习教学的实施可以促进高校的教学改革，提高高校教学质量，创造更好的课堂教学效果，培养出更多的合格人才以适应社会发展的要求。然而在这样的课堂氛围中也可以塑造具有创新思维和实践能力的人才，这样的人才正是日益发展变化的社会市场需求的高素质人才。在高校的教学中，改革现行的教学模式，不断创新实践教学方式方法，不仅可以丰富课程设置，还可以提升整体教学质量。

5. 活跃学生的学习氛围

大学教育的目的是培养高素质、高质量的人才，要让学生通过大学教育之后可以具备较强的实际操作能力，进而凭借充足的知识储备和操作能力适应快速发展变化的社会。管理学教学的根本目的就是培养学生运用管理理论进行实践的能力，通过创设管理实际的环境，真正实现了学生为主体的教学模式，使学生在愉快的学习氛围中学习以及巩固学到的相关知识。使管理理论和实践有机结合，在活跃的氛围中让学生从中受益。同时模拟教学法的互动功能充分调动了学生学习并运用管理学知识的主观能动性，将被动接受变为主动探索，养成积极自主的学习的习惯。这样可以使学生在学校获得科研能力和实操能力的同时，使学生养成良好的实际操作研究习惯，有利于他们为将来的工作打好基础。

6. 培养解决实际问题的能力

通过模拟实习的教学模式，学生在模拟的公共事务场景中，运用所学的知识掌握实际解决事务中问题的能力，将理论知识转为实际操作，学以致用。因为模拟实习都是根据现实生活中真实的场景编设而来，所以学生可以在虚构的情景中完成素质拓展与经验汲取。因此，应用模拟实习教学拓展实践教学的层次与内涵，不仅可以提高学生解决实际问题的能力，还有利于学生综合能力的培养。

第三节　公共管理专业类模拟实习的主要内容

公共管理专业情境教学是对公共管理实践的模拟仿真活动，目前适合进行情境模拟的公共管理实践主要包括会议、论坛、基层政府决策、施政以及基层民主实践等。具体而言，公共管理专业情境模拟教学的内容主要包括以下几种。

（一）公文写作模拟实习

文字属于第二信号系统，它最大的优点就是可以突破时空界限，使信息的交流可以跨越时空，在互联网普及的今天，甚至可以瞬间到达世界的每一个房间。即使现在我们已经处于读图时代，但是文字独有的精简表述功能，并没有被淘汰和冷落。信息的处理和运用，主要是通过文字表达来实现的。公文是党政机关、企事业单位和社会团体处理日常工作的重要工具。

1. 公文写作是一种基本功

在机关工作离不开公文写作。如果你的笔头功力不行，即使办事能力再强，办会水平再高，办文速度再快，也无法胜任工作，无法正确地表达出自己的想法，不能使个人的智慧变成集体的智慧；最后，你只能帮别人跑龙套、做下手。

2. 公文写作是实现自我的重要一环

通过写作，你的思维可以得到整理。原本凌乱的想法在写作过程中逐渐明晰起来，一些漏洞得到了暴露和弥补，使你的经验得到提炼和积累，使稍纵即逝的想法固定下来，完善起来，最后形成一个完整的想法。

3. 公文写作是整合组织资源的重要手段

公文从起草、修改、定稿、签发，到接收、贯彻，要经过数人之手，每个人都在上面修改一点，完善一点，最后成了集体智慧的结晶。在这一过程中，通过公文的写作与流转，使组织资源得到了整合。俗话说，口说无凭，立据为证。

"言而无文，行之不远。"写作是一门技艺，是一种本事。公文写作的模拟实习通过对命令、决定、公告、通告、通知、通报、批复、议案、请示、报告、函、意见、会谈纪要写作的模拟实习。不但可以帮助我们在理论上更好地理解公文写作，在实操方面也可以大大帮助学生提高动手能力，这对知识的巩固都起到了很好的加强和检验作用。

（二）公文管理模拟实习

随着社会的进步和科学的发展，全面提高档案管理人员的技能，不仅是新时期下档案工作开展的客观要求，也是档案管理队伍自身建设的内在表现。在这一章节，我们通过公文管理和公文处理两个方面来对档案管理进行模拟实习学习，从而实现教、学、做相结合，强化学生能力培养的教学方式。

公文管理模拟实习是在一定的公文管理原则和制度的指导与制约下，对公文及其办理过程中的各个要素、工作环节及人、财、物、信息的运作过程进行科学、系统的规划、组织、监督、控制、协调等活动。从而抓住公文管理的要点，为更好地提供高质量的服务打下基础。

公文处理不仅是党和国家各级机关实现管理职能的必要前提和基本方式之一，也是国家档案事业的基础。作为档案事业要素之一的档案主要是从公文转化而来的，这种"血缘"清楚地表明，公文处理是国家档案事业的基础。因此，公文处理的质量会间接影响档案的质量，从而制约或促进整个档案事业的发展。所以公文处理的学习是至关重要的，学生动手能力的加强更是大大提高公文处理能力的直接途径。

（三）公共部门人力资源管理模拟实习

人力资源作为一种特殊的资源，对社会的发展起着非常重要的作用。同时，随着世界资本市场的发展，融资渠道的多元化，资本优势也不再成为一种竞争要素，反而知识与技能正作为比较优势的来源凸现出来。如今掌握知识与技能的人力资源已成为社会发展的核心资本，因此人力资源管理的模拟实习也越来越不可忽视。

1. 公共部门人力资源管理是政治管理的重要组成部分

公职人员中的一部分人行使公共权力，承担着管理国家和社会的责任，是国家政治管理的重要组成部分。所以保证他们依法行政、廉洁奉公，关系到社会风气的好坏以及国家和社会的稳定。

2. 公共部门人力资源管理直接关系到向社会提供的公共物品和公共服务的优劣

现代人力资源管理的基本原理告诉我们，一个组织要想管理好自己的员工，就要满足其内在的需要，使组织利益与个人利益相结合。所以组织管理者要改变过去仅依靠行政命令进行管理的做法，善于从工作上和生活上关心员工，调动他们的工作积极性，并最终转向向社会提供优质的公共物品和公共服务。

3. 公共部门人力资源管理是提高公共部门生产力的决定性因素

与物质资源相比，人力资源的一个最重要的特点就是主观能动性。现代人力资本理论认为，人力资本能比物质资本给组织带来更高的价值回报。

本章主要介绍人力资源规划、招聘与配置、培训与开发、人力资源绩效管理、薪酬与福利管理等方面的模拟实习，从而使学生更加了解人力资源的内部结构与办事流程。

（四）公共关系处理模拟实习

随着我国社会主义市场经济的飞速发展，公共关系受到了各行各业的普遍重视。进入 21 世纪后，经济全球化的进程进一步加快，全球性的市场竞争日趋激烈，各行各业都需要充分运用公共关系来发展经济、开拓事业。良好的公共关系能够使社会组织树立良好的信誉，增加组织发展的机遇。

1. 促使个人观念的更新

公共关系是塑造组织形象的艺术，然而组织的形象与个人的形象是分不开的，在注重组织形象的同时也必须注重个人的形象。公关强调"顾客第一"、"公众至上"，以尊重公众的意愿、满足公众的需求为己任，有助于培养人们强烈尊重他人的意识。

2. 促使个人能力的提高

为了树立组织的形象，公关部常以独特新颖、出奇制胜的专题活动吸引公众，这在工作中培养了人的创造能力。公关活动常常要和各种人、各种矛盾、冲突打交道，要处理各种突发事件，要适应不断变化的公众和环境，因而有助于促使个人交际能力、自我调节能力、应变能力的提高。所以，公共关系处理能力的掌握不仅是对知识的掌握，更重要的是在于对知识的运用。

本书结合我国企业公共关系环境与实践，系统地介绍了公共关系中的基本概念、理论以及个人接触、公众代表座谈、网络公关、公关谈判等方法。每节结尾都附有相关内容的模拟实习，可以更有效的帮助学生学习。

（五）公共危机处理模拟实习

人类的发展史可以说是一部与各种危机相抗衡、相斗争的历史。自从有文字记载的历史以来，人类社会就一直面临着各种各样的灾难与危机。人类社会就是在同各种危机的斗争、较量中不断成熟、壮大的。所以我们可以说危机是无时不在、无处不在的。

1. 提供智力支持和精神动力

加强危机教育，普及危机知识和应对措施，能够使学生在面对公共危机事件时有一个全面而客观的认识；从而对突如其来的危机，不会产生很大的惊慌和恐惧。培养公共危机处理能力的同时也加强了学生的思想意识、科学素质和法制观念，消除不必要的恐慌心理。

2. 提高危机处理的责任感与自觉性

公共危机管理教育会使学生在遇到危机事件时，不再仅会考虑自身的安全，同时也会积极勇敢地参与到救助他人的行动中，帮助那些有需要的人脱离困境。

通过本章对公共危机决策、监测与预警、应急处置与救援、恢复与重建、公共沟通等内容的学习以及模拟实习，既能帮助学生梳理和掌握公共危机管理的知识，亦能促使危机管理者培养和提高应对各类突发事件的能力。

（六）公共管理研究模拟实习

因为学科的发展、进步以及在知识创造领域中的学术竞争力所仰仗的核心工具是研究方法，所以说研究方法是任何一个现代学科中最重要的课程之一。这也正应了中国的一句老话，"工欲善其事，必先利其器"。研究方法的学习和掌握，不仅是一个人在大学直至研究生学习阶段的重要一步，也是决定一个人是否最终具有在知识领域进行创新和开疆阔野能力的关键。

本章通过对选题与文献回顾、研究设计、概念的测量及操作化、研究资料收集、研究资料分析、研究论文撰写等模拟实习的学习,从而使学生掌握公共管理研究的基本知识和基本技能。

上述这些能力的训练可以在基本理念的不断植入,以及透过模拟实习的方式在课堂上利用情景虚拟教学法帮助学生开发基于管理的隐性知识转移到管理能力,并从中训练学生公共事务的处理技巧,增强学生的情感体验、观察与反思、探索与实践。[①]

第四节　公共管理专业类模拟实习中应注意的问题

一、模拟实习教学实施的建构原则

(一) 育人原则

公共管理类专业模拟实习教学,目的是培养学生树立正确的理论知识和实际操作能力,成为复合型、应用型人才。围绕育人原则,模拟实习教学应该坚持从整体出发,不同课程从不同的角度设置模拟实习教学,提高学生对不同事物的应变能力。在公共管理模拟实习教学中,要立足当代大学生成长成才的根本需求,遵循新时期社会需求的基本规律,认真研究他们的思维方式和心理特点,采取有效的模拟实习教学方式,将大学生培养成为具有公共管理职业综合素质和公共管理实务能力的人才。

(二) 知行统一原则

高校公共管理教育应坚持知行统一原则,既重视系统的理论教育,又注意组织学生接触社会实践,培养学生言行一致的高尚品质。因此,在公共管理中必须把理论教育和实践教育结合起来。马克思主义认为,知从行中来,行要知指导,理论在知行统一中实现其价值。高校公共管理模拟实习教学,就是为知行统一提供平台。教师引导学生根据公共管理理论,选择相应的社会现象,解读原理;又反过来用原理帮助分析现实,在模拟实习教学中深化理论认识,提高了分析、解决问题的能力。

(三) 双主体原则

公共管理类专业模拟实习教学是师生共同参与的教学活动。双主体性原则要求师生发挥各自主体作用,共同设计,参与实践教学,教学相长。一是教师是模拟实践教学的主导者,应不断夯实自己的理论功底,吃透课程内容;根据内容设置模拟实践教学主题,布置任务,指导学生参加社会实践。二是学生积极接纳公共管理类专业的理论,在老师的指导下,自主学习,搜集资料,将社会现象整理设计,模拟情景引入课堂。三是师生主体互动,在评判中共同分享模拟实践教学成果。

[①] 黄宇驰,王皓白,何亚岚:《情景模拟教学法在商务沟通课上的应用》,载《高等工程教育研究》,2010 (S1)。

（四）直观具体原则

公共管理理论是对社会发展规律的反映，具有抽象性。学生受知识背景和社会阅历的限制，总觉得其枯燥难懂。公共管理模拟实习教学，试图借助活生生的现实，将直观、生动的社会热点、焦点现象通过模拟的方式引入课堂，以具体突破抽象，让学生从抽象经过具体进入思维的具体，达到感性和理性的统一。同时，强调模拟实践教学的可操作性，有助于教师、学生积极参与教学，增强公共管理模拟实习教学的实效性。

二、对师资、教学方法与理念、教学设计等提出了更高要求

（一）模拟实习教学需要提升教师复合型教学能力

公共管理类模拟实习教学鼓励学生独立思考，在仿真实践中运用所学知识发现问题、深化理解，探讨公共事务问题的解决之道。情景模拟教学虽强调发挥学生的主体作用，但这并不意味着教师作用的下降。相反，模拟主题的设定、过程的控制、结果的评价与应用等对教师提出了更高的要求。因为要成功实施模拟教学，教师不仅要具备扎实的理论功底，能够结合社会热点阐释课程教学的重点、难点；而且要具备一定的实践操作经验，能够结合公共事业管理领域中的前沿问题引导学生理性探索，能够有效解答学生的疑问，并将结果应用到教学中来。鉴于此，开展模拟实习教学对教师提出的要求有：①教师要转变教学理念，对自我进行"革命"，从灌输式理论教学向应用型实践教学发展。②教师要"备好课"，对模拟主题的设计、资料的准备、突发问题的应对等做好事先规划。③要加强对教师的实践培训，定期交流部分教师在党政机关锻炼，熟悉政务工作流程，积累实践经验。

（二）模拟实习教学需要激发学生的参与热情

公共管理模拟实习教学的价值在于学生通过公共事务的仿真实习模拟实现知识的自我构建，从而有效调动学生的参与热情。从最近几年开展模拟实习教学的实践来看，学生能够认真查阅资料，积极参与到这种新颖的教学模式中来。但是也有部分学生积极性不高，出现"搭便车"现象，角色扮演流于形式，课上练习也处于应付，使预期的教学效果大打折扣。[①] 结合公共事务管理专业人才的培养特点，应从下面三个方面着手调动学生的参与热情：①主题的设计要具有现实性与可操作性。主题要契合社会热点，引起学生的兴趣和参与热情，让更多的学生自愿参与其中。如模拟公共部门人力资源的管理，让学生扮演面试者和应试者，经过介绍、问答、评价、应聘等环节，让学生了解人事部门招聘环节的相关程序。②激发学生的自信心。马斯洛（Abraham H. Maslow）需求层次理论认为"尊重和自我实现是人的高层次需要"。在生活中，每个人都想渴望得到他人的认可与尊重这个是毋庸置疑的。因此在情景模拟教学中要对学生各方面的表现

---

① 聂火云，黄心华：《公共事业管理专业人才培养中情景模拟教学法的应用探讨》，载《成都工业学院学报》，2014（1）。

给予正面的回应，可以进一步激发学生的自尊心与进一步思考的动力。③完善考核机制。为了防止部分学生"搭便车"或参与时"敷衍了事"，一方面要增加平时成绩在课程考核中的比重，先给参与模拟教学的所有学生一个基准分，再根据学生在模拟实习中的表现予以加分。另一方面，在人才培养方案制定中将"参与模拟实习教学情况"作为实践学分获取的一个环节，只有认真准备、积极参与的学生才可以获取规定的实践学分，从而引起所有学生的重视。

（三）模拟实习教学应有效契合专业教学

全国高校实践性教学目前基本上还没有形成统一的模式和标准，各高校之间的类似实践方面的教学存在各自为政的现象，统一的机制还有待形成。同时高校由于受到资金、师资等方面条件的制约，难以满足实践教学实施的需要也是可想而知的，从而造成了高校实践教学不容乐观的现状。在如此艰苦的情况下，为了更加有效的实施模拟实习教学，教学的前提是教学设计、案例库、问题准备等教学体系的完善。必须根据复合型、应用型人才培养的目标，改革原有的教学体系，重新编制人才培养的方案。可考虑以教研室为主体整合资源，组织教师进行模拟实习教学的整体规划，设计模拟案例及详细的实施方案。

1. 教学方式的选择应因地制宜

在传统教学的内容、培养方案和课程设计上各个方面都需要不断创新，要让不同特点的学生在学习的过程中学到知识，而不是目前教学仅仅停留在理论重复的知识层面上。因而不断促进教学模式的建设就显得意义重大，而模拟实习教学主要有课堂随机模拟教学和集中情景模拟教学两种方式。课堂随机模拟训练主要适用于主干课程。教学过程中，教师根据课程教学的需要在课堂上进行不同主题的模拟教学，使学生能够将所学知识应用于实践。集中模拟教学主要在学期中或学期末集中进行。由于学生在一个学期有多门课程，为拓展学生的综合素质，集中一段时间进行规模较大的模拟实习训练，内容能够囊括该学期学生所学知识的大部分，如公文写作实战模拟、公共危机处理模拟、电子政务模拟等。总之，在教学中应根据教学环节的需要选择合适的模拟教学方式。

2. 模拟设计应与教学内容有机耦合

当前模拟实习教学在应用中存在三大误区：①模拟设计脱离社会现实、生搬硬套，不能进行规范的公共事务管理流程，学生难以通过模拟教学提升实践能力。②模拟案例泛俗化，过分追求场景设计和娱乐色彩，使模拟教学异化为"小品"表演，与教学环节脱节。③模拟的选择不具有代表性，跟所学的理论知识没有较大的关系，不仅不能帮助学生更好的理解所学内容，还会容易混乱学生。因此，要实现教学的预期效果，必须保证模拟设计与教学内容的有机耦合。既要整合资源以保证教学内容的真实性与有效性，又要实现教学过程的梯度性和可操作性。

（四）模拟实习教学法在公共管理类专业教学中实施的思考

1. 对学校的挑战

在模拟实习教学法的实施过程中，不论是对教师还是对学生的具体要求都非常高，而且难度比较大，投入相当高；倘若能够依托具体的企业为实体场景操作区，相信可以达到更好的效果。因此，学校为激发师生不断学习和研究的积极性的目的，要积极改革各项学校管理制度，建立激励的措施，并努力寻求校企合作，建立校外实习基地，构建项目教学法的模拟实施平台，这将有利于推动教学改革。同时，模拟实习教学模式的应用要求变更原有的教学场景，提供诸如会议室、多媒体、网络、电子化实验室等多种新式教学硬件。这样的话模拟实习教学法就具有经济性，以现有的教学条件为基础，只有在条件允许的范围内实施，才能保证其生命力。所以我们必须选择合适的案例，力求投入最少，效果最好。[①] 但是在情景模拟教学模式的实施过程中，也不能影响学校应为模拟实习教学的开展提供硬件保障，合理规划和建设教学资源。

2. 对教师的挑战

模拟实习教学是一种教师和学生之间双向互动的教学方法，教师由原先的讲授者变成模拟活动中的参与者、学生实践活动的引导者、学生行为的评价者。这就要求教师和学生都要更新教学理念，对教学实践中的角色进行重新定位。由"授"转为"导"，由"执行"转为"督导"，由"打分"转为"评点"；改变对学生记忆、理解能力的过分重视，注重开发学生的自主创新能力，培养学生的自信心，鼓励学生的批判精神。同时要明确职业实践的需要，具备跨学科相关知识和技能，具有创设学习模拟情境的能力，让学生获得学习的主动权。此外，教师还应把握好模拟设计实际操作的各个环节，不拘泥于教材；要驾驭教材，通过积极引导与激励的方式，使学生真正能从模拟的情景中学有所得。

3. 对学生的挑战

模拟实习教学模式以培养复合型、应用型公共管理人才为导向。在模拟教学过程之中，学生是主角，模拟之中角色的分配、任务的分工、活动的筹划和组织、甚至议题的选择更多地由学生自主完成，教师只起辅助和指导的作用。这有助于学生的独立思考和智慧的增长，有利于培养学生自主解决问题的能力。同时这也就要求学生转变传统的学习观念和学习方法，由原来被动接受知识，变为主动寻找问题，自主学习新的知识。加强学生与人沟通、与人协作和独立工作的能力。在积极地参与模拟实习学习的过程中，提高学生学习能力、锻炼实际操作能力、培养沟通协调能力和团队合作精神。

4. 专业资料的充实

模拟实习教学模式是一个与时俱进的教学过程，在教学过程中所学习的案例、讨论的问题和训练的技能都应紧扣公共管理的现实，回应公共管理发展的需求。所以要在现有图书馆资源和院系资料室资源的基础上，进一步充实相关专业课程，为学生自主学习提供良好的图书、数据资料。模拟实习教学的开展大大扩展了原有的课程知识面，之前的课程教材和参考阅读书籍已经不能满足教学需求。因此，应进一步扩充专业图书资料，并为学生提供相应的网络数据资料，以保障模拟实习教学的顺利开展。

---

① 闫章荟：《公共管理专业情境模拟教学模式设计及应用》，载《中国电力教育》，2012（20）。

三、模拟实习教学实施时必须解决的几个常见的问题

在公共管理类专业的模拟实习教学模式中需营造一个良好的应用环境,学校、教师和学生都应积极参与模拟实习教学过程中。学校为教学提供良好的硬件支撑和相应的制度支持,教师转变教学观念,为学生提供理论知识和实践技能指导,学生增强自身的主动性和能动性,更加自主地去学习。在任何情景模拟教学设计过程中,都将发挥重要作用,针对我们要传授的理论知识,我们要切实考虑到以下几点。

(一)学生主动性、积极性开发的问题

学生是学习的主体。他们对模拟实习教学的态度,直接决定了模拟实习教学的效果。所以在进行模拟实习教学的过程中,要时刻注意激发与培养学生对于模拟实习教学的主动性与积极性。给表现积极的学生增加平时成绩,提出鼓励表扬。偶尔有些模拟内容可以交由学生组织、设计模拟,设计对抗,同时还要征求学生对课堂的意见,经常与学生交流等等。

(二)模拟实习教学中师生定位问题

公共管理模拟实习希望能帮助大学生深刻领悟公共管理的理论,提高公共管理类课程的教学质量,迅速加强学生的实践能力。而学校管理者、教师却对实践教学有诸多的认识误区,不同程度上影响着对公共管理模拟实习教学的效果。教师与学生是互动的,老师要做的是要把知识融于模拟教学的过程之中,学生要做的是当好"演员",并且思考通过模拟情景的表现深入了解知识的本质。所以教师主要做好模拟情景的设计、学生的引导;而学生要发挥主动性与能动性,在模拟情景的准备中要对知识进行思考与认识。在情景模拟教学中因为学生传递的信息可能要多于教师,所以教师则从以讲为主转变为以听为主,但这并不否定教师在教学中的主导作用。实践证明,模拟实习教学的效果如何很大程度上取决于教师主导作用的发挥。

(三)模拟课程设置的整体性问题

实践教学与理论教学内容不吻合,认为只要让学生自己去实践了,就是公共管理类专业的实践教学,无需与公共管理理论内容相结合,使得实习教学名不副实。因此,公共管理类课程直接实践的困境,呼唤构建模拟实习教学。模拟设置可以灵活变动。但如果每次都变,就显得杂乱无章,这样也不利于学生对知识的系统掌握。所以在进行模拟情景设置的时候要把整个课程作为一个统一整体来统筹规划,连接好理论与实践的结合。这样学生就可以在情景模拟的过程中把课堂的知识体系于无意识之中贯穿在一起,也让理论知识与实践操作有效地结合。

(四)学生如何深入理解模拟

模拟情景的设计要适合于换位思考,适合于让学生领悟书本与课堂要点,同时学生也要有深入理解模拟情景的能力。否则就是课堂上大家很热闹,但深入的理解几乎没

有，这是在浪费学生的时间，也是浪费老师的心思。① 利用模拟实习的教学方式目的是至少可以间接地体验他人的人生；通过换位思考，深入理解场景，更好地让理论与实践结合。

四、模拟实习实施时应正确处理的若干关系

（一）教师引导与学生主角的关系

教师与学生的相互关系影响着模拟实习教学的开展及其效果。由于模拟教学法的特点，教师在模拟教学中只是扮演导演、教练、评论员和仲裁者的角色，起有效的引导作用；而学生才是真正的"主角"，是问题的分析者、决策者和演员，这种新型的师生关系有利于师生双向沟通和学生潜能的发掘。说学生是"主角"，并不是忽视教师的作用，更不是否定教师的作用。不应对学生的角色扮演不闻不问、放任自流，而是应发挥教师的引导作用，引导学生积极参与，激发学生的主动性、创造性。在公共危机模拟教学的课堂上，教师特别要注意自己和学生的这种角色定位，努力与学生建立起一种平等的关系，给学生以足够的信任。②

（二）模拟参与与角色扮演的关系

模拟实习教学的"主角"是学生。模拟教学的效果好坏，能否达到教学目的、实现教学目标，与学生参与程度的水平有着密切关系。在进行公共关系模拟教学的过程中，为了提高情景模拟表演的效果，调动学生的主动性和积极性，通常需要将学生分成若干小组。由于受到教学时间、表演场地和活动内容的制约，在实际教学中难以让每一小组的每一位学生都有角色扮演的机会。所以，有角色扮演的学生积极性高、主动性强，而仅仅参与模拟活动而没有扮演角色的学生积极性不高、主动性也不强，这就需要正确认识和处理好模拟参与和角色扮演的关系。

（三）追求过程与注重实效的关系

模拟实习作为一种教学方法，具有一系列的内在要求和核心规定。如案例选择、情景设计、角色表演、答疑评价、总结等步骤的过程。在模拟实习教学中，往往追求过程，而忽视真实的效果。因此，既要重视过程，更要讲求实效，让过程为实效服务。在案例选择上，事前必须充分调查研究。选题贴近实际、贴近现实的实践活动，贴近学生的能力和水平。这样才能引起学生兴趣，学生才有可能参与并完成。在情景设计上，既要忠诚于书本的基本理论和知识，又不能忽视现实的实际情况。要注意两者的有机结合，尽量设计有趣味、又真实的情景。在角色表演上，要充分考虑学生的背景和经验，根据不同情景为学生安排合适角色。在答疑评价上，教师要有的放矢地提出问题，现场指出学生模拟实习中的优点和不足。在最终总结上，教师和学生都要认真反省，仔细回

---

① 黄宇驰，王皓白，何亚岚：《情景模拟教学法在商务沟通课上的应用》，载《高等工程教育研究》，2010（S1）。
② 刘雪明：《情景模拟法在公共政策课程教学中的应用》，载《教育评论》，2011（1）。

想情景模拟、角色扮演过程中的每一个细节，认真分析得失，总结经验，指出不足，以求下一次取得更好的效果。

（四）模拟实习教学法与其他教学法的关系

在公共管理课程教学中，目前主要还是通过教师的口头语言表述、讲解、讲演等形式，系统地向学生传授知识。这种教学方法具有讲授内容较系统、通用性强、成本低等优点，但也存在单向信息传输，学生对知识直接体验性差，知识遗忘速度快等弱点。模拟实习教学正好弥补了传统讲授法的这些不足，学生从情景模拟中直接验证理论，学着解决问题和获取相关知识。在公共管理课程教学实习中，传统的课堂讲授法和模拟法是一种互为补充、相辅相成的关系。课堂讲授法较为系统地向学生传授公共管理类专业的理论和知识，而模拟法则将一些公共管理类案例引进课堂，使学生深有感触地模仿一些公共事务的活动，从而调动学习积极性，提高课堂教学的吸引力。在整个教学过程中，如何在有限的时间内，既系统地讲授公共管理的基本知识和理论，又安排适量的公共事务案例模拟，并使知识讲授与情景模拟系统一致，这就需要认真研究，系统筹划。在教学中，还要注意把模拟教学与启发式教学、研究性教学、多媒体教学等多种教学方式结合起来，以确保公共管理课程取得理想的教学效果。

第二章 公文写作模拟实习

一、公文的概念

公文是"公务文书"的简称,是古往今来人们在公务活动中经常使用的一种应用文书。公文是行政机关的行政管理过程中所形成的具有法定效力和规范体式的文书,是依法行政和进行公务活动的重要工具。无论从事专业工作,还是从事行政事务,都要学会通过公文来传达政令政策、处理公务,以保证协调各种关系,决定事务使工作正确地、高效地进行。

根据人们在日常生活中实际使用公文的情况来看,可以从广义和狭义两个方面来解读公文的含义。

从广义上讲,公文是指党政机关、社会团体、企事业单位及其他社会组织为处理公务而形成的文字材料。

从狭义上讲,公文是指党政机关处理公务时所使用的公文。中共中央机关处理公务时使用的公文是按照中共中央办公厅 1996 年 5 月 3 日印发的《中国共产党机关公文处理条例》(以下简称《条例》)规范;行政机关处理公务时使用的公文是按照 2001 年 1 月 1 日起施行的《国家行政机关公文处理办法》(以下简称《办法》)规范。党务公文的定义,按照《条例》的规定:"是党的机关实施领导、处理公务的具有特定效力和规范格式的文书,是传达和贯彻党的路线、方针、政策,指导、布置和商洽工作,请示和答复问题,报告和交流情况的工具。"政务公文的定义,按照《办法》的规定:"是行政机关在行政管理过程中形成的具有法定效力和规范体式的文书,是依法行政和进行公务活动的重要工具。"可以认为,党政机关的公文是指党和政府机关在处理公务和行政管理过程中所形成的具有法定效力和规范体式的公务文书,是传达和贯彻党和国家的方针政策,发布行政法规和规章,施行行政措施,请示和答复问题,指导、布置和商洽工作,报告情况,交流经验的重要工具。[1]

在机关的日常工作活动中经常出现"文书"、"公文"、"文件"同时使用的情况。三种名称,有时可以通用,有时则强调不同的侧面。实际上,公文、文件、文书,这是三个既密切联系又有所区别的概念。对于它们之间的联系与区别,并不是所有人都十分清楚的,这里有必要略作解释。公文、文件、文书,它们在内涵上是有交叉的。就是说,同一份文字材料,既可以叫作文件,又可以叫作公文,还可以叫作文书。但是,这样的文字材料,在形式和内容上都是有严格要求的,只有符合这种要求,公文、文件、文书才可以作为同义词来交替使用,否则便是误用。公文、文件、文书三者可以说是同中有异、异中有同,这从它们各自的定义中就能够分辨出来。公文的定义前面已经讲过,这里不再重复。所谓文件,是指领导机关根据自己的职责范围而制定的、具有法定

---

[1] 陈华平,王太钧,孙杰:《现代公文写作与处理教程》,3 页,武汉,华中科技大学出版社,2007。

效力并设有特定版头的文件。所谓文书，是指一切机关、团体、单位和个人，为传递信息、交流思想、联系事务、商洽问题、记录情况等而形成并使用的文字材料。稍加对比便不难发现，公文、文件、文书三者是一种包含与被包含的关系。具体地说，文件只是公文当中的一部分，而公文则又只是文书当中的一部分。文书除了包含有公文即公务文书之外，还包含了私务文书在内。而且，三种概念出现的时间也是不同的。文书在我国西汉时就有了，公文则出现在东汉末年和三国时期，文件大约在清朝末年才有。

二、公文的特点

公文是办理公务的应用文，除具有应用文的基本特点外，还具有自己独特的、鲜明的特点，从而区别于一般的应用文。公文主要有下列几个特点。

1. 公务性

公文姓"公"，所以公文的首要特点就是公务性。公务性是公文产生和发展的源泉和基础，没有社会的公务活动，就不可能有公文。社会公务活动的内容决定了公文的内容，公文处理、办理及解决的问题无不以公务活动的内容为核心。随着社会公务活动内容的日益增加和范围的逐渐扩大，公文在格式上也随之多样并逐渐约定俗成。不同的公文格式用于处理不同的公务活动，提高了公务活动的效率。公文所反映的意志是社会组织的意志而不是个人的意志，所发出的信息是社会组织的公务信息而非单个私人的信息，只有社会组织才用公文来解决问题。由此可见，公务性是公文的首要特性。

2. 规范性

公文的规范性是指公文具有规范的体式，即规范的体裁和格式。公文规范的体裁和格式是其区别于其他文章的显著标志。公文的体裁也可称为文体或文种，一般有规范性体裁和非规范性体裁（事务性体裁）两种划分。公文规范性体裁是指《办法》和《条例》所规定的体裁。《办法》规定的国家行政机关公文体裁主要有命令（令）、决定、公告、通告、通知、通报、议案、报告、请示、批复、意见、函、会议纪要等13种；《条例》规定的全国党的机关公文体裁主要有决议、决定、批示、意见、通知、通报、公报、报告、请示、批复、条例、规定、函、会议纪要等14种。公文非规范性体裁（事务性体裁）是指公务活动中实用性很强的惯用性体裁，主要有计划、总结、会议记录、讲话稿、调查报告、简报、述职报告、启事、感谢信、慰问信（电）、贺电（信）等。

公文的格式是指公文形式结构的组织和安排，即公文在格式安排上应该有哪些结构项目、附属标记，以及这些项目与标记的位置应该如何摆放的方式。公文格式一般有规范格式和约定格式。规范格式有时也称为法定格式，是指由《国家行政机关公文格式》所规定的格式。公文规范格式所规定的文面一般都是由文头、正文、文尾三部分组成，而且就连版头、版面、字形、行距、尺寸以及用纸、印刷、装订等，也都有十分明确的规定，不可随意变动。约定格式是指经常年使用约定俗成的格式，这样的格式只是一种"约定"，出于习惯上的要求，有一定的弹性，所以，也称为惯用格式。

公文的体式是一体的，即一种公文的体裁必须对应相应的公文格式。法定公文的文书使用法定公文格式，事务性公文文书使用约定或惯用公文格式。无论"法定"格式，还是"约定"格式，规范性是公文文书的共同要求。

3．法定性

公文的法定性是指公文作者的法定性。公文使用的主体是单位，也就是说，只有依法成立并能以自己的名义行使权力和承担责任的单位或其法定代表人，才能充当公文的作者。党政机关、社会团体、企事业单位及其他社会组织内部不具有法人资格的下设部门，对外不能充当公文的作者。机关内分工的起草人，不能看作是公文法定的作者，而只是捉刀代笔者。通常，在每个单位内部，有专门拟制公文的机构和个人（办公部门和文秘人员），这体现出公文的专任制的特点，公文的执笔者称为专任制文者。公文的作者不等于专任制文者，公文的作者就是单位，公文只能以单位的名义或法定代表人的名义发布。专任制文者只是单位的代言人，公文内容与执笔者个人的立场、观点没有直接关系，他只能按照单位的意图去起草，准确地把单位的意图表达出来。非法定作者无权制发公文，以假托名义伪造公文是违法行为，应当受到法律的制裁。

与公文写作者的专任性相对应，公文的受文者往往是确定的，体现出受文者的确定性。一份公文在拟制时，它的阅读对象就大体确定了，主送给谁，抄送给谁，也心中有数；即便是普发性公文，实际上也有相应的受文范围。有时，一些公文在阅读方式、阅读要求上特别注明某种具体规定，如不准摘抄或限县团级以上干部阅等规定，这是对受文者更为严格的"确定"。

4．程序性

公文的程序性，是指公文必须履行法定的程序方为合法有效。从公文的撰拟、形成到发布，必须依次经过相应的程序，否则它就不具有现实的合法性。《办法》规定了制发公文的过程，具体包括草拟、审核、签发、复核、缮印、用印、登记、分发等八个程序。公文必须授权拟制，必须经办公厅（室）审核，必须经单位领导集体或领导人签发才能下达。有的公文，如行政法规、规章等，必须经法定的会议（如人民代表大会、人大常委会或政府常务会议）讨论通过才能发布施行。公文必须用印，公文用印是单位或领导人行使权力和承担责任的表现，只有盖了印的公文才能生效。

5．政治性

公文的政治性是由国家政权的性质、政党以及国家机关的阶级性质及路线方针决定的。我国是一个人民民主专政的社会主义国家，各级党政机关、社会团体和企事业单位形成和使用的公文，它的政治性必然是代表无产阶级的意志，体现工人阶级和广大人民群众的根本利益和要求，是为巩固和发展社会主义制度服务的。所以从整体上说，公文必须传达贯彻党和国家的方针政策，在政治上要代表和维护最广大人民的根本利益，为实现人民民主专政、巩固社会主义制度、加快中国特色社会主义的建设服务。而就目前来说，国家各级党政机关、社会团体和企事业单位形成和使用的公文是为建立完善的社会主义市场经济体制和实现人民小康生活水平服务的，它同样具有鲜明的政治性。

6．权威性

公文的权威性来自公文制发机关的权威性和合法地位。党政机关、社会团体和企事业单位的建立及其职责和权限，都是经过一定的领导机关正式批准，按照一定的章程、条例、法律法规等建立和合法存在的。因此，各级党政机关、社会团体和企事业单位都是法定的作者,它们可以根据自己的职权范围来制发公文、行使公文,这样的公文就具有法定的权威性。领导机关发布的决定、批示、批复等具有领导权威。一个权力机关颁布的法律、条令等具有法律权威,一个政府机关发布的政令、通告、批示等具有指挥权威。因此,一个机关在其法定职权范围内所行使的公文,就具有法定的权威性,在其所管辖的范围内,是不允许下级机关拒不执行的。如果下级有不同意见,可以提出来,但在上级没有作出新的决定之前,仍然应该绝对执行。公文的这种权威性和效力,是其他文体所不具备的。

7. 时效性

公文的时效性是指公文在特定的时间期限内具有效力和过了特定的时间期限后以及被新的公文取代后即失去效力。公文是为了解决现实中的问题和矛盾而形成和使用的法定书面工具,它具有很强的针对性和时效性。一旦现实中的问题和矛盾解决了,公文的作用也随之结束了。或者经过实践的检验,发现原来的文件不够严密,或文件针对的实际情况发生了变化,又发布了新的文件,于是原有文件的使命完成了,不再发挥现实作用。当公文失去了这种现实的效用后,被整理归档,变成档案之后,它的现实效用就转化为历史档案的效用了。

第一节 命令、决定、公告写作的模拟实习

一、命令

(一) 命令的含义

命令又称令,是指国家行政机关及其领导人发布的带有强制性、领导性、指挥性要求的公文。命令主要用于发布行政法规和重要规章,采取重大强制性措施,奖惩有关人员,撤销下级机关不适当的决定等。命令属于指挥性的下行公文。它集中地反映领导机关的指挥意图,要求下级机关认真执行;因而是一种庄重严肃、果断干脆、具有法定权威性和强制性的文种。

(二) 命令的写法

命令的结构,一般由标题、发文字号(令号)、主送机关、正文、署名、日期等五部分组成。

1. 标题

标题是由发文机关加文种构成或发文机关加事由再加文种构成。

2. 发文字号(令号)

令号一般以领导人任期为界编流水号,前面加"第"字。发文字号的编法与其他公文的编法相同。

3. 主送机关

主送机关即受令的单位。根据具体情况,有的命令需要写明主送机关,有的则不需要写这一项内容。

4. 正文

发布令一般采用篇段合一式，要写明发布依据、发布对象、发布决定和施行日期等重要信息。嘉奖令一般包括事迹介绍、性质评价、如何嘉奖及希望号召等部分。任免令由任免依据和被任免的名单组成。行政令由缘由、主要内容和执行要求等部分组成。

5. 署名

一般写上发令机关最高领导人的名字，前面要注明其职务；也有的命令只写发令机关名称。

6. 日期

日期即正式签发日期，一般要把年月日写全。

（三）范文

[例文1] 公布令

中华人民共和国国务院令
第 457 号

《艾滋病防治条例》已经 2006 年 1 月 18 日国务院第 122 次常务会议通过，现予公布，自 2006 年 3 月 1 日起施行。

总　理　温家宝
二〇〇六年一月二十九日

《艾滋病防治条例》（略）

[例文2] 任免令

中华人民共和国主席令
第三十六号

根据中华人民共和国第十届全国人民代表大会常务委员会第十五次会议于 2005 年 4 月 27 日的决定：

免去吴仪（女）兼任的卫生部部长职务；

任命高强为卫生部部长。

主　席　胡锦涛
二〇〇五年四月二十七日

（四）写作训练

练习写一篇公布令，相关内容是 2007 年 6 月 29 日由第十届全国人民代表大会常务委员会第二十八次会议通过的《中华人民共和国劳动合同法》，从 2008 年 1 月 1 日起施行。

参考答案

中华人民共和国国务院令

第 65 号

《中华人民共和国劳动合同法》已由中华人民共和国第十届全国人民代表大会常务委员会第二十八次会议于 2007 年 6 月 29 日通过，现予公布，自 2008 年 1 月 1 日起施行。

中华人民共和国主席　胡锦涛

二〇〇七年六月二十九日

二、决定

（一）决定的含义

决定，是指党政机关共有的文种，是党政机关对某些重要事项或重大行动作出决策和安排，是各级党政机关、社会团体、企事业单位经常使用的、具有规定性和领导性的公文文种。在党和国家机关的公文处理规定中，对其有非常明确的界定。《条例》规定：决定是"用于对重要事件做出决策和安排。"国务院最新发布的《办法》规定，决定"适用于对重要事项或者重大行动做出安排，奖惩有关单位及人员，变更或者撤销下级机关不适当的决定事项。"在贯彻执行党和国家路线方针政策，落实上级机关的要求或重要会议精神及表彰先进、惩处落后等方面都具有十分重要的作用。与命令一样，决定属于比较严肃、庄重的文种。[①]

（二）决定的写法

决定一般由标题、主送机关、正文、签署和成文日期组成。

1. 标题

决定的标题一般采用完全式标题，即三要素俱全。例如：《国务院关于加强档案工作的决定》，发文机关、事由和文种都俱全。决定往往还可以由两个或两个以上的单位联合发文。例如：《中共中央、国务院关于加强职工教育工作的决定》。

2. 主送机关

决定如果是内部行文就要写明主送机关，如果是公开行文就可不写主送机关。

3. 正文

决定的正文一般由决定缘由、决定事项和实施要求三部分构成。

第一部分写决定缘由。主要应写决定的原因、目的、根据与意义。在写法上要求开门见山，直接陈述，语言简洁、概括。在决定缘由之后，通常要用"特作如下决定"等承启用语，连接下文，其后多用冒号。

[①]转引自《现代公文写作与公文处理简明教程》，168 页，北京，中共中央党校出版社，2005。

第二部分写决定事项。主要应阐明决定事项的具体内容、落实的措施、解决的办法、规定的要求等。这一部分是决定的主体部分，常见的有以下几种表达形式。

单一结构式：即全篇不分段，一气呵成。这种形式适应于内容简短、文字很少的决定。

分条标项式：即把决定中涉及的若干问题，按主次，列成若干条项，并用数码标出。这种形式适用于内容丰富、篇幅较长的决定，这种叙述比较方便，清楚醒目。

列小标题式：即把决定中每条中心内容归纳成小标题，分列于每部分之前。这种形式，不仅在条理上更加清晰，而且在内容上更加突出、明显。

第三部分写实施要求。主要应在文尾提出希望、号召和实施要求。例如："各省、自治区、直辖市人民政府要在清理整顿工作结束后，将情况报告国务院"；"各地区、各部门接到本决定后，要立即研究，抓紧部署"，等等。有的决定没有第三部分，决定事项写完，便自然结束全文。

4．签署和成文日期

决定应在文尾签明发文机关及成文日期。成文日期也可以在标题正下方标明。

（三）范文

[例文1] 奖惩性决定

广东省人民政府文件

粤府〔2003〕26号

关于追认邓练贤、叶欣同志为革命烈士的决定

各市、县、自治县人民政府，省府直属有关单位：

中山大学附属第三医院传染科党支部书记、主任医生邓练贤同志，省中医院主管护师、护士长叶欣同志在抗击非典型肺炎的战斗中，全力救治病人，不幸感染非典型肺炎而英勇牺牲。根据《革命烈士褒扬条例》第三条第（5）项规定的条件，省人民政府决定：追认邓练贤、叶欣同志为革命烈士。

广东省人民政府
二○○三年四月二十六日

（四）写作训练

请根据下面的材料，写一份处分决定。

某工厂一青年男职工张××，旷工达3个月零7天。因酒后打架斗殴六次，并无故打伤一名劝架的退休干部，三次被公安局派出所拘留。厂里为了严肃厂规，教育该厂青年职工和群众，按厂规规定"无故旷工两个月，给予除名处分"的制度，决定将这个职工除名。

参考答案

关于给予张××除名处分的决定

张××，男，23 岁，汉族，湖南长沙人，初中文化，2005 年进入我厂××车间工作。张××长期无故旷工达三个月零七天。因酒后打架斗殴六次，并无故打伤一名劝架的退休干部，三次被公安局派出所拘留。

张××长期违法乱纪，屡教不改，影响极其恶劣，严重损害了我厂的形象。为了严肃厂规，教育广大青年职工和群众，根据厂规第 X 条"无故旷工两个月，给予除名处分"的规定，经厂委研究，给予张××以除名处分的决定。

本决定自即日起生效。

××厂
二〇一三年十一月十五日

三、公告

（一）公告的含义

公告，是指向国内外宣布重要事项或法定事项的行政公文。它有广发的公开性，是普发性公文。公告多由国家级领导机关发布，某些法定机关、被授权的部门也可发布公告，基层机关不能制发公告。

（二）公告的写法

公告分标题、正文和落款三部分。

1. 标题

公告的标题有三种形式：第一种由发文机关名称、事项、文种组成；第二种由发文机关名称和文种组成；第三种只写出文种"公告"即可。

2. 正文

公告的正文一般包括因由、事项和结语三个内容。

包括开头的原因，讲原因目的；主体的事项，及告知的内容，可以分条款写下。最后是写结尾，写实施的期限、范围以及违反如何等，也可以简洁地提出对人民的希望，对违背者的警告等。结语一般用"现予公告""特此公告"等习惯用语，体现公告的庄重性、严肃性。

3. 落款（文尾）

公告的落款要求写出发布机关的名称和日期。如果机关名称已在标题中出现，在落款处也可不写，只写年、月、日或年、月、日写在标题的下方、正文的上方。

由于公告语面广，撰写时要注意：事理周密无漏洞，条理清楚不啰唆，语言通俗不鄙俚，文风严肃不做作。做到易读易懂易知。

(三) 范文

[例文1] 知照性公告

全国人民代表大会常务委员会公告
〔十二届〕第十八号

辽宁省人大常委会决定接受王珉辞去第十二届全国人民代表大会代表职务。河南省人大常委会决定接受朱伟、陈雪枫辞去第十二届全国人民代表大会代表职务。甘肃省人大常委会决定接受邢伟志辞去第十二届全国人民代表大会代表职务。依照代表法的有关规定，王珉、朱伟、陈雪枫、邢伟志的代表资格终止。依照选举法的有关规定，王珉的第十二届全国人民代表大会教育科学文化卫生委员会副主任委员职务相应终止。

截至目前，第十二届全国人民代表大会实有代表2939人。

特此公告。

全国人民代表大会常务委员会
二○一六年四月二十八日

[例文2] 发布性公告

中华人民共和国最高人民法院公告

《最高人民法院关于适用〈中华人民共和国合同法〉若干问题的解释（二）》已于2009年2月9日由最高人民法院审判委员会等1462次会议通过，现予公布，自2009年5月13日起施行。

二○○九年四月二十四日

(四) 写作训练

根据所学内容，指出下面这则公告中的不足之处。

××供电局公告

近来，我市连续发生冒充供电局工作人员对用户进行停电、断电、拆剪线路、拆卸电表、敲诈勒索等不法事件，致使电表被盗、电线剪切、私接乱拉，情节十分恶劣。不仅给用户造成经济损失，生活不便，而且严重破坏了我局声誉和供用电双方关系。为此，特声明如下：

一、我局职工在用户处进行拆装电表、剪接电线、变动表位、抄表收费、用电监督、电器修理等业务事项，一律身穿蟹青色军干装电业标志服，佩戴闪电帽徽和豫电胸章，工作证。未有上述标志者，均属冒充。用户有权制止。

二、希望各机关团体、居民用户，提高警惕，协助我局做好供电工作，严防坏人扰乱社会秩序。

三、凡机关团体、个人，拿获者，经查证落实后，除表示谢意外，揭发冒充我供电局工作人员并给予一定物质奖励。

一九××年四月七日

参考答案

此文存在的问题如下：

1. 开头第一段话，主要是句子成分搭配不当，具体不当之处如下：

（1）第一句前半部分"我市连续发生……不法事件"一句，"不法事件"前面的定语句不通。

（2）第一句后半部分"致使电表被盗"可以说得通，但"致使电线剪切、私接乱拉"则不通。

（3）第二句，"给用户造成经济损失"可以说得通，但"给用户生活不便"则不通。

（4）"特声明如下"，用语不规范，且文不对题，应改为"特通告如下"。

2. 通告事项一：有如下两个毛病。

（1）"进行……业务事项"词语搭配不当，可改为："进行……业务工作时"。

（2）"进行"后面的词组没有保持结构上的一致性，应将"用电监督"和"电器修理"改为"监督用电"和"修理电器"，从而使这些词组均变成述宾结构。

（3）通告事项二："严防坏人扰乱社会秩序"虽无语病，但"社会秩序"概念太大，因而针对性不强；故可将其去掉，改为"严防坏人扰乱、破坏"。

（4）通告事项三："凡机关团体、个人"和"经查证落实后"实际上属废话，应删掉。"拿获"最好改为"抓获"，并与"揭发"调换位置。

第二节　通告、通知、通报写作的模拟实习

一、通告

（一）通告的含义

通告，是指行政机关或企事业单位在一定范围内向人民群众或机关团体公布应当遵守或周知的事项时使用的规范性公文，它有较强的专业性，多在特定范围内使用。

通告是属于法规性、政治性、知照性的公布性下行文种。从某种意义上讲，可以说通告是一种公开的直接面向群众的通知。通告的内容可以是某些政策法令方面的事项，也可以是一些十分具体的事务性事项。各级国家行政机关、团体、企业是单位都可以发布通告。在实际工作中，往往是省级以下县级以上国家行政机关用得较多。一般来说，常在两种情况下使用通告：一是公布政策法令时使用；二是向社会公众公布应遵守事项的具体事务时使用。

（二）通告的写法

通告一般由标题、正文和落款等组成。

1. 标题

通告的标题有两种形式：一是采用发文机关、事由、文种三要求齐全的完全式标题，如《民航总局公安部关于民航安全问题的通告》。二是省略式，或省略发文机关，如《关于加强客运出租小汽车运营管理的通告》。或省略事由，如《广州市公安局通告》。或省略发文机关、事由，只写文种，如《通告》。

2. 正文

通告的正文一般包括通告缘由、通告事项、结语三部分。

通告缘由：阐明发文的原因或目的意义。如属法规政策性通告，要写清楚法律依据。用"特通告如下"过渡语领起。

通告事项：正文的主题部分，内容较多的，采用分条列项式行文。内容较简单，则可用概述式行文。

结语：有的提出希望、要求，如"以上各点，希遵照执行"。有的指出实施时间，如"本通告自发布之日起执行"。有的提出奖惩要求，如"对……有功单位和人员，给予表扬、奖励"，"对违反本通告者，将依法严惩"。有的以"特此通告"惯用语收束。为避免重复，首层如有过渡语，在此可省略，正文主题部分完了自然收束。

3. 落款

如果通告标题中有发文机关，又有题注，可以不用落款；否则必须在落款处写明发文机关，成文日期。①

（三）范文

［例文1］

关于发布推荐性卫生行业标准《弓形虫病的诊断》的通告

国卫通〔2015〕21号

现发布推荐性卫生行业标准《弓形虫病的诊断》，其编号和名称如下：

WS/T 486－2015 弓形虫病的诊断

该标准自2016年6月1日起施行。

特此通告。

国家卫生计生委

二〇一五年十二月十五日

附件：WS/T 486－2015 弓形虫病的诊断.pdf

---

①张浩：《最新公文处理规范与实务》，210页，北京，蓝天出版社，2005。

[例文 2]

河南省交通厅
关于继续做好公路养路费等交通规费征收工作的通告

根据交通部通知,在国家交通和车辆税费改革方案正式公布实施之前,各地必须严格按照《国务院办公厅转发交通部等部门关于继续做好公路养路费等交通规费征收工作意见的通知》(国办发〔2000〕2号)精神,继续做好公路养路费等交通规费征收工作。特通知如下:

一、各级交通主管部门要清醒地认识到交通规费征收工作对交通基础建设的重要性、必要性乃至于对河南经济建设产生的重大影响。切实加强对公路养路费等交通规费征收工作的领导。积极主动与当地财政、公安等部门取得联系,密切协作。及时解决征收工作中出现的问题,维护正常的征费秩序,为交通基础设施建设筹集更多的资金。

二、各缴费义务人要严格按国家和省现行征缴政策、办法和标准,自觉到当地征稽机构缴纳各项交通规费。对目前社会上仍然存在偷、逃、漏、欠规费的行为,各级交通规费征稽机构和人员将继续进行稽查、追缴并依法收取滞纳金和罚款。对故意妨碍征缴人员执行公务的,要依法严肃查处,情节严重的,移交司法机关追究刑事责任。

三、各级交通规费征稽机构要认真学习、领会和坚决贯彻执行全国人大、国务院以及交通部、财政部等国家有关部委法规、文件,以及《河南省人民政府关于加强公路养路费等交通规费征收工作的通告》,加强领导、加强宣传、稳定思想、稳定队伍,充分认识税费改革的重大意义。以国家利益为重,顾全大局,坚守岗位,恪尽职守,照章收费。只要交通和车辆税费改革方案还没有正式开始实施,就要坚决做到公路养路费等交通规费征收稽查工作有条不紊地进行。

二○○○年十一月八日

(四) 写作训练

根据上述材料,以××市人民政府的名义拟一份通告。

××市人民政府经邮电部批准,定于××××年6月8日北京时间零时起全市电话号码启用八位制,即由现在的7位数升为8位数。升位办法:原"8"字头的电话号码首位后加"1",原"2"至"7"字头的电话号码在首位前加"8"。

电话号码升位后,所有7位电话号码无效。

参考答案

关于××地区电话号码启用八位制的通告

为适应社会发展的需要,经邮电部批准,××地区(含番禺、花都、从化、增城市)的电话号码定于××××年6月8日北京时间零时起启用八位制,即由现在的7位数字升为8位数。升位方法是:原"8"字头的电话号码首位后加"1",原"2"至

"7"字头的电话号码在首位前加"8"。如原号码为 8883088 的电话,升位后的号码为 81883088;原号码为 3123456 的电话,升位后的号码为 83123456。

在电话号码升位过程中,凡有电话小交换机(即小总机)和经营自动寻呼及声讯台的单位,应积极配合××市电信部门做好有关试验工作。

电话号码升位后,使用电话请按八位制号码拨号。

××市人民政府

××××年一月二十二日

二、通知

(一) 通知的含义

通知,是指"用于发布法规和规章、任免聘用干部,传达上级机关指示,转发上级机关和不相隶属机关的公文,批转下级机关的公文,发布要求下级机关办理和有关单位共同执行或者周知的事项"的一种公文文体。通知,亦属发布性公文,即知照文告。但它针对的对象是特定有范围的、一般是限于有关单位有关人员,所以叫它"限知性"公文。

(二) 通知的写法

通知的格式一般由标题、主送机关、正文和落款四部分组成。

1. 标题

通知的标题一般采用公文标题的常规写法,由发文机关+主要内容+文种组成。如《中共中央办公厅、国务院办公厅关于严禁用公费变相出国(境)旅游的通知》。也可以省略发文机关,由主要内容+文种组成标题。如《关于印发〈规范国有土地租赁若干意见〉的通知》(国土资发〔1999〕222号)。

发布规章的通知,所发布的规章名称要出现在标题的主要内容部分,并使用书名号。批转和转发文件的公文,所转发的文件内容要出现在标题中,但不一定使用书名号。如《国务院办公厅转发教育部等部门关于进一步加快高等学校后勤社会化改革意见的通知》。

2. 主送机关

通知的发文对象比较广泛,因此,主送机关较多,要注意主送机关排列的规范性。如人事部《关于解除国家公务员行政处分有关问题的通知》的主送机关:各省、自治区、直辖市人事(人事劳动)厅(局)、监察厅(局);国务院各部委、各直属机构人事(干部)部门、监察局(室)。

由于级别、名称不同,主送机关的称法和排列非常复杂,这个序列显然是经过深思熟虑后确定下来的。

3. 正文

(1) 通知缘由。发布指示、安排工作的通知,这部分的写法跟决定、指示很接近,主要用来表述有关背景、根据、目的、意义等。

晓谕性的通知，也可参照上述写法。如《国务院关于更改新华通讯社香港分社、澳门分社名称问题的通知》，采用了根据与目的相结合的开头方式。《国务院办公厅关于成立国家信息工作领导小组的通知》，采用的是以"为了"领起的"目的式"开头方式。

批转、转发文件的通知，根据情况，可以在开头表述通知缘由；但多数以直接表达转发对象和转发决定为开头，无须说明缘由。

发布规章的通知，多数情况下篇段合一，无明显的开头部分，一般也不交代缘由。

（2）通知事项。这是通知的主体部分，所发布的指示、安排的工作、提出的方法、措施和步骤等，都在这一部分中有条理地组织表达。内容复杂的需要分条列款。

晓谕性通知，有时需要列出新成立的组织的成员名单，以及改变名称或隶属关系之后职权的变动等。

（3）执行要求。发布指示、安排工作的通知，可以在结尾处提出贯彻执行的有关要求。如无必要，可以没有这一部分。其他篇幅短小的通知，一般不需有专门的结尾部分。

4. 落款

落款包括发文行政机关（印章）和成文日期。一般应标注发文机关名称，并在下一行写上发文日期。也有的通知在标题中标注了发文机关，落款可只标注日期，而不再标注发文机关。

（三）范文

[例文1] 指示性通知

国务院关于调整证券交易印花税
中央与地方分享比例的通知

国发明电〔2015〕3号

各省、自治区、直辖市人民政府，国务院各部委、各直属机构：

为妥善处理中央与地方的财政分配关系，国务院决定，从2016年1月1日起，将证券交易印花税由现行按中央97%、地方3%比例分享全部调整为中央收入。有关地区和部门要从全局出发，继续做好证券交易印花税的征收管理工作，进一步促进我国证券市场长期稳定健康发展。

国务院
二〇一五年十二月三十一日

[例文2] 会议通知

关于召开全区宣传部长会议的通知

各市委宣传部，柳铁党委宣传部：

定于9月9日至10日召开全区宣传部长座谈会，现将有关事项通知如下：

一、会议议题

传达学习中宣部召开的部分省区市宣传部长座谈会精神；总结交流我区前八个月宣传思想工作；研究部署下一步工作。

二、参加人员

各市委宣传部长、柳铁党委宣传部长。

三、会议时间

9月9日至10日（会期一天半，9月8日下午报到）。

四、会议地点

报到及住宿地点：南宁市七星路广西宣传干部培训中心。

会场：区党委办公楼三楼会议室。

五、有关事项

（一）请参加会议人员准备约15分钟的发言。请将发言材料打印50份，在报到时交会务组（打印要求：16开幅面，在左上角用四号楷体注明"全区宣传部长座谈会发言材料"）。

（二）请各市委宣传部长、柳铁党委宣传部长安排好会议期间的各项工作，准时出席会议。在外出差、学习的，加无特殊情况，务请回邕参加会议。

（三）请各市委宣传部、柳铁党委宣传部于9月5日下午下班前将参加会议人员名单报到自治区党委宣传部办公室。

联系人：×××，电话：××××，传真：××××××。

中共广西壮族自治区委员会宣传部
二〇〇三年九月四日

（四）写作训练

根据所学内容，指出下面这则通知中的不足之处。

××县水电局关于召开局
系统2003年上半年生产会议的通知

×局办发〔2003〕18号

局属各单位：

为了及时总结我局系统半年来的生产情况，更好地完成和超额完成下半年生产任务，经2003年7月15日第19次局务会议研究，决定召开局系统上半年生产会议。现将会议有关事项通知于后：

一、参加会议人员：各单位主要负责人。
二、会议时间：七月二十六日一天。
三、会议地点：局本部会议室。
四、准备材料：
1. 今年 1-6 月份生产进度数字及存在的主要问题。
2. 下半年生产进度安排意见及完成任务的各项具体措施。
3. 安全生产情况及存在的主要问题和解决办法。

××县水电局办公室
2003 年 7 月 16 日

参考答案

本篇公文篇幅虽短小，但存在的问题很多。

1. 行文单位和落款不符，"××县水电局"应改为"××县水电局办公室"。
2. "更好地完成和超额完成……"违反逻辑，其中的"和"应改为"或"；也可以只说"更好地完成"，去掉"超额完成"。
3. 下列句子应适当删减不必要的文字，或修改不准确、不规范的用词：
（1）"现将会议有关事项通知于后"，可不必重复"会议"二字（"于后"最好改为"如下"，这样较符合习惯用法）。
（2）用"今年 1-6 月份生产进度情况"即可。
（3）"生产进度安排意见"提法不妥，可改为"生产指标"或"生产安排意见"。
（4）"完成任务的各项具体措施"，其中"各项"二字可不用。
4. "安全生产情况及存在的主要问题和解决办法"，安全生产情况应该包括存在问题，不宜将这种属种关系的概念并列。
5. 发文日期应改用汉字表示。

三、通报

（一）通报的含义

通报，是指党政机关、企事业单位和社会团体把工作情况、经验教育、典型事例及有教育、指导、规范意义的事件向下级或公众发布的周知性公文。适用于表彰先进，批评错误，传达重要精神或情况。

通报用于公布一般具有普遍意义的典型事例、成功的经验和失败的教训，借以教育机关工作人员和人民群众。以先进为榜样，以错误为借鉴，改进工作，提高工作效率。与通知一样，通报是有传达和告知的作用，能沟通信息和情报。

（二）通报的写法

通报一般由首部、正文和尾部三部分组成。

1. 首部

通报的首部主要包括标题和主送机关两个项目内容。

(1) 标题。通常有两种构成形式：一种是由发文机关名称、事由和文种组成，如《国务院办公厅关于对少数地方和单位违反国家规定集资问题的通报》。另外一种是由事由和文种构成，如《关于给不顾个人安危勇于救人的王××同志记功表彰的通报》。此外，有少数通报的标题是在文种前冠以机关单位名称，如《中共××市纪律检查委员会通报》。也有的通报标题只有文种名称。

(2) 主送机关。除普发性通报外，其他通报应该标明主送机关。

2. 正文

通报正文的结构通常由开头、主体和结尾等部分组成。开头说明通报缘由；主体说明通报决定；结尾提出通报的希望和要求。不同类别的通报，其内容和写法有所不同，现分述如下：

(1) 表扬性通报。一般在开头部分概述事件情况，说明通报缘由。由于它是作出通报的依据，因此要求把表扬对象的先进事迹交代清楚。如果属于对一贯表现好的单位或个人进行表彰，事实叙述不但要清楚明白，而且要注意详略得当、重点突出。主体部分通过对先进事迹的客观分析，在阐明所述事件的性质和意义的基础上，写明通报决定。结尾部分明确提出希望和要求，号召大家向先进学习。

(2) 批评性通报。在机关工作中使用的比较多，对一些倾向性问题具有引导、纠正的作用。批评性通报又分两种情况。一种是对个人的通报批评。其写法和表扬性通报基本一样，要求先写出事实，然后在分析评论的基础上叙写通报决定，最后提出希望和要求，让大家吸取教训，引以为戒。另一种是对国家机关或集体的批评通报。这种通报旨在通过恶性事故的性质、后果，特别是酿成事故的原因的分析，总结教训，从而达到指导面上工作的目的，所以写法和表扬性通报略有不同。其正文主要包括叙写事实、分析原因、提出要求和改进措施等项内容。

也有的批评性通报，是针对部分地区或单位存在的同一类问题提出批评的。这类通报，虽然涉及的面比较广，但因其错误性质基本相同，所以写法上以概括为主，大体和情况通报相近。

(3) 情况通报。主要起着沟通情况的作用。旨在使下级单位和群众了解面上的情况，以便统一认识，统一步调，推动全局工作的开展。正文主要包括两项内容：通报有关情况，分析并作出结论。具体写法，有的是先摆情况，然后进行分析得出结论；有的是先通过简要分析作出结论，再列举情况，来说明结论的正确性和针对性。总之，写法多样，如何表述可因事制宜，无须强求一律。

3. 尾部

包括发文机关署名和成文时间两个项目内容，同时还要加盖印章。有的在通报标题中已标明发文机关名称，这里就不必再写。

(三) 范文

[例文1] 情况通报

国务院办公厅关于部分地区违反国家棉花购销政策的通报

国办发〔1994〕94号

各省、自治区、直辖市人民政府,国务院各部委、各直属机构:

今年新棉上市以来,各地认真贯彻国务院棉花政策,采取坚决措施整顿棉花流通秩序,棉花收购大局是稳定的。但是,仍有一些地方、单位和个人置国家政策和法纪于不顾,私自收购棉花,公然扰乱棉花流通秩序,经核查,国务院决定予以通报。

一、一些乡(镇)政府和村办轧花厂非法从事棉花收购、加工、经营活动。

湖北省宜城市龙头乡谭土老村及该市郑集镇何骆村,无视国家棉花购销政策,自办小型轧花厂,不听当地工商部门及棉花市场管理小组的劝阻,非法收购、加工、经营棉花,而且对抗有关部门的检查。

安徽省涡阳县曹市镇政府自办轧花厂,在全国棉花工作会议后,仍然明文规定,严禁将棉花卖给镇政府以外的经济单位,对将棉花卖给供销社的不算交售任务,否则,镇政府要一律没收。

江西省万年县珠山乡政府自办轧花厂,不准棉农将棉花卖给供销社,并派人强行将供销社开秤收购的籽棉全部从供销社仓库抢走,还对卖棉给供销社的农户罚款。

二、有的棉纺厂非法收购棉花,扰乱棉花收购秩序。

河南省辉县太阳石棉纺厂在全国棉花工作会议后,仍高价抢购棉花。在有关部门对该厂进行检查处理的过程中,该厂负责人拒绝检查,实击组织倒运藏匿,并私自动用封存的棉花。

河南省太康县棉纺厂以解决生产用棉为由,要求每个职工必须向厂里交售"爱厂棉",通过职工非法高价收购棉花。

河南省虞城县供销社所属棉纺厂,在县政府支持下,非法委托乡镇基层供销社代收棉花自用。

三、有的国营农场扰乱正常的购销秩序,高价抢购,非法经营棉花。

(略)

四、有的县政府支持非棉花经营部门假借良种棉加工厂名义非法收购棉花。

(略)

五、个体棉贩非法收购、加工棉花,扰乱市场秩序。

(略)

对上述违反国家棉花购销政策的问题,有关省人民政府的态度是明确的,已责成市、县政府采取措施,予以查处纠正。但从了解的情况看,有的市、县政府已经采取措施纠正,有的尚未处理。请有关省人民政府按国务院〔1994年〕52号文件精神继续严肃查处,将结果报国务院。同时,各地都要引以为戒,要毫不放松地加强对棉花市场的管理,密切注视收购动态,严肃查处棉花购销活动中的违法违纪案件。各地凡是过去制定的与国务院文件不符的规定或政策应一律纠正,要坚决地始终如一地贯彻国务院制定的棉花政策,维护正常的棉花流通秩序,确保今年棉花购销工作顺利进行。

国务院办公厅
一九九四年十月二十三日

[例文2] 表彰通报

河南省人民政府关于
表彰2009年度全省重点项目建设先进单位的通报
豫政〔2010〕3号

各省辖市人民政府,省人民政府各部门:

2009年是重点项目建设取得显著成绩的一年。全省各级政府、各有关部门和单位认真贯彻科学发展观,全面落实中央扩内需、保增长的一揽子政策,始终坚持把重点项目建设作为扩大投资规模、应对金融危机的主要抓手,团结协作,开拓进取,顽强拼搏,超额完成了重点项目年度建设任务,为促进全省经济平稳较快发展做出了重要贡献。

在省委、省政府的正确领导下,全省上下各有关方面为重点项目建设的顺利进行做出了积极努力,保证了重点项目建设任务的完成,涌现了一批先进单位。洛阳市等6个省辖市政府和省交通运输厅等4个部门组织协调得力,工作落实到位,较好地落实了重点项目主管单位建设责任制,圆满完成了各项工作任务。三门峡市等6个省辖市政府和省电力公司等2个部门积极落实资金等项目建设条件,加强统筹协调,加快项目建设,超额完成年度投资任务。商丘市等6个省辖市政府和省发展改革委等4个部门切实增强服务意识,转变职能,转变作风,提高效率,较好地完成了各项审批工作任务。郑西铁路客运专线公司等27个项目(法人)单位、中铁七局郑州公司等12个施工单位、河南省交通规划勘察设计院有限责任公司等6个设计单位、河南科光工程建设监理有限公司等6个监理单位科学安排,精心组织,克难攻坚,出色完成了建设任务。根据省重点项目建设2009年度责任目标综合考评情况,为鼓励先进,省政府决定对上述79个先进单位予以通报表彰。

希望受到表彰的单位再接再厉,乘势而上,在新的一年里取得更大成绩。各级政府、各有关部门和各项目参建单位要以先进单位为榜样,落实责任,完善措施,按照省委、省政府工作部署,扎实做好2010年省重点项目建设各项工作,为实现跨越式发展和中原崛起而努力奋斗。

附件:2009年度河南省重点项目建设先进单位名单

河南省人民政府
二〇一〇年一月十五日

(四)写作训练

根据所学内容,指出下面这则通报中的不足之处。

表彰通报

市×××化工厂,采取有力措施,切实贯彻《安全生产条例》,建立安全生产岗位责任制,实现全年生产无事故。成为市第一个安全生产年企业,为此,政府决定对×××化工厂通报表彰。

××市政府
1994 年 1 月 20 日

参考答案

这篇表彰通报的主要毛病有以下几个方面:

(1) 标题不规范。应由事由和文种组成。
(2) 表彰事项不具体。文中只写"市政府决定对×××化工厂通报表彰",具体奖什么未写明。
(3) 未写明×××化工厂是哪年实现安全生产年的,影响了本文的严肃性和真实性。
(4) 正文内容残缺。应补写号召和要求。
(5) 标点不当。"事故"后的句号应改为逗号,以免割断其内在紧密联系。
(6) 发文机关应写全称并标明印章。
(7) 成文时间应用汉字书写。
(8) 缺主题词。

改写稿为:

关于对市×××化工厂实现安全生产年的表彰通报

市×××化工厂采取有力措施,切实贯彻《安全生产条例》,建立安全生产岗位责任制,1993 年实现全年生产无事故,成为我市第一个安全生产年优秀企业。为此,市政府决定对×××化工厂给予通报表扬,并奖励锦旗一面,奖金×××××元。

市政府号召全市企业以×××化工厂为榜样,层层建立健全安全生产岗位责任制,扎扎实实抓好安全生产,争创安全生产年企业,把我市安全生产推上一个新台阶。

××市人民政府(印章)
一九九四年一月二十日

第三节 批复、议案、请示写作的模拟实习

一、批复

(一) 批复的含义

批复,是指答复下级机关请示的公文文体,属于领导指示性的下行文,具有批否功

能，旧称批答性公文，是上级机关或业务主管部门对请示事项的答复。任何接到请示的有关机关、部门、单位都可以使用批复。提出请示的下级机关就是批复的主送机关。如果批复的请示事项，具有普遍的指导意义或具有一定程度的规范性质，那么，这一批复也可以抄送各有关的下级单位。

批复既是上级机关指示性、政策性较强的公文，又是对下级单位请求指示、批准的答复性公文。因此，撰写批复要慎重及时，根据现行政策法令及办事准则，及时给予答复。撰写时，不管同意与否，批复意见必须十分清楚明白，态度明朗。不能含糊其辞，模棱两可，以免下级无所适从。

同时批复必须有针对性的一文一批复，请示要求解决什么问题，批复就答复什么问题。

（二）批复的写法

批复一般由标题、主送机关、正文、落款构成。

1. 标题

写法最常见的是完全式的标题，即由发文机关、事由和文种构成。在事由中一般将下级机关及请示的事由和问题写进去。还有一种完全式的标题是发文机关＋表态词＋请示事项＋文种，这种较为简明、全面和常用。也有的批复只写事由和文种。

2. 主送机关

主送机关一般只有一个，是报送请示的下级机关。其位置同一般行政公文，写于标题之下，正文之前，左起顶格。批复不能越级行文，当所请示的机关不能答复下级机关的问题而需要向更上一级机关转报请示时，更上一级机关所作批复的主机关不应是原请示机关，而是转报机关。如果批复的内容同时涉及其他的机关和单位，则要采用抄送的形式送达。

3. 正文

正文包括批复引语、批复意见和批复要求三部分。

批复引语要点出批复对象，一般称收到某文，或某文收悉。要写明是对何时、何号、关于何事的请示的答复，时间和文号可省略。

批复意见是针对请示中提出的问题所作的答复和指示，意思要明确，语气要适当，什么同意，什么不同意，为什么某些条款不同意，注意事项等都要写清楚。

批复要求（其实可以单独算做结尾），是从上级机关的角度提出的一些补充性意见，或是表明希望、提出号召。如果同意，可写要求；不同意，亦可提供其他解决办法。

4. 落款

这部分写在批复正文右下方，署成文日期并加盖公章，成文日期用汉字，标全年、月、日，零写为〇。

（三）范文

[例文1]

关于重建何香凝故居问题的批复

厅字〔1990〕14号

中共广东省委、省人民政府：

1990年3月5日《关于重建何香凝故居的请示》收悉。鉴于广州市已有一座廖仲恺、何香凝纪念馆，根据中央、国务院有关规定，按原貌重建何香凝芳村故居一事缓办，可在芳村故居建立一简易纪念标志。

此复。

国务院办公厅

一九九〇年四月十七日

[例文2]

国务院关于同意设立武汉东湖新技术开发区海关的批复

湖北省人民政府：

你省《关于设立武汉东湖新技术开发区海关的请示》（鄂政文〔2006〕26号）收悉。现批复如下：

一、同意设立武汉东湖新技术开发区海关（正处级），隶属武汉海关。

二、核定武汉东湖新技术开发区海关人员编制40名，在海关系统现有编制内调剂解决，不另增加编制。

三、武汉东湖新技术开发区海关所需办公、生活用房和开办费、交通工具、通信设备由你省负责解决，检查检验设备由海关总署负责配备。

有关具体事宜，请与海关总署商办。

国务院

二〇〇七年七月三十日

二、议案

（一）议案的含义

议案，是指各级人民政府按照法律程序向同级人民代表大会或人民代表大会常务委员会提出并需大会列入议程，进行讨论、审议和决定的议事原案，属于报请类公文。适用于各级人民政府按照法律程序向同级人民代表大会或人民代表大会常务委员会提请审议事项。

（二）议案的写法

议案一般由标题、主送机关、正文、落款、附件等五部分组成。

1. 标题

议案的标题有下列两种组成形式。一般采用标准式标题，由"发文机关＋事由＋文种"组成。如《国务院关于提请审议〈中华人民共和国消费者权益保护法（草案）〉的议案》。另一种是不完全标题，即由"事由＋文种"两要素组成。

2. 主送机关

议案的主送机关即某级人民政府的同级人民代表大会或人大常委会。只能写一个，应顶格写，写全称，加冒号。

3. 正文

正文是议案的核心内容部分。一般分提请审议的缘由（开头）、提请审议的内容（主体）、提请审议的要求（结尾），属因果式结构。

正文开头写提请审议的缘由，包括提请此议案的内容根据、意义或目的，为获得批准奠定基础。

正文主体写提请审议的内容事项，篇幅可长可短。如内容较多，可以分段写，也可以以序数分条、列项写。要求一份议案只能阐述一个事项，解决一个问题，既不能一事几案，也不能一案几事。一般来说，议案提出的要求、审议的事项内容在文中只是其名目，其真正审议的对象是随议案附上的法律、法规等文件本身。

正文结尾写提请人民代表大会或人大常委会审议的要求，如"请审议"、"请予审议"、"请审议批准"等。

4. 落款

落款必须由同级政府首长签署，署名前冠以职务，不能盖政府机关的公章，成文时间即行政首长签发的日期。

5. 附件

附件是根据正文需要附上的材料，即需要具体审议的法律、法规（草案）和重大政策性文件。议案的主要作用是引出作为、审议对象的附件内容。有些议案事项直接写明在正文中，则可以没有附件。附件的标题注明在正文下方，落款前左方。

（三）范文

[例文1]

国务院关于提请审议《中华人民共和国著作权法（草案）》的议案
国函〔1994〕11号

全国人民代表大会常务委员会：

为了鼓励公民积极从事有益于社会主义精神文明和物质文明建设的教育、科学、技术、文学、艺术等创造性的活动，促进优秀作品的创作与传播，提高全民族的科学文化水平，保护文学、艺术、科学作品作者和其他著作权人的合法权益，国家出版局草拟了《中华人民共和国著作权法（草案）》。这个草案已经国务院同意，现提请审议。

国务院总理　李鹏（印）
一九九四年二月十八日

[例文2]

国务院关于提请审议《中华人民共和国经济合同法修正案（草案）》的议案
国函〔1993〕81号

全国人民代表大会常务委员会：

《中华人民共和国经济合同法》是1981年12月13日第五届全国人民代表大会第四次会议通过、1982年7月1日起施行的。十多年来，经济合同法在保护经济合同当事人的合法权益，维护社会经济秩序，促进社会主义商品经济的发展等方面，起了重要的作用。但是，这部法律毕竟是在改革初期制定的，随着改革的不断发展和深化，有些规定与现实经济生活已经不相适应；在一些重要问题上，同后来制定的民法通则、民事诉讼法、涉外经济合同法、技术合同法不相协调，特别是同今年第八届全国人民代表大会第一次会议通过的宪法修正案也存在着不一致的情况。为了适应建立社会主义市场经济体制的迫切要求，需要尽快对经济合同法中急需修改的内容进行修改。国务院法制局在调查研究、广泛征求意见的基础上，经与有关部门共同研究，拟订了《中华人民共和国经济合同法修正案（草案）》。这个修正案（草案）已经国务院常务会议讨论通过，现提请审议。

国务院总理　李鹏（印）
一九九三年六月十日

三、请示

（一）请示的含义

请示，是指下级机关向上级机关或业务主管机关请示某项工作中的问题，明确某项政策界限，审核批准某事项时使用的请示性的上行公文。《国家行政机关公文处理办法》规定，请示"适用于向上级机关请示指示、批准。"可见请示是下级机关写给上级机关的上行文，请求上级对某一问题或某项工作的处理给予指示或者批准是它的两项基本功用。

（二）请示的写法

请示包括标题、主送机关、正文和落款四个部分组成。

1. 标题

请示标题一般要写明"发文机关+事由+文种"。发文机关有时可以省略，如《关于丹霞山风景名胜区列为国家重点风景名胜区的请示》。写标题要注意，不能将"请示"写成"报告"或"请示报告"，缘由中也不要重复出现"申请"、"请求"之类的词语。

2. 主送机关

主送机关是请示报送的主管机关，放在标题之下，正文之前，顶格书写，要写机关全称或者规范化的简称。

3. 正文

请示的正文都要包括缘由、事项和结语三部分。

（1）缘由。请示的缘由是请示事项和要求的理由及依据。要先把缘由讲清楚，然后再写请示的事项和要求，这才能顺理成章。缘由很重要，关系到事项是否成立，是否可行，当然关系到上级机关审批请示的态度。因此，缘由常常十分完备，依据、情况、意义、作用等都要写上。

（2）事项。事项包括办法、措施、主张、看法等。请示的事项，要符合法规，符合实际，具有可行性和可操作性。因此，事项要写得具体、明白。如果请示的事项内容比较复杂，要分清主次，一条一条地写出来，条理要清楚，重点要突出。注意：事项简单的，往往和结语合为一句话。如《关于丹霞山风景名胜区列为国家重点风景名胜区的请示》的最后一句话："现申请把丹霞山风景名胜区列为国家重点风景名胜区，请审批。"请示事项应该避免不明确、不具体的情况和把缘由、事项混在一起的情况。否则，不得要领，不知要求解决什么问题。

（3）结语。请示的结语有"以上请示，请批复""以上请示如无不妥，请批复"等。结语是请示必不可少的一项内容，不能遗漏，更不能含糊其辞。

4. 落款

包括发文机关和成文时间。发文机关要加盖公章，时间写在发文机关下一行。

（三）范文

×××化工厂关于贯彻按劳分配政策两个具体问题的请示

××省劳动厅：

按劳分配，是社会主义分配的基本原则，也是社会主义优越性之一。几年来，我厂由于认真贯彻了按劳分配政策，极大地激发了广大职工的社会主义劳动积极性，使得生产率成倍地增长，乃至几倍的增长。

为全面贯彻按劳分配原则，进一步调动职工的劳动积极性，现就两项劳资政策问题请示如下：

一、拟用1990年全厂超额利润的10%为全厂职工晋升工资。其中，1990年4月30日在册职工每人晋升一级，凡班（组）长和车间先进生产（工作）者及其以上领导和先进人物再依次晋升一级；全厂技术突击组成员每人浮动一级工资，组长每人浮动两级工资。

二、拟用1990年全厂超额利润的10%一次性为全厂职工每人增发奖金平均100元，具体金额按劳动出勤率和完成定额计算。

以上请示，妥否，请批示。

×××化工厂
××年×月×日

（四）写作训练

我校近几年发展较快，由于扩大招生，学生住宿面积明显不足。为了满足学员的住宿要求，改善学员的住宿条件，拟建一栋2000平方米的学生宿舍楼。需向广州市政府申请建设用地3000平方米，请以此事项拟一份请示与政府同意的批复。

参考答案

广州××职业技术学院文件

广职院〔2005〕××号　　　　　　　　签发人：×××

关于申请拨给建设用地的请示

市政府：

由于社会对技术人才的需要，我校连续两年扩大了招生，由此导致学生住宿床位严重不足。为了缓解住宿难的问题，创造一个良好的住宿环境，我校经研究，拟建一栋2000平方米的学生宿舍楼，需建设用地3000平方米。

妥否，请批复。

广州××职业技术学院
二〇〇五年七月十一日

广州市人民政府文件

广府〔2005〕××号

关于同意拨给建设用地的批复

××职院：

你校《关于申请拨给建设用地的请示》（××职院〔2005〕××号）收悉。对于你校申请建设用地事宜，经市政府研究，同意拨给你校建设用地 3000 平方米，用于建学生宿舍楼。

特此批复

广州市人民政府
二〇〇五年九月十一日

第四节 报告、函、意见、会议纪要写作的模拟实习

一、报告

（一）报告的含义

报告，是指向上级汇报工作、反映情况、提出建议、答复上级机关的询问或要求时使用的文件，是一种陈述性的上行文。报告，在其性质上主要是向上级机关陈述下情，供领导机关和领导同志了解情况、处理问题、指导工作、正确决策之用。它一般不要求批复。

（二）报告的写法

1. 标题

发文机关＋事由＋报告，如 2001 年 3 月 6 日《财政部关于2000 年中央和地方预算执行情况及 2001 年中央和地方预算草案的报告》。或者是省略发文机关，只有事由、文种组成的标题。如 2001 年 3 月 5 日朱镕基总理所作的《关于国民经济和社会发展第十个五年计划纲要的报告》。当然报告前可加"紧急"。

2. 正文

也是由事由＋事项＋结尾三部分组成的。

（1）事由。直陈其事，把情况及前因、后果写清楚。

（2）事项。写工作步骤、措施、效果。也可以写工作的意见、建议或应注意的问题。

（3）结尾。可写"特此报告"、"专此报告"，后面不用任何标点符号；或"以上报告如无不妥，请批转各地、各部门执行"；或"以上报告，请指示"等语。

3. 落款

在正文后写上发文机关和日期。

（三）范文

[例文1] 建议报告

关于开展强化免疫活动消灭脊髓灰质炎的报告

国务院：

脊髓灰质炎（俗称小儿麻痹）是一种不能有效治疗，却可用疫苗彻底预防的急性传染病。为实现《九十年代中国儿童发展规划纲要》规定的一九九五年消灭脊髓灰质炎的目标，国家决定开展强化免疫活动。现将有关情况报告如下：

一、自我国开展计划免疫工作以来，脊髓灰质炎疫苗接种率提高，发病率显著下降，取得了可喜的战绩。

二、在冬季，脊髓灰质炎病毒传播能力最弱。为此，决定从现在起至一九九五年一月期间，每年的十二月五日和一月五日，对全国四岁以下儿童各加服一次疫苗。

以上意见如无不妥，请批转各地区、各部门执行。

卫生部
一九九三年十月二日

（四）写作训练

逐一指出下面这份公文的毛病，然后修改。

××省××县工商局重建办公大楼的请示报告

××县人民政府、××县财政局、××县国土局：

去年七月十二日凌晨我县××地区发生6.5级地震，我局办公大楼被毁坏，无法再使用，成为危房。现决定重建办公大楼，共需资金360万元，还需扩征土地3亩。现请示拨款拨土地，请批准为盼。

特此报告

××县工商局
二〇一二年六月二十五日

参考答案

（1）这份公文的标题缺少介词"关于"；"请示报告"文种叠用不妥，根据内容应使用"请示"。

（2）××县人民政府、××县财政局、××县国土局"三个主送机关属于典型的多头请示，当先请示县人民政府，待县人民政府同意重建办公大楼之后，再就不同的事项分别呈送请批函交××县财政局、××县国土局。

（3）"决定"语气过于强硬。

（4）"请示拨款拨土地"违反公文一文一事的原则。

（5）结束用语"为盼"只适用于下行或平行，用于县人民政府显得不尊重。

（6）请示的要求竟用"特此报告"不妥。

改写稿为：

××省××县工商局重建办公大楼的请示

××县人民政府：

去年七月二十日凌晨我县××地区发生6.5级地震，我局办公大楼被毁坏，成为危房，无法再使用。现准备重建办公大楼，共需资金360万元，还需扩征土地3亩。我局能够自筹资金300万元。请求批准重建。

当否，请批复

××县工商局（印章）
二〇一二年六月二十五日

二、函

（一）函的含义

函，实际上就是我们平常说的"信"，但公文说的"函"与一般的函不同。公文中的函，是指"用于机关之间商洽工作、询问和答复问题，向无隶属关系的有关主管部门请求批准等"的公文文体。这里的"函"，指公函，是商洽性公文，又称询答性公文，多用于平行或不相隶属机关之间，做询问、答复、商洽、联系以至请求批准之用，不具呈报与指示作用。但必须注意的是，函具有公文的法定效用，对受文者的行为有强制性的影响，是正式文件，要单独编发函号、按程序制发、归档。与日常事务中的"便函"，像介绍信、慰问信、表扬信、批评信、贺信等不同，与私人信函也不同。

（二）函的写法

公函由标题、主送机关、正文和落款四部分组成。

1. **标题**

函的标题一般有两种形式。一种是由发文机关名称、事由和文种构成。另一种是由事由和文种构成。如《关于商请列席飞行改革后勤保障现场会的函》。当然只用"函"也是可以的。

2. **主送机关**

即受文并办理来函事项的机关单位，于文首顶格写明全称或者规范化简称，其后用冒号。

3. 正文

其结构一般由开头、主体和结尾等部分组成。

(1) 开头。重要阐明发函的缘由。一般请求概括交代发函的目标、根据、原因等内容，然后用"现将有关问题阐明如下："或"现将有关事项函复如下："等过渡语转入下文。复函的缘由部分，一般首先引叙来文的标题、发文字号，然后再交代根据，以阐明发文的缘由。

(2) 主体。这是函的核心内容部分，重要阐明致函事项。函的事项部分内容单一，一函一事，行文要直陈其事。无论是商洽工作，询问和答复问题，还是向有关主管部门恳求批准事项等，都要用简洁得体的语言把需要告诉对方的问题、意见叙写明确。如果属于复函，还要注意答复事项的针对性和明确性。

(3) 结尾。结尾是函的结语。结语要干净利落，或重申致函目的，或要求对方有所行动。常用的结语多种多样。发函告知对方的，多用"特此函告""专此函达"。去函要求对方回复的，可用"盼复""即请回复""请予支持，并盼复""请研究回复""以上意见，请予函复""特此函达，请复"等。复函一般用"此复""专此函复"等。函的结语不宜像书信那样用"此致敬礼"之类的话。

4. 落款

落款要标注发文单位和日期。发函的落款，写发文单位和日期，并加盖公章。复函写复函单位名称、日期并加盖公章。有的函还需要写明抄送单位名称。

(三) 范文

[例文1] 通知事宜函

国务院办公厅关于羊毛产销和质量等问题的函
国办函〔1993〕2号

国家计委、经贸办、农业部、商业部、经贸部、纺织部、监督局：

为进一步发展我国羊毛生产，搞活羊毛流通，提高羊毛质量，根据国务院领导同志的批示，现就有关问题通知如下：

一、要切实抓紧抓好草场改造和羊种改良工作。（略）

二、监督局要加强羊毛的质量监督和检验工作。（略）

三、要尽快组织直接进入国际羊毛拍卖市场。（略）

四、为了增进国内养羊业的发展，支撑纺织工业生产和扩大出口。（略）

上述有关政策，请有关部门、各地区特别是羊毛生产区认真研究落实，执行中的问题，由国家计委和经贸办协调，并督促落实。

国务院办公厅（盖章）

一九九三年一月三日

(四) 写作训练

根据下列指定要求写作

(1) 据指定内容写作

某大学化学系,为了使三年级学生了解现在化学发展现状,特去信与该市化工研究所联系,希望安排学生前去参观,并请该所著名研究员×××介绍情况。

该市化工研究所见信后,经研究同意该大学化学系的请求,特邀请化学系来人面商参观事宜。

(2) 应自选文种,拟定公文标题。

(3) 字数不限,应将要办之事说清楚即可,文字要简洁明了。

参考答案

××大学化学系
关于参观××化工研究所的函

××化工研究所:

当今,化学科学发展速度很快,为了培养学生的科学兴趣,提高对学习本学科的重要性的认识,了解当代有机化学发展现状,特请求贵所接纳我系学生前往参观,如有可能,并请安排贵所著名研究员×××先生,为同学们作《当代有机化学的现状与发展》的讲座。

为了培养我国化学事业接班人,望贵所大力支持为盼。

××大学化学系
二〇〇二年十二月五日

附:

回函请寄本市×××路××大学化学系办公室,邮政编码:××××××。

××化工研究所
关于××大学化学系前来参观的复函

××大学化学系:

贵系12月5日关于参观我所的来函已收到。经所长办公会议研究,同意贵单位组织学生前来参观,安排×××先生为同学作报告。为了办好此次活动,我单位决定由办公室李××通知具体负责,特请贵单位派人前来共同研究具体活动安排。联系电话:××××××××。

××化工研究所

二〇〇二年十二月十日

三、意见

（一）意见的含义

意见，是指上级领导机关或主管部门针对当前即将进行的主要工作和亟待解决的重大问题，指出原则性的要求和具体的处理方法，并直接发至下级机关或转发到有关部门遵照执行的一种具有指示作用的公文，适用于对重要问题提出见解和处理办法。

（二）意见的写法

1．标题

意见的标题有两种常见写法。一种是由发文机关+主要内容+文种组成，如《中共河南省委河南省人民政府关于〈关于中国教育改革和发展纲要〉的实施意见》。另一种由主要内容+文种组成，如《关于提高县以上党和国家机关党员领导干部民主生活会质量的意见》。

2．主送机关

分为两种情况。需要转发的意见，没有主送机关这一项，但转发该意见的通知，要把主送机关写清楚。直接发布的意见，要有主送机关，主送机关的排列方法和一般公文相同。

3．意见的正文一般由开头、主体、结尾组成

（1）开头。发文缘由。意见的开头部分，主要写出发布意见的背景、根据、目的、意义等，但不面面俱到。文字根据具体情况可长可短，最后以"现提出以下意见"、"特制定本实施意见"等过渡性语句转入下文。开头，概括性说明制定意见的缘由，目的或依据。常用"现提出如下意见"作为承启语转入意见的主体部分。

（2）主体。条文。主体部分解决"如何认识"和"如何解决"这两个问题。结构安排上应先写原则性指导意见，后写具体性指导意见；先写理论性认识，后写解决办法。意见的主体，要把对重要问题的见解或处理办法一一写明。一般采用分条、列项方式，既要讲清道理，又要注意具体措施的可操作性。

（3）结尾。执行要求。一般以"以上意见供领导参考"，"以上意见如无不妥，请批准××执行"等作结束语。

4．落款

包括发文行政机关和发文时间。规范性的意见需将发文机关名称和发文机关时间加括号放在标题正下方。

（三）范文

中共××市纪委××市监察局关于加强和改进群众工作的意见

为贯彻落实全市群众工作会议精神，充分发挥纪检监察职能作用，切实加强和改进新形势下的群众工作，现提出以下意见：

一、提高认识，增强做好新形势下群众工作的责任感和紧迫感。密切联系群众，善于做群众工作，是党的政治优势和优良传统。应当清醒地看到，在少数地区、部门和单位仍然存在一些问题：有的党员干部热衷于搞所谓的"形象工程"、"政绩工程"，劳民伤财；有的贪图享乐，甚至以权谋私，贪污受贿。群众对上学难、看病贵的问题反映比较强烈。这些问题的存在，损害了党和政府在人民群众中的形象和威信。因此，努力提高群众工作能力，切实维护群众利益，是摆在我们面前的一项重要而紧迫的任务。

二、突出重点，坚决纠正损害群众利益的不正之风。切实加强对贯彻落实科学发展观的监督检查。各级纪检监察机关要积极履行监督检查职责，要坚决反对搞劳民伤财的"形象工程"、"政绩工程"，坚决克服形式主义、官僚主义和弄虚作假的行为。着力解决群众上学难、上学贵的问题。实施农村中小学免费义务教育，对贫困家庭学生免费提供教科书和补助寄宿生生活费。继续执行义务教育阶段公办学校"一费制"的收费办法，严格规范服务性收费。切实解决群众看病难、看病贵的问题。加强医疗机构管理，坚决制止科室承包及医务人员个人收入与科室经济收入直接挂钩的做法。规范医院和医生的用药和治疗行为，坚决纠正医务人员收受"红包"等问题。

各级纪检监察机关要进一步增强宗旨意识和群众观念，要真正把纪检监察机关自身建设和先进性教育活动取得的成果运用到群众工作中，充分发挥纪检监察干部的表率作用。

中共××市纪委
××市监察局
××年××月××日

四、会议纪要

（一）会议纪要的含义

会议纪要，是指传达会议议定事项和主要精神，要求与会单位共同遵守、执行的公文。它是根据会议的宗旨，按照会议记录、会议文件材料和会议的活动情况综合加工整理而成的反映会议基本情况和主要精神的纪实性文件。它的作用是"上呈下达"会议精神，交流情况，指导工作。

（二）会议纪要的写法

会议纪要格式可以根据实际制定。通常由标题、正文、落款三部分构成。

1. 标题

会议纪要标题有两种情况，一是会议名称加纪要，如《全国农村工作会议纪要》。二是召开会议的机关加内容加纪要，如《省经贸委关于企业扭亏会议纪要》。

2. 正文

（1）会议概况。主要包括会议时间、地点、名称、主持人，与会人员，基本议程。

（2）会议的精神和议定事项。常务会、办公会、日常工作例会的纪要，一般包括会议内容、议定事项，有的还可概述议定事项的意义。工作会议、专业会议和座谈会的纪要，往往还要写出经验、做法、今后工作的意见、措施和要求。

标注请假和列席人员名单，除依次另起一行并将"出席"二字改为"请假"或"列席"外，编排方法同出席人员名单。

3. 落款

包括署名和时间两项内容。署名只用于办公室会议纪要，署上召开会议的领导机关的全称，下面写上成文的年、月、日期，加盖公章。一般会议纪要不署名，只写成文时间，加盖公章。

会议纪要的时间可以写在标题的下方，也可以写在正文的右下方、主办单位的下面，要用汉字写明年、月、日，如"二〇〇二年八月十六日"。

（三）范文

［例文1］

关于协调解决沙面大街56号首层房屋使用权问题的会议纪要

××年××月××日上午，市政府办公厅××主任主持召开会议，协调解决沙面大街56号首层房屋使用权问题。参加会议的有省政府办公厅交际处、××宾馆、市商委、市国土房管局、市工商局、市外轮供应公司等有关部门的负责同志。

会议认为，沙面大街56号首层房屋使用权的问题，是在过去计划经济和行政决定下形成的历史遗留问题。早几年曾多次协调，虽有进展，但未有结果。最近，按照省、市领导同志"向前看"、"了却历史旧账"的批示精神，在办公厅的协调下，双方本着尊重历史、面对现实、互谅互让的原则，合情合理地提出解决这宗矛盾的方案。

经过协商、讨论，双方达成了一致的认识。会议决定了如下事项：

一、市外轮供应公司应将沙面大街56号首层房屋的使用权交给××宾馆。公司在56号经营了30多年，已投入了不少资金，退出后，办公地方暂时难以解决，决定给予其商品损耗费、固定资产投资和搬迁费等一次性补偿费用共95万元。其中省政府办公厅和××宾馆负责80万元，考虑到省政府领导曾多次过问此事，另15万元由市政府支持补助。

二、省政府办公厅和××宾馆的补偿款于××年××月××日前划拨给市外轮供应公司。市政府的补助款于××年××月××日左右划拨，市外轮供应公司应于××年××月××日开始搬迁，××年××月××日前搬迁完毕并移交钥匙。

三、市外轮供应公司原搭建的楼阁按房管部门规定不能拆迁。空调器和电话等××

年××月××日前搬迁不了的，由××宾馆协助做好善后工作。

会议强调，双方在房屋使用权移交中要各自做好本单位干部群众的工作，团结协作，增进友谊，保证移交工作顺利进行。

××市政府办公厅
××年××月××日

[例文2]

××县人民政府第六次常务会议纪要

时间：××××年×月×日上午八点半至十二点
地点：县政府常务会议室
主持：县长×××
出席：副县长×××、××、××、×××，办公室主任×××
请假：××（出差）
列席：×××、×××、×××
记录：×××
现将会议讨论及决定的主要事项纪要如下：

一、会议听取了副县长×××关于召开经济工作会议准备的情况汇报，讨论了扩大县属企业自主权的十条规定。会议同意县经济工作会准备情况汇报，并决定于×月×日召开全县经济工作会议。今年各项经济工作指标，要以市经委下达的为准，不再调整县原各公司的主要经济指标。在县经济工作会议上，由县经委与县原各公司签订经济责任书。

二、会议原则同意县民政局关于民政事业费管理使用办法的修订意见。

三、会议同意将县政府办公室提出的转变机关工作作风的规定意见（讨论方案）印发各部门，广泛征求意见，作进一步修改后，以县政府文件印发。

××县人民政府办公室
××××年×月×日

（四）写作训练

根据所学内容，指出下面这则公告中的不足之处。

《××××学会办公会议纪要》

时间：××××年×月×日
参加人员：常务副会长×××，副会长×××、×××，××办公室主任××、副主任××，活动中心主任××。

　　会议内容：

　　一、确定了学会的办公地点。根据××××年×月××日会议决定，×××、××
×同志对学会办公地点进行了考察，经过比较，认为××大学办公条件优越，适合作学
会的办公地点。会议决定，从即日起××××学会迁到××大学，挂牌办公。通信地
址：××市××区××路××号。联系电话：×××××××××。

　　二、学会与××大学商定，由××大学给学会提供办公室、办公座椅、电话和必要
的办公费用。利用××大学的教学条件，双方共同组织举办秘书培训班等。

　　三、增补了学会副会长。为便于开展工作，建议增补××为学会副会长，负责学会
的后勤保障和日常管理。先开展工作，以后提请X月份常务理事会确认。

　　四、制定了今年的活动计划。（略）

××××学会
××××年×月×日

参考答案

这篇会议纪要的主要毛病如下：

（1）标题不能加书名号。标题中缺会议主题。

（2）导言不合规范。缺写会议主持人。以"会议内容"作过渡句也不规范。

（3）第三条"增补了学会副会长"的表述与后文不一致，或不清楚。增补"副会长"需经常务理事会确认。

（4）本文第一、三、四条均采用段旨句领起表述法，开门见山，继而展开阐述，脉络分明。唯独第二条采用了直接叙述方式，有损于行文的整体和谐，不便于读者根据前文形成的阅读惯性及时把握该条内容，最好能改为也用段旨句领起的写法。

（5）语言不够准确、精炼。

改写稿为：

××××学会办公会议纪要

　　××××年×月×日下午，会长×××在学会办公室主持召开了办公会议。参加会议的人员有：常务副会长×××，副会长×××、×××、×××，办公室主任××、副主任××，活动中心主任××。现将会议议定事项纪要如下：

　　一、确定了学会的办公新址。

　　根据××××年×月××日会议决定，×××、×××同志对学会办公地点进行了考察，经过比较，认为××大学办公条件优越，适合作学会的办公地点。会议决定，从即日起××××学会迁到××大学办公。

　　二、讨论了有关单位对学会的支持和合作事项。

学会与××大学商定，由××大学给学会提供办公室、办公座椅、电话和必要的办公费用。利用××大学的教学条件，共同举办秘书培训班等。

三、讨论了增补学会副会长事宜。

为便于开展工作，建议增补××为学会副会长，负责学会的后勤保障和日常管理，先开展工作。待×月份再提请常务理事会确认。

四、制定了今年的活动计划。（略）

××××学会

××××年×月×日

第三章　公文管理模拟实习

第一节　公文管理概述

公文管理，是指在一定的公文管理原则和制度的指导、制约下对公文及其办理过程中各个要素、工作环节以及人、财、物、信息的运动过程进行科学、系统的规划、组织、监督、控制、协调的活动。

一、公文管理的原则

为了提供高质量的服务，在公文管理中必须要有一定的原则去遵循，并且有一系列建立健全的制度，以确保公文管理的高质量、高效率。

公文的管理，指的是对所有公文的存放、清退、销毁等具体的工作。一个单位、一个部门公文管理的好坏，会直接影响到这个单位和部门公文处理工作的效率和成效。所以公文管理的好坏是各机关、各单位的重要职责。因此，对于公文管理规律和方法的掌握和了解是至关重要的。管理公文既要认真细致，一丝不苟，又要方便工作，利于保密。有关试验证明，公文管理工作必须遵循以下原则。

（一）集中原则

集中原则是指对公文管理实行集中统一的领导和指导，建立高度统一的制度、规范，对公文实行集中处理。

首先，集中原则表现在机关领导人应负责对本机关公文管理活动的领导，日常工作活动的组织、协调工作由其授权的综合办公部门具体负责。上级机关的综合办公部门有权对本系统的下级机关的公文管理活动实施业务指导和监督。并应根据本系统、本机关的实际情况，制定公文管理的处理办法和制度、规则、标准，并尽可能使之统一。以消除机关之间、部门之间、秘书人员之间沟通的障碍，保证公文、公文处理的通用性。

其次，集中原则还表现在公文处理环节的集中统一，即公文管理中的一些具体工作，如签收、登记、分发、组织传阅、信息加工、平时归卷、催办、查办、立卷归档等均由文书处理部门集中统一进行。有利于落实公文管理的规范、标准和制度，有助于提高公文工作的科学化、规范化管理。

（二）便于利用原则

管理好公文，目的之一是为了利用好公文，使公文最大限度地发挥其效用。国务院《办法》对公文提供、利用、明确其法定效力方面作出了一些很实用的规定，这在以往是没有的。在公文管理中要正确处理好加强管理与发挥效用的关系，一是要认真做好公文的整理（立卷）和归档工作，使公文能够方便地发挥效用。二是要在严格执行管理规定的前提下，充分开拓公文适用的渠道，提高公文的公开度、透明度，促进照章办理。

（三）法制原则

法制原则是指依照国家有关法律、法规和机关规章制度等对公文工作进行有效管理所遵循的原则。

行政机关及其秘书人员在其管理过程中必须依法办事，严格执行法律规定的内容。由于机关管理活动的过程从一定意义上说就是公文管理的过程，因此公文管理的程序、方法、手续等也必须严格执行各项法律制度。

一些机关在办文办事中违制、违法，随意制发，对制发违法内容的公文听之任之，在公文管理处理中提出或做出违章、违制的规定、要求。这些公文管理中的现象，严重危害了机关依法行政、依法管理的各项活动的正常运行。行政机关及其工作人员依法行政，决定了公文管理的法制化；而公文管理的法制化又促进了行政管理的法制化，并成为行政管理法制建设的一个重要组成部分。只有坚持依法管理公文的原则，才能使公文产生法定效用，使公文工作在法律制度的强制性和权威性保障下顺利开展。

（四）及时迅速原则

各级机关日常所处理的公文，特别是重要的急件，一般都有特定的时间要求。因此，相关人员在处理公文过程中，必须及时、迅速，讲求时效。要分清轻重缓急，首先保证重要文件的及时处理，加速运转，不得积压和滞留。有些文件，虽然实践要求不十分明显，但也不可任意拖延，应尽可能及时处理。

（五）精简原则

精简原则是指在公文管理中将公文与公文处理中具有重复性、相关性以及多样性的各要素、各环节化繁为简，去粗取精，以实现公文管理系统的整体最优功效。

实行精简的主要方面是公文的结构、语言表达、数据内容、格式、种类、发文数量、公文处理程序与手续等，以消除不必要的公文，简化手续，精简程序。公文管理工作不是机关各项职能本身，但计划、决策、组织、协调、指挥、控制等职能的实现都必须依靠公文及其运转过程来实现。作为服务于管理活动的手段，要求公文及处理工作的要素和程序少而精、简便易行。

在贯彻精简原则时，不能想当然的随意地"简单化"；而要深入调查研究，认真分析公文及公文处理工作所存在的价值不大或无实际价值的具有重复性、多样性的各要素和环节，科学合理地将其与相关要素、环节进行合并或去除。只有这样，才能建立可靠、有效的公文管理系统。

（六）效能原则

效能原则是指在实现公文管理目标的前提下必须考虑以最小的人力、物力、财力和时间的投入，产生最大的效益。

首先，公文管理应树立成本控制的观念，考虑经济因素，主要投入与产出的关系，要求以系统的思想和方法，合理配置、充分利用各种资源，厉行节约，最大限度地避免或减少浪费，降低消耗，注重实效。在公文管理具体工作量不变的情况下，其效率与其人财物的投入成反比，而与其产出成正比。

其次，效能原则还必须考虑时间因素。时间是一般人类活动的自然尺度，在行政机关和一切人类社会活动中，所有的行政管理行为和社会活动都是在一定的时间期限中完成。超过整个期限，就可能造成严重的损失，它是具体管理活动的现实尺度。因而在效果不变的情况下，单位时间里投入的人财物越少，公文管理的效率就越高。效能原则是公文管理的根本原则。坚持效能原则，就是坚持公文管理的系统性、规范性、简化性、经济性、时限性原则。应正确处理好公文管理各要素之间、公文处理各程序之间以及要素与程序内部各个组成部门之间的关系，最大限度地满足各项管理工作的需要。

（七）保密原则

对公文进行管理的目的之一，就是保证国家秘密、企业商业机密的安全。关于保密的问题，国务院《办法》在总则里提出了明确的要求。对这些规定，文秘部门要通过严格的制度，保证规定的落实到位；文秘人员要高度重视并监督检查；机关所有工作人员都要熟知。因为这些规定涉及公文管理的诸多环节，具体而又细致，执行起来不能似是而非，不能想当然。在实际工作中，往往会因看似细节的走样而造成大的保密责任事故。

二、公文管理制度

公文管理制度，是为了顺利实现公文效用，有效运用公文程序而制定的各项规定、办法等。根据国家的有关规定和公文管理工作的特点，公文管理中应遵守以下主要制度：

（一）保密制度

保密制度，是指在公文管理活动中严格执行有关保密工作的法律、法规和规章，严守党和国家的秘密，确保公文安全的系列规范。保密制度具体包括：
(1) 合理划定公文的秘密等级和保密期限，并予明显标示。
(2) 不随便将秘密公文携带出办公室、阅文室。
(3) 不用普通邮递或电子邮件方式传递秘密公文。
(4) 非经批准不得转借、复印、摘录、私存、传播秘密公文等，以避免丢失、泄露秘密。

（二）登记制度

登记制度，是指对公文发出、收进、运转、处理等各环节情况进行登录的各种原则、方法和规程等。登记制度具体包括：准确记录公文标题、文号、发文机关、成文时间、主题词、抄送机关等文件自身各种数据，记录文件发生位置变动情况的动态，阅文人、批办人、承办人员的有关情况等等。登记工作贯穿于公文形成、办理和管理的整个活动中，是公文管理的重要环节。

（三）分类归卷制度

分类归卷制度，是指在日常管理活动中，将已经办理完毕的公文随时或定期收集集中，分门别类地放入预先设定的卷夹（盒）中。卷夹（盒）上注明公文分类的条目或分类号的系列规程。平时归卷有助于机关日常的公文管理有条不紊，方便对现行公文的查找利用。同时，也为年终公文的立卷归档工作奠定了良好的基础。

（四）阅文制度

阅文制度，是指机关根据工作人员的职级、职务、职权、职责而对其阅读公文的范围、内容、顺序、方式等所作的规定。其目的是避免时间的无效消耗，提高公文处理的速度和实现公文的效用。

（五）公布翻印制度

公布翻印制度，是指对公文公布和翻印的范围、方式、审批手续等方面的规定。公布翻印制度应明确几个内容：对上级机关的公文，除绝密级和注明不准翻印的以外，下一级机关经负责人或者办公厅（室）主任批准，可以翻印。翻印时应当注明翻印的机关、日期、份数和印发范围。公开发布行政机关公文，必须经发文机关批准。经批准公开发布的公文，同发文机关正式印发的公文具有同等效力。公文复印件作为正式公文使用时，应当加盖复印机关印章。

（六）催办查办制度

催办查办制度，是指根据承办时限和内容要求对公文的办理和贯彻情况进行督促检查的各种规定。催办、查办的范围、方式方法、程序等都应予以明确规定，以更好地实现其监督反馈功能。

（七）清退制度

清退制度，是指明确清退文件的范围、原则、程序和具体方法等方面的规定。其初衷和目的是通过将办理完毕的公文定期或不定期退还发文机关或由其指定的专门部门，以防止公文遗失，保证公文的安全，提高公文的运转速度。

（八）销毁制度

销毁制度，是指对不具备归档和存查价值公文的毁灭处置的范围、方式等规定。经过鉴定，并经办公厅（室）负责人批准的无保存价值的公文予以销毁。秘密公文的销毁，应当到指定场所由两人以上监销。保证不丢失、不漏销，其中销毁绝密公文应当进行登记。

(九) 归档制度

归档制度，是指公文处理部门将属于归档范围的公文编立成案卷，移交给档案部门的各项规定。一般机关均应按归档范围进行归档。对机关合并的，其全部公文应当在合并时随之合并管理。机关撤销的，在撤销时需要归档的公文整理后按有关规定移交档案部门。秘书人员调离工作岗位时应当将本人保管、借用的公文按照有关规定移交、清退给有关部门或人员。

(十) 利用制度

利用制度，是指对公文提供利用的范围、方式、时间、审批手续等的一系列规定和要求。利用制度主要指公文向档案部门归档移交之前由公文承办部门或综合办公厅（室）提供的日常借阅工作。借阅时，应按照有关要求，严格地履行应有的手续。

三、公文信息加工

公文信息加工，即秘书人员在收到公文后，对其进行筛选分类、编辑加工，提取有效信息的活动。

(一) 公文信息加工的原则

1．及时原则

及时原则要求快速收集、加工反映行政事务、对象和环境变化发展的最新的信息。这些信息体现了机关在现阶段工作发展的新情况、新动态、新典型，是具有新意的、有代表性、方向性的信息，这些信息最能反映事物本质特征与规律。如果收集和处理迟缓，一旦时过境迁，其原有价值再大，那么现实价值也所剩无几，甚至一无所取，这也就失去了公文信息加工的意义。所以我们可以说"及时"是公文信息的价值保障。

2．真实原则

真实原则，要求加工中保持公文信息的准确真实。实事求是地反映原文的真实思想，保持其原意，切忌凭个人好恶主观地断章取义，妄行校改。公文信息的失真，会给领导人或管理者的决策工作造成失误，甚至带来严重的损失。"真实"是公文信息的生命。

3．适用原则

适用原则强调公文信息的针对性。毫无目的、不分轻重缓急加工编辑公文信息，结果工作中根本用不上，既加重工作负担，又浪费了人力物力和时间。"适用"是公文信息加工根本的出发点和最终的落脚点。

(二) 公文信息加工的方式

1．分类加工

分类加工，是指把繁杂混乱的公文信息按业务性质、重要程度、紧急程度、主题内容、时间特征等标准予以分门别类，有针对性地采取不同的处理方法。对公文进行分类加工，有助于公文信息的定期合理流通、运转，便于及时快捷地办理公文。

2．比较加工

比较加工即对同类型或者连续的公文信息进行比较，为领导人或管理者分析某一管理对象或事物的历史、现状及趋势提供客观的依据。对公文进行比较加工，浓缩了公文信息，扩大了公文信息量值，可使更多领导人或管理者获得大量信息，有利于提高阅文效率。

3．综合加工

综合加工即将不同时间、不同侧面的公文信息经过综合归纳，产生具有新质的概念或结论。对公文进行综合加工，有助于领导人或管理者具有动态性、预测性重要信息的把握，对其进行决策具有重要参考价值。

四、公文平时归卷

（一）平时归卷的含义

平时归卷，是指机关各部门及其人员在日常管理中按照本单位预先编制的公文的归档范围和不归档范围，对办理完毕的公文进行分类、集中、组织起一个日常公文的直接查找系统。这个"直接查找系统"可以方便、快捷地实现按"号"索"文"，同时又能为次年初的公文立卷归档工作奠定良好的基础。

（二）平时归卷的方法

1．整理卷夹

在新的一个年度开始时，根据归档范围和不归档范围，为每一个类别的公文准备一个或几个公文盒；并在其卷脊上注明条款名称、类别、属类、条款顺序号，也可直接标明其条款的数字代码，如"1－1－2"表示第一个大类的第一个属类中的第二条款的公文盒。这个数字代码即是归档号。秘书人员在收文处理时，在公文首页盖收文章，并在收文章中标明这份公文在本机关公文分类方案或归档范围中的类别属类的条款数字代码。

2．收集公文

将日常管理活动中已经办理完毕的公文收集起来，要求做到齐全、完整。如对外发文，应在公文发出的同时将定稿和正本一起收集。收文办理各环节中应催办，监控公文的运转环节，注意随时收集办结公文。同时，还应注意对未履行文书处理程序的会议记录、领导发言稿等公文的收集，以保证反映本机关职能活动的公文完整齐全。

3．分类归卷

将收集的公文，按照其在本机关公文分类方法或归档范围中所属的类别属类，或者对照办结公文首页上收文章中的归档号，将其分别放入预置的卷盒中保管。归卷工作最好能够随收随归，如条件不允许，也可以采用一周、两周或一个月进行定期归卷。

五、办结公文处置

无论是收文处理，还是发文处理的过程，都是一个处置办理完毕公文的活动。办结公文的处置,指对已经发出或承办完毕的公文,根据其不同情况予以分门别类决定其归宿的活动。在机关中对办结公文的处置方法主要有:公文的立卷归档、清退、销毁、暂存。

(一) 公文的立卷归档

公文的立卷归档,是指从已办毕的大量公文中,通过科学、合理的加工整理,将其中有价值的部分挑选出来,按照它们的联系和规律,组成一个案卷,供日后查考和利用。公文立卷,可以维护公文之间的联系,防止公文的磨损、散失,保护公文安全、完整,方便管理,有利于检索、查阅与利用。同时,立卷归档为国家档案事业奠定基础,为国家积累档案财富。公文立卷是公文运转处理的终点,也是一切公文的归宿。

(二) 公文的清退

清退即经过清理将有关办毕的收文按期退归原发文机关或由其指定的有关单位。公文清退工作的目的在于保证重要公文或机密公文信息内容的安全,避免公文丢失或失密、泄密现象的发生。保证公文郑重性、严肃性、权威性与有效性,避免无用或错误公文信息的扩散给各项工作造成负面影响。

需要清退的公文包括:绝密文件、有重大错漏的公文,被明令撤销的公文,仅供征求意见或审阅的公文,一些未经领导本人审阅的讲话稿,其他发文机关指定需要清退的公文。清退公文的办法,或按规定成批定期进行,或随时清退。但不论以何种方式清退,都应该办理一定的手续。对要清退的公文,任何人不允许私自摘要或复制。

清退办法:

(1) 对注明清退日期的绝密公文及其他公文材料,应由机要部门或者文秘部门按制发机关要求的清退时限退还。清退时应逐件核对清点、退还,同时要在《收文登记簿》或者《公文清退清单》上注明清退日期和清退编号。下级机关报送的绝密公文,一般不予退回,由上级机关销毁或暂存备查。

(2) 对虽未注明清退要求但属于不宜在收文机关久存的重要公文材料,收文机关秘书部门应及时主动与公文制发机关联系,按照发文机关的意见处理。

(3) 需清理的会议公文(包括征求意见稿、讨论稿),由会务组负责找持件人清退。外单位征求意见的公文(文稿),由本机关的文秘部门定期或不定期地统一清退。

需清退的公文(文稿)一般应与其他公文(文稿)分别保管;任何人不得私自翻印、摘录、复印。清退公文时,应认真清点、防止夹带其他公文,交接双方应履行交接手续,出具书面凭据。成批清退时,应附一式两份的《公文清退清单》,双方均应在此清单上签注姓名和时间,以示对清退工作负责。

(三) 公文的销毁

销毁即对没有保存价值和可能性的办毕公文所做的毁灭性处理。需要销毁的公文主要包括:所有没有留存价值的公文,没有留存必要的重份公文,不立即销毁有可能造成失密或损坏的公文,一般性的没有保存价值的草稿,印制公文中形成的校样、印版等。

公文销毁必须经由有关领导批准后方可予以销毁。一般来说，销毁一般公文，由文秘部门与业务部门负责人审核，机关保密部门审查批准，定期销毁。销毁秘密公文及重要的公文，填写《公文销毁清单》后，由各机关文秘部门负责人审核，机关保密部门与分管领导人审查批准。销毁计算机储存的公文材料，可经有关部门或领导人审查批准后定期清洗软盘。未经审查批准，任何部门和个人均不得私自销毁公文。待销公文平时由文书部门妥善保存。

销毁的方式有焚毁、变成纸浆、粉碎、清洗消磁等。但对要销毁的文件必须按照规定履行有关手续，个人不得私自销毁文件。

（四）公文的暂存

公文的暂存，是指对既不应立卷归档或清退，又暂不宜销毁的公文，仍需再留存一定时期以备查用。部分公文暂时留存保管，能方便日常工作中的查阅参考，可以减轻业务部门频繁查找归档公文带给档案部门的压力，以及带给档案本身的磨损，还可以节约大量的人力和时间。

暂存公文的范围：凡不需立卷归档或清退，对本机关仍具有一定参考利用价值的公文材料，均可列入暂存公文范围，具体包括：频繁查阅的已立卷归档公文的重份文本与复印本；具有参考价值的公文、简报等；一时难以准确判定是否留存或销毁的公文；反映一般情况的公文、报表等等。

暂存公文应由各机关的文书部门统一、集中保管，并按一定的方法加以管理。重要的常用的暂存公文，应根据立卷的原则与方法进行系统整理并组成案卷。如不便或不能装订成卷（册），也应置于公文夹内妥善存放，防止散失。可以编制简便的案卷目录或公文目录，以便于日常的查找利用。在提供利用时，必须建立必要的借阅制度，严格办理借阅登记手续。

六、公文管理

公文管理，指对公文从形成、运行、办理、利用到存放、销毁等过程的组织、监察工作。公文管理直接关系到整个机关、部门的工作效率及国家秘密的安全，是公文处理的一个重要环节。

（一）公文管理的主要内容

1. 发文办理的管理

发文办理的管理，是对以本机关名义制发公文的过程这一阶段的管理，其任务是确保公文的质量。主要是把好三关：一是把好内容关，在公文内容上确保符合国家的法律、法规及其有关规定；反映的情况准确无误，提出的措施和方法具有可操作性等。二是把好规范体式关，检查公文是否符合行文规则，使用的格式是否规范等。三是把好文字关，对文字进行润色修改，使文字准确无误、标点正确、符合语法规范，写作结构严谨、条理清楚、直述不曲、篇幅简短等。

2. 收文办理的管理

收文办理的管理，是对收到公文的办理过程的管理。这一阶段的管理主要是确保公文办理的效率。一是了解核实情况，把握政策依据，保证拟办意见的正确性。二是及时传递，加强催办，保证公文及时办理。三是保证公文的安全运行。

3. 公文归档过程的管理

公文归档过程的管理，是对办理完毕后的公文的管理，包括将公文办理完毕后的具有查考价值的公文及时整理（立卷）、归档。将不具归档和存查价值的公文销毁。这一阶段的管理主要是确保归档文件的完整性、安全性、保密性，并能及时为机关提供有效的服务。

根据《行政机关公文处理办法》（以下简称《办法》）的规定：机关合并时，全部公文应当随之合并管理。机关撤销时，需要归档的公文整理（立卷）后按有关规定移交档案部门。工作人员调离工作岗位时，应当将本人暂存、借用的公文按照有关规定移交、清退。密码电报的使用和管理，按照有关规定执行。

（二）公文组织管理

1. 由秘书部门或专职人员统一集中管理

《办法》对公文管理工作的机构设置和人员组成作了统一规定，即"公文由文秘部门或专职人员统一收发、审核、用印、归档和销毁。"要求公文由文秘部门或专职人员统一管理，这是加强公文的组织管理的关键。只有建立统一的公文管理机构和专职人员，才能协调和保证公文管理工作中高效率、高质量、高效能地运行。

随着公文管理科学化的深入和现代科学技术的不断进步，机关公文逐渐趋向一体化管理的趋势。这既反映了机关管理对信息综合利用的需要，也反映了公文管理工作发展的内在规律。专设文秘部门或专职人员统一集中管理公文，实施统一的文件运行机制，是与公文处理的程序相适应的。公文处理是一个严密的系统，其公文的收发运转，上承下联是有机衔接、环环相扣的处理流程。建立一个统一的管理组织，既可以防止因管理分散、环节过多而影响工作效率，又可以防止因环节的脱节而贻误工作。

公文实行统一集中组织管理，要抓好五个环节：

(1) 统一渠道，即一个机关的公文，无论是接受还是发出，都应从文秘部门一个口子进出。

(2) 统一处理程序，如收文办理、发文办理等都应由文秘部门按统一的程序办理。

(3) 统一查办反馈，凡需办理的公文，均由文秘部门统一审核、拟办、催办等。

(4) 统一行文制度，严格遵行统一的行文制度行文。

(5) 统一文件管理，即公文的收、发、传、存、销应由文秘部门按统一规定进行。

2. 建立健全有关制度

"文秘部门应当建立健全本机关公文处理的有关制度。"（《办法》）建立健全本机关公文处理的各项规章制度，使公文管理制度规范化，做到公文处理的各个环节都有章可循，手续清楚，责任明确，严防文件丢失和泄密。

包括三个方面：

（1）定岗位职责。做到各个岗位的工作任务明确，每个文秘人员的职责明确固定。

（2）定操作程序和操作要领。使各岗位人员统一按规范操作。

（3）定工作标准。工作标准包括数量标准、质量标准和时效标准，各项标准应尽可能做到量化，具有可操作性。

（三）文件的日常管理方法

为了使文件便于利用，能随时查取，文件的日常管理要尽量做到科学化、规范化。

1. 文件的跟踪管理法

公文在运转使用中，为利于查找和保密，要准确掌握其流向。主要措施就是搞好登记，登记可设专簿或采取勤记勤销的"日记实"办法。

"日记实"，是对办公室文件在传阅、承办过程中每个落脚点的当天记录。它是文书处理人员在查找、调阅文件时的得力工具。一般用文件跟踪单记录。

文件跟踪单呈卡片形式，每一类型的文件跟踪单放在一起。以县委办公室为例，中央文件、内刊，省委文件、内刊，省政府文件、内刊，市委文件、内刊，市政府文件、内刊分别放在各自的盒子里。文件收回后，跟踪单自行作废。

2. 文件的定位管理法

把送阅、送办的文件取回后按照预先给它们规定好的位置存放起来，即所谓定位管理。具体办法是：

按文件长、宽制作适当厚度的文件盒（塑料盒或自制的夹板纸盒均可），并将本机关所有文件名称按一定的规律（参考收文登记簿类目）分别标注在盒上，把文件橱分上半年与下半年两个或几个使用期，橱内再用横档板分出层次（中央级、省级、市级等）。然后依文件盒标清的名称，本着由上到下的等级次序，将盒放在橱内相应的层次，运转回来的文件，分层次按序入位。

3. 文件的卡片管理法

在文件管理工作中，为了便于查找，文件可采取编制"文件卡片"形式管理。"文件卡片"是以卡片形式揭示本单位文件内容和成分的一种检索工具。把浩瀚的文件信息贮存起来，加以科学的分类，使同一问题和专题性的内容信息汇集在一起，排列在一起，组成一个有机的整体，便于主动为领导提供和利用信息。"文件卡片"是当前手工检索工具中较为广泛运用的一种。[①]

编制文件卡片应注意以下几种情况：

（1）凡遇到按文件标题填写不合逻辑时，要按照实际情况更改标题。例如有些统计表，往往是上级组织直接统一印发的，标题往往用"全国×××统计表"，这类表格如果用在县级单位时，其标题就应改写成"××县×××统计表。"

（2）遇到无标题或文件名称作标题的文件，则要根据文件的内容拟制一个简明确切的标题。

（3）有的文件虽有标题，但要加上一个副标题才比较确切，使人一目了然。

---

①张浩：《最新公文处理规范与实务》，332页，北京，蓝天出版社，2005。

（4）对文字太长的标题，在不影响文件原意的情况下，可以适当简略，使人一看就懂。

卡片分类后，要根据一定的方法固定每一个分类内每张卡片的前后次序和排列的位置，保持文件之间的历史关系，使之有目可查。每个单位每年所编制的卡片格式标准要一致，这样才不会失散，同时又便于查找利用。文件卡片的排列主要是指属类与小类内文件卡片的排列，可按类——属类——小类（问题）——年度——作者——时间的顺序排列。这样排列，同一性质的文件集中在一起，便于迅速、准确地查找。在同一年度里，卡片排列的次序习惯是：先上级后平级再下级；先党委后行政；先领导机关后业务部门。卡片经过排列，位置固定后放进卡片柜，并设属类、小类、问题或年度、作者等的索引卡，最后拟写一个"查阅须知"。这样，既能克服文件保管、利用的混乱现象，又保证了文件卡片的编制质量。

4．文件的制度管理法

要建立文件借阅、传递、归档制度，以便发现丢失、损坏等问题时，进行核对和查找。

建立文件借阅、传递、归档制度一般包括下列内容：

（1）建立文件借阅簿。把各种文件分门别类、有科有目地编排成簿，以便于阅览时查找。

（2）借阅文件要注意以下几点：

①认真。无论何人、何故、何时借文件或资料，不管再急、再忙，都要在"借阅簿"上一丝不苟地履行登记、签字手续。

②严密。规定借阅时间，控制"密级"文件阅知范围。特别对标有"密级"文件的外借，应随时请示领导，借出前要当面交代注意事项。

③勤查。对所管理的文件一周一小清、一月一大清、一季一核对、半年一整理，一有问题就主动、及时上报，求得迅即解决。

（3）列明本簿所属文件仅供何人何时查阅。

第二节　公文处理模拟实习

一、公文处理的概念

公文处理，是指对公文的创造、处置和管理，即在公文从形成、运转办理、传递、存储到转换为档案或销毁的完整周期中，以特定方法和原则对公文进行创制、加工、利用、保管料理，使其完善并获得必要功效的行为或过程。

公文处理是公文活动中非常重要的一环，并且是有特殊地位的一环。如果这一环处理不好或出了问题，就会给工作人员带来很大的被动。因此，各级党政机关负责人要加强对公文处理的领导，确保公文处理工作顺利进行。《办法》第六条规定："各级行政机关的负责人应当高度重视公文处理工作，模范遵守本办法并加强对本机关公文处理工作的领导和检查。"[①] 同时，各级党政领导还要身体力行地学习和执行《办法》，从思想上、组织上、制度上、物质上关心本机关的公文处理工作，加强对这一工作的督促检查与领导，使之不断发展完善。

二、公文处理的原则

公文处理的基本原则也是对公文处理的基本要求，它是为保证准确、及时、安全、有效地进行公文处理所必须遵守的，公文处理原则主要内容包括以下方面：

1. 法制原则

即要按照法律法规、规章制度规范化地进行公文处理，每个环节都要达到规范性的统一，严格按照收文制度、办文制度、阅文制度、撰文制度、审签制度、印刷校对制度、立卷归档制度等，建立健全和遵守各项制度，按照制度办事。

2. 质量原则

即在公文处理过程中要坚持质量第一，要做到正确、准确、科学，《条例》在关于公文处理时第一个要求做到的就是"准确"。

3. 时效原则

即要求及时、快速地处理公文，要求办理效率要高，不拖拉，不积压，注意时效性。

4. 集中统一原则

即公文处理要接受集中统一的领导，要遵守统一的公文处理制度。在具体公文处理方式上，按照公文处理的组织形式，根据各个机关、单位的收发文量和机构设置情况来定。该集中处理的就集中，该分散处理的就分散，职责分明。

5. 党政分工原则

明确中国共产党的组织与国家行政机关的不同责任范围，做到各司其职，专门负责。

6. 实事求是原则

从实际出发，解决实际问题；而不图形式、走过场，应付上级。

7. 安全原则

即在传递、处理和管理公文时做到保密。不仅不泄密，恪守党和国家机密，而且还要积极防范各种窃密行为。

8. 精简原则

在遵行规定、保证公文的功能和效果的情况下，尽量精简公文，讲求实效，简化处理公文的程序、环节，提高办事效率。

三、公文处理的作用

行政公文处理是行政机关一项经常性的重要工作。它对于贯彻执行党和国家的有关方针政策，落实和实施重大决策，以及公文的正常运行，上情下传，下情上传，沟通左

---

① 陈华平，王太钧，孙杰：《现代公文写作与处理教程》，356 页，武汉，华中科技大学出版社，2007。

右关系，协调各项工作，提高行政机关的职能，具有十分重要的作用。

1. 公文处理是各级党政机关实现管理职能的前提和基本方式

党政机关履行自己的管理职能，离不开大量有效的信息支持。因此，就需要直接地表现在对公文的依赖上。公文处理时沟通机关之间的纵向与横向联系，沟通机关与广大群众之间联系的有效形式，是机关实现管理职能的必要条件。

2. 公文处理是国家档案事业的基础

今天的公文就是明天的档案。档案的来源主要靠各级党政机关使用过的公文。公文的内容、格式、字迹等处理得规范与否，会直接影响到档案的质量。从这个意义上说，公文处理是国家档案事业的基础，公文处理的水平，会制约或促进档案事业的发展。

3. 公文处理是机关联系的纽带

机关与机关的联系、沟通，公文具有不可替代的作用。通过公文处理，上级机关可以表达意图，行使职权，发号施令；下级机关可以下情上传，请示汇报，报喜报忧；平行机关可以联系业务，商洽工作，互通信息。

四、发文处理程序

发文处理是指在机关内部为制发公文所进行的拟制、处置与管理活动。发文处理是发文机关履行法定的职责，表达自身意志和愿望，收集、加工、记录、传递有用信息，由众多工作人员共同参与的集体创造性活动。主要包括拟稿、会商、审核、签发、校对、用印等程序，这一过程有很强的确定性和不可逆转性，有关机关对此有专门的规定。

（一）拟稿

又称撰写、起草，是公文形成的第一道环节。拟稿的意图来自三个方面：领导交办起草、办文终结起草和议定事项起草。一般经过准备阶段、写作阶段和修改阶段。拟稿人员，或者是秘书，或者是领导同志亲自动笔。

（二）会商

指在公文创制过程中，内容涉及其他有关同级或不相隶属机关或有关部门的职权范围时，需要征得其同意或配合所进行的协商活动。其目的是为了维护公文的合法性、有效性和政令的统一一致。这一过程也非常关键，如果不协商或者协商不成，就直接影响公文的效果和以下程序的顺利进行。从程序上说，会商由发文机关主动组织，就有关问题协商完毕取得一致意见后，应请这些机关或部门的有关责任者签注会商意见。会商意见应签在"发文稿纸"的有关栏目内，要写明对有关内容是否同意，并亲笔签名和注明时间。会商时应注意以下三点：①协商的对象应齐全没有遗漏。被其内容所涉及职权的所有机关或部门都在协商范围之列。②协商过程中，如未就有关问题取得一致，应及时向有关上级机关反映情况，请求指示。如未获取，不得按自己的意见向下行文。③协商时可采取多种具体方式。可以"跑会"，即主动到对方驻地去面商；也可以"函会"，即向对方寄发草稿和有关函件，请其签注意见后再寄回；也可以用会议方式同时召集有关机关或部门的责任者一起协商讨论，取得一致意见。

（三）审核

审核又称核稿，是指在拟定的公文文稿送交有关领导签发或者会议讨论之前，由部门负责人或有经验的秘书对文稿所作的全面审核与修正。这项工作是对机关发文数量与质量的控制，有利于提高发文的质量。审核重点如下：

（1）控制发文的数量，审核是否需要行文，发文的名义是否恰当。

（2）控制发文的方向，检查文种是否正确，有无多头主送、滥抄滥报、随意越级行文的现象。

（3）审核文稿内容是否符合法律、法规与方针政策；是否真实准确、符合实际、界限清楚、前后一致、切实可行。

（4）语言表述是否准确、简明、得体。是否符合语法、逻辑；人名、地名、时间、数字、引文是否准确，字迹是否工整规范，字迹材料是否耐久等。

（5）文体、文件格式是否正确、规范；结构是否齐全完整，是否层次清楚，详略得当。

（6）是否经过会商或履行了必要的讨论、审批手续。

以上诸项，都需要仔细审核，使公文符合规范要求，以维护公文的权威性和严肃性。

（四）签发

签发，是指撰写、校核过的文稿，要最终经过领导人审阅签发，才能产生法律或者法定效力，才能印成正式文件发给受文单位。签发文稿有六种形式：个人审签、集体审签、大会审签、授权审签、会同审签、核稿审签。做好签发工作必须注意以下几个问题：

（1）任何人不得越权签发公文。各级机关的领导者只能对属于自己取权范围内的公文负责，就是说只能签发自身权限所及的公文。根据国家的有关规定，以机关名义制发的公文，由机关领导人签发。其中内容重要或涉及面广的公文由正职领导人或主持日常工作的副职领导人签发。有些公文也可由机关秘书长或办公厅（室）主任根据机关领导人的授权代签。以机关内设部门名义发文时，由部门领导人签发。会议决议、会议纪要等，由会议主持人签发。

（2）必须"先核后签"。需核稿的公文必须审核完毕后再签发，而不得先签发再核稿，以提高工作效率，确保公文有效。

（3）联合行文时，必须做好会签工作，使各机关或部门领导人均履行签发手续。

（4）必须在"发文稿纸"相应栏目内批注定稿即发出意见，并签注完整的姓名与日期，不要只签姓或只签名，也不要只签姓名不批注意见。如为代签应标注"代"、"代签"等字样。

（五）校对

校对，是指对校样或缮写誊录完毕的文件即将发出的文稿进行的全面校对。主要校对有无与原稿不相符的字词和符号，包括体例，一般都校对 2～3 遍。方法是：对校、折校、读校，以防止差错。校对工作的主要内容是：校正与文稿不符的各种错字、倒字、横字、残字。校正与文稿不符的被颠倒的字句、行段。删除多余成分，补正被遗漏部分。校正标点符号、公式、图表方面的错漏。纠正格式方面的差错。解决统行、缩面等一般版式的问题，以及图表与正文，注码与注文的衔接和页码编排问题。进一步审核文稿中的疏漏，发现问题并提交有关领导或撰稿人处理（但决不能擅自更动）。

（六）用印

用印，是指对将要发出的公文加盖公章，这是公文生效的凭证和标志。用印前要经领导批准，原则上是以谁的名义发布公文就用谁的印章，不能出现落款名与印章不同的现象。印章须由文书部门专人保管，用印时由其监印，用毕迅速退回，并履行用印登记手续。印迹须清晰、端正，要"骑年盖月"，应使用质量较好的红色印泥。

五、收文处理程序

收文处理的一般过程即收文处理的基本程序，是对来自本机关之外的各种公文实施的处置和管理活动；也是收文机关从来文中提取有用信息、解决其所设计的有关问题、履行其法定或特定责任的过程，是公文产生实际效用的过程。收文处理一般包括签收、登记、审核、拟办、批办、承办、催办等程序。

（一）签收

签收是公文发送方与收接方的交接手续。公文发送一般以信件形式套封送达。送出文件时，应在文件送达簿上填写以下项目：发文单位、送达日期（月、日、急件需具到时、分）、收件人（单位）、收件号、件数、密级等。收件人应在公文送达簿上签收。

签收人首先核对收到的公文信件与公文送达簿上填写的内容是否相同，如有差异，要问清楚再签收。绝密件、特急件要由指定的机要人员或行政机关领导人签收、亲启。作为公文处理的第一步，签收时应注意以下几点：一是仔细查看收文单位名称，避免外单位的信件混在其中。二是核对收文日期，特别是签收急件时，更要核实准确，以便明确责任。三是注意收件与签收编号保持一致，以便做日后查询的依据。四是签收簿或有关单据要保存好，以备查询时参考。

（二）登记

登记的目的是为了记录收到公文的主要项目及运转过程，便于查找，统计，这是公文进入处理过程的重要环节。收到的公文拆封、清点、分类后，就应登记在公文《收文登记簿》上。用微机处理公文的，同样有如下登记项目：收文日期（月、日）、来文字号、收文号（即顺序号）、来文单位、文件标题、份数、秘密等级、处理过程及结果。

登记后的文件，应当在文件首页的固定位置（有的定在右上方，有的定在左下方）盖上本机关的红色收文章。收文章应包括机关名称（应为机关全称或规范化简称）、收文号和收文年、月、日这三项内容。一个文件，在登记簿和收文章上的收文顺序号、日期一定要一致，否则，文件运转后，就难以查找。对来文字号的登记，一般按年度编排，切记不要漏号或重号。根据工作的需要，可以全登（包括机关代字、年号和序号），也可以只登记序号，不登记机关代字和年号。

对来文的登记要注意：一是随到随登，对收到的公文，应于收文当日登记处理。所以，收文日期应登记收文当日的日期，不要误登为文件的成文日期。二是要准确，特别要防止随意简化，特别是用计算机管理的公文，甚至一个标点符号使用不慎就可能导致错误。三是几个部门联合发文的公文，可以只登记主要部门和联合发文的机关数。四是对没有标题的来文，可根据公文内容自拟标题。若标题过长，可做摘要式登记或使用主题词。机密以上秘密等级的公文，均应注明密级，但保密期可以不登录。

（三）审核

审核，是指受文机关对公文内容和处理进行审核，决定是否接受办理的关键环节。按规定，对下级机关报上来的公文应由文秘部门负责审核。

审核的重点有以下几点：一是先审核来文是否应由本机关办理，对不应由机关办理的公文要选出，待下一步做退办件处理。二是审核来文是否符合行文规则，如发现有越级请示、一文多事、报告中带请示内容的，视为违背规则之处，要予以指正。三是审核来文是否符合国家法律、法规及其他有关规定，这项工作是审核中的重点和难点，应十分谨慎，它要求审核者要有较高的思想、政策法规和业务素质。有一双"火眼金睛"和对工作高度负责的精神，否则就发挥不好领导的参谋和助手的作用。四是涉及其他部门和地区的事项是否经过了协商和会签。这是因为凡涉及其他部门、地区的公文必须就有关事项协商一致，才能行文。五是文种使用、公文格式是否规范。审核重点一般是"请示"、"意见"等文种方面；格式上注意"签发人"、"附注"等是否标注齐全。

审核的结果是将收到的公文分为两类：一类即进入下一个流转程序——拟办；另一类即寻找出路——退办。对符合规定的公文，文秘部门应及时提出拟办意见送负责人批示或交有关部门办理。对实行退办的，要填写《收文审核退办单》并经过负责人批准。退办时，还应附上退回的原因，以告知来文单位。

（四）公文摘编

公文摘编是对重要公文在办理前做的加工处理，目的是为了节省办理公文的时间。

文摘是指公文内容的摘要，它对篇幅较长、内容较复杂的公文，做了简单而精确的再表达。文摘应该准确地反映出原文的精神，不遗漏重要内容，不能做补充解释或评论，力求简要而明确，使读者不需看原文就能知道公文的重点内容与概貌。

提要是指公文的内容提要，对公文内容有简要介绍和评价，作用是向读者概要提示公文内容。编写提要时对内容做出的分析和评价，要言之有据，客观而准确，篇幅简短。

综述是针对某一问题,对一段时间内收到的有关公文进行全面系统的归纳、整理、分析后编成的综合材料。它一般不需要评论和建议,只是客观地综合叙述各份公文中涉及的情况和问题即可。

数据资料汇集是根据一定的需要和题目,对分散在多份公文中的有关基础数据资料加以汇编集合而成的系统材料。它的内容可以是针对某一地区、系统、机关单位的全面情况,也可以是集中反映一个方面或一个具体问题。有文章式、报表式等多种形式。

文摘、提要可以附在公文上供有关人员阅读,还可刊登在《公文信》《来文摘报》《今日来文摘要》等刊物上。[①] 综述、数据资料汇集一般是单独成文,也可以刊登在《信息快报》《大事纪要》等刊物上。

(五) 拟办

拟办,是指公文的处理人员在对公文认真阅读和分析之后,提出自己的见解和建设性意见,供领导人审核决策。拟办意见提得如何,直接关系到公文办理的质量和效率。一份公文在审核之后,公文处理人员要根据来文的内容提出拟办意见,并写在《文件办理批办单》"拟办意见"一栏内。具体内容如下。

1. 摘写"内容提要"

对篇幅长、内容较复杂的公文,要用准确、简练的文字表达出来,为领导阅文提供便利。做好此点,首先要细读全文,然后把核心内容提炼出来加以"压缩",做到言简意赅。

2. 提出具体的处理意见,也称办文预案

这是秘书人员在办文中根据文件内容和要求,预先为领导提出的办理意见或设想的方案,并附上有关的背景材料,供领导人审批时选择、参考。如果所提的方案有两个以上时,应将倾向性意见放在最前面。如果对公文中的问题处理认为有把握时,可以草拟出复文文稿一并供领导审核等。

3. 传阅

传阅是公文拟办的一部分。在多种传阅活动中若想取得好的效果,应做到以下几点:一是科学合理地安排传阅路线。一般情况下,参与办理者在先,单纯知情者在后;主管领导、主管部门、主管人员在先,其他人员在后;涉及先决条件者在先,利用条件者在后。二是适当分流。一份公文的阅读者有既阅又办的,也有只阅不办的。可以采用多种形式使"阅"、"办"分流,以提高传阅的效率。三是创新传阅方式。如开辟阅文室;设置内部阅文栏窗;利用有关会议集中传达文件;特别要注意利用现代办公手段,如传真机、计算机网络等传阅公文,更方便快捷。四是要有一套严格而又简便的传阅登记管理制度,既便于阅文者阅读,又能严格管理。

(六) 批办

批办就是将公文批交承办部门办理。这是一项由法定责任者履行法定的事务处置权

[①] 转引自《现代公文写作与公文处理简明教程》,258 页,北京,中共中央党校出版社,2005。

的决策性活动，它规定了对具体公文的处置方法、程序、具体承办责任、承办原则与要求等，对公文效用的实现具有决定性影响。批办公文时应注意：不得越权批办公文；严格控制批办范围；批办意见务须明确、肯定、具体、前后一致、切实可行。不能只阅不批，仅画圈而不签注意见；不能使用模棱两可、似是而非的语言。批办公文，对领导者来说，要求意见要明确，针对性要强，轻重缓急时间要求要具体，以保证公文能够准确、及时地得到处理。涉及两个以上部门共同承办的，批办时要指定牵头的单位。对需要传阅或传达的文件，则应批明传达对象、传达范围和传达时间，等等。对秘书来说，送批公文要按程序，先送分管领导阅批，然后送主要领导阅批。如果把送批程序颠倒过来，先送主要领导人审定了，就可能出现两种情况：一是分管领导认为主要领导定得对，表示同意。二是分管领导认为主要领导定得不对，但为了维护主要领导；如果签上不同意见，必然在一份公文上反映出领导意见的分歧，既影响对全局工作的指导，又影响领导人之间的团结。这就要求有关人员在批办过程中，应注意：①不得越权批办公文，没有授权不能代某某人批办。②严格控制批办的范围，对不经批办也能得到有效办理的公文就不必再行批办。③批办意见必须明确，不能模棱两可，也不能只是在上面画圈而不写意见，态度必须明确，意见必须清楚。④在批办过程中如发现公文内容所涉及的问题是自己无权或确实无法处置的，应将批办改为拟办；实事求是地提出建设性意见，由领导定夺；而不能将错就错，含糊过关。

（七）承办

公文批办后到达承办部门，即进入了承办程序。承办部门收到交办的公文后应及时处理，不得延误或推诿。紧急公文应按时限要求办理，确有困难的，要及时说明情况。对不属本单位或不宜本单位办理的，要及时退回交办部门并说明理由。

公文处理中遇到涉及其他部门职权的事项，主管部门应当主动与有关部门协商。协商中如有分歧，应该报请上级机关协调或裁定。协同办理的部门如参加主办部门召集的会议，研讨办公事项，应由负责人参加。

承办单位的文秘部门应及时了解文件运转和办理的情况并做好记录。如需负责人协调的，要在事前备好相关材料，提出参谋意见供负责人参考。按时限要求向交办机关报告办理进度及有关情况，接到电话催办或催办单时，要如实回复和填写，确保向交办机关报出的是本部门的意见，而不能是某个人或本部门某单位的意见。上报的办理意见应经过本部门负责人审签。要定期催办、查询和统计本部门所属单位承办公文的办理情况，向分管负责人报告，消除"死角"和"梗阻"，防止文件压误，提高办文效率。

（八）催办

催办是对交办公文的办理情况进行督促检查，防止漏办和延误。公文处理必须建立严格的催办制度，执行这项制度的是文秘部门。

催办有以下几种方式：一是电话催办，这是最为常用的一种方式。用电话询问公文办理的情况方便快捷，可以反复使用多次，有利于随时掌握新的情况、新的进展。二是发催办函（单、件）。此时需要对方按要求填写催办内容，这样便于催办方掌握日后有可查的资料。三是会议催办。召开专门会议催促和了解承办方的办理进度及有关情况。对牵涉到诸多部门的事项、事宜采用会议催办的方式。四是上门催办。针对十分紧迫的重要事项，有关人员到承办事项所在地现场催办。这种方式较前几种效果要好得多，但除非情况紧急时不宜过多使用上门催办的方式。

催办中还要注意以下几点：建立科学的登记制度，有完备的催办手续，将催办的情况以"文件催办单"等形式记录在案，作为催办的依据和资料；注意信息反馈，验收办毕公文，综合反映承办工作实际情况与结果，及时注销已办结的公文。

（九）查办

查办是公文处理的管理机关或其他专门组织对一些重要公文实际执行情况所进行的核查协办工作。查办与催办都带有监督性质，但又有明显区别：催办是对承办公文过程的监督控制，重点在于使公文"按时"办理完毕。查办不仅监控公文的承办过程，还要重点监管公文产生实效的全部过程，按时、按质、按量地将有关事务办毕。催办是以一份公文展开活动，查办则是以一类事情展开活动。在若干份公文都反映同一类事情的情况下，查办往往针对这类情况展开活动。

查办工作的过程一般为：确定查办对象，决定对哪些公文的办理结果进行检核。向有关部门布置查办任务，履行登记手续，落实查办人员和查办要求等，询问核查办理结果。由查办人员将查办情况和结果上报领导者。最后是注销已有结果的承办事项，对办

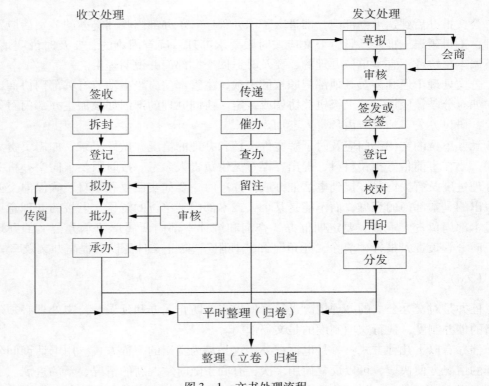

图3-1 文书处理流程

毕公文做出处置。

（十）注办

由公文的承办人在承办公文的过程中，将承办活动中的情况记录在《文件处理单》上，其主要内容有：是否办复，复文号和日期，召开会议的名称和参会人员，决议和结果，电话联系时受话人姓名和通话内容，现场办公的人员，解决问题的方法和结果，主要阅卷人、签注日期等。

第三节　模　拟　实　习

一、实训安排

1. 分组

每 2 位同学按照自由的方式编成一组，准备好笔、纸等工具，并将名单报给教师。

2. 角色分配

2 个同学分别扮演校长办公室秘书、学校人事处部门的秘书。

3. 模拟情境

假设广州大学校长办公室于 2015 年 5 月 19 日，收到了广东省教育厅下发的文件《关于推荐 2015 年度广东省本科院校学科带头人培养对象和青年骨干教师培养对象的通知》（粤教通〔2015〕09 号）要求 2015 年 6 月 5 日前上报教育厅。

4. 实训要求

（1）根据角色分配完成各自任务。

（2）由于角色不同，各自的任务职责不同，因此，除了独立完成自己的工作以外，还要具备协作精神。

（3）以上实训步骤，由于角色不同，任务不同，所以，为了节省时间，可以预先做好准备。

5. 实训评价与成绩

自我评价、小组评价（组长负责）、教师根据表现及上交的书面材料评价。

6. 实训步骤

（1）校办秘书收到这份通知，拆启后，将文件取出，核对好份数、日期后，将文件登记在收文登记簿上。如表 3-1 收文登记簿。

（2）校办秘书对收到的通知进一步处理，拿出一张文件处理单，填写拟办意见。再将文件处理单夹在通知原件上，给校办负责人（校长）批办。校办负责人填写批办意见，由秘书交给相关职能部门办理。如表 3-2 文件处理单。

第一，拟办意见：5 月 19 日转送校长办公室；校办主办，教务处协办；6 月 2 日前将名单报我办；6 月 5 日报教育厅。

第二，处理结果：5 月 19 日转人事处，人事处已经转发各部门。

（3）场景：学校人事处办公室内，校办秘书将收到的通知交给人事处的工作人员，他收到后先登记,然后拿出一张文件处理单,填写拟办意见。立即将通知送给人事处主任,人事主任要求本部门秘书拟稿,以文件的形式,通知学校各个部门。如表3-3广州大学人事处收文登记簿,表3-4广州大学人事处文件处理单。

第一,拟办意见:各部门严格按照教育厅文件要求将推荐名单于5月31日前报我处;我处再组织相关部门负责人打分,并将结果公示,无异议后6月2日前上报学校。

第二,处理结果:5月20日已经转发各部门。

(4)人事处秘书在发文稿纸上起草文稿。完成后交给人事处主任审核,审核完毕报校长办公室主管领导签发。

表3-1 收文登记簿

收文号	收文日期	来文机关	来文标题	来文字号	密级	缓急	份数	承办单位	签收人	复文字号	归卷日期	存档号	备注

表3-2 文件处理单

来文机关		来文字号		密级	
文件标题		份数		时间要求	
拟办意见:					
批办意见:					
处理结果:					

表3-3　广州大学人事处收文登记簿

收文号	收文日期	来文机关	来文标题	来文字号	密级	缓急	份数	承办单位	签收人	复文字号	归卷日期	存档号	备注

表3-4　广州大学人事处文件处理单

来文机关		来文字号		密级	
文件标题		份数		时间要求	
拟办意见：					
批办意见：					
处理结果：					

表3-5　广州大学人事处发文稿纸

发文字号		缓急		密级	
签发：		会签：			
主送：					
抄送：					
拟稿单位		拟稿人		审核	
印刷				份数	

(续表 3-5)

附件:	
主题词:	
标题:	
(正文)	

二、附件:

广州大学校办文件
广大校办字〔2015〕9 号

关于推荐 2015 年度广东省本科院校学科带头人
培养对象和青年骨干教师培养对象的通知

各部门:

　　根据广东省教育厅《关于推荐遴选 2015 年度广东省本科院校学科带头人培养对象和青年骨干教师培养对象的通知》(粤教通〔2015〕9 号)精神,为加强我校学术队伍建设,现就做好 2015 年度广东省本科院校学科带头人培养对象和青年骨干教师培养对象的推荐工作的有关事项通知如下:

　　(一) 学科带头人培养对象推荐

　　1. 推荐名额

　　3 名。

　　2. 推荐范围

　　从事教学的在职在岗专任教师和行政兼课人员,主要从省部级和校级重点学科、重点专业、重点实验室、重点课程、精品课程和对省、市经济建设和社会发展关系密切的学科专业中的专任教师中推荐选拔。

　　3. 推荐基本条件

　　(1) 思想品质和职业道德素质好,能积极奉献,团结合作。

　　(2) 教学科研能力强,主攻方向明确,学术造诣较深,成绩突出,为国内、省内同行所公认(近三年,至少主持省社科基金或省自然科学基金或省教育厅重点或青年项目 1 项以上;以第一作者出版专业著作 1 部以上,理工科有第一作者 SCI 收录论文;科研成果获市级及以上奖励 1 项以上）。

（3）熟练掌握一门以上外语，计算机及现代仪器设备操作应用能力较强。

（4）年龄在 45 周岁以内（1966 年元月 1 日以后出生）。

（5）具备正高级专业技术职务，或同时具备博士学位和副高级专业技术职务。

（二）青年骨干教师培养对象推荐

1. 推荐名额

4 名。

2. 推荐范围

主要从国家级、省部级和校级重点学科、重点专业、重点实验室、重点课程、精品课程和对省、市经济建设和社会发展关系密切的学科专业中，从事教学第一线的在职在岗专任教师中推荐选拔。2014 年度经学校推荐参加省评选未通过者本年度暂停申报；2015 年度经学校推荐参加省评选未通过者 2016 年度不能申报。

3. 推荐基本条件

（1）思想品质和职业道德好，能积极奉献，团结合作。

（2）教书育人成绩较突出（近五年担任过班主任和学生导师，教学方面获过学校及以上奖励）。

（3）科研能力强，初步明确了自己的主攻方向，有一定的学术造诣，成绩较突出，为校内外同行所公认（近三年，至少主持省部级及以上立项课题 1 项以上；理工科、音体美专业以第一作者公开发表科研论文 5 篇以上，文科 8 篇以上）。

（4）较熟练掌握一门以上外语，计算机及现代仪器设备操作应用能力较强。

（5）具有高等学校教师资格，音体美专业具有本科以上学历，其他专业具有硕士以上学位。

（6）年龄在 40 周岁以内（1971 年 1 月 1 日以后出生）。

（三）申报选拔程序

1. 申报条件

个人申报（行政兼课人员回系部申报）。各系、部根据推荐基本条件，在广泛听取教职工意见基础上，择优向学校推荐（各限推 1 人，无符合条件者可不申报），组织填报相关表格，并为培养对象初步拟定分年度培养计划。

2. 申报时间

各系、部请于 5 月 31 日前将推荐候选人及下列有关材料报人事处，逾期不予受理。《广东省本科院校学科带头人培养对象推荐表》或《广东省本科院校青年骨干教师培养对象推荐表》（一份，用胶水粘贴）；《广东省本科院校学科带头人培养对象推荐情况一览表》《广东省本科院校青年骨干教师培养对象推荐情况一览表》（一份并以 Excel 文件形式拷贝）；身份证、学历学位、高等学校教师资格、专业技术职务等证书原件和复印件；政治思想表现、教学和科研等方面所取得成绩的有关资料，如著作、论文、获奖等科研成果复印件（以科研处 2013 年至 2015 年科研成果统计为准）；反映本人外语水平、计算机应用能力的材料原件和复印件；反映本人政治思想表现和教学水平的材料；分年度培养计划（以学校名义撰写，一份）；《广东省学科带头人和青年骨干教师推荐对象教书育人、综合考核评分表》和《广东省学科带头人和青年骨干教师推荐对象科研评分表》（各一份，计分栏不填）送交人事处。

  3. 资格审核条件

  学校对各部门推荐的候选对象进行资格审核，并依据学校科研奖励条例进行综合打分。学科带头人培养对象由院务会确定产生，青年骨干教师由院学术委员会投票产生，公示后组织填报相关材料，并与学校签订服务协议，上报省教育厅。

  选拔省级学科带头人和青年骨干教师培养对象是我校教师队伍建设的一项重要工作，各系部要加强领导，做好政策宣传工作，并协助学校和个人做好申报推荐工作。

  相关表格见附件，相关文件查询或表格下载网址：×××。

广东省广州大学校长办公室
2015 年 5 月 19 日

第四章　公共部门人力资源管理模拟实习

一、公共部门人力资源管理的含义

公共部门人力资源管理是指在行使国家行政权力、管理国家和社会公共事务的过程中，为充分、科学、合理和有效地发挥公共部门人力资源对社会进步和经济发展的积极作用，而进行的资源配置、素质提高、能力利用、开发规划及效益优先等一系列活动的总称。可以从以下几个方面来把握这一概念。

第一，"科学、合理、有效"是指数量上的充分在岗，避免不合理的公共部门人力资源闲置与浪费，并使其走上法律化的轨道；对公共部门人力资源的使用要合理，注重长期效益；有效地利用开发，并把其落到实处。

第二，要发挥公共部门人力资源在公共管理中的积极作用，进行正向开发。

第三，要把公共部门人力资源配置到合适的岗位上，使得"能者在其位，贤者在其职"。

第四，通过教育与培训等手段，全面提高公共部门人力资源的各方面素质，并通过合理配置、流动和激励等手段，使公共部门人力资源达到最大限度的职位匹配，结构优化。

第五，根据公共部门人力资源开发理论和有关政策，评价公共部门人力资源开发状况，预测和平衡公共部门人力资源的供求关系，以较少的投入产生较大的效益。

公共部门人力资源管理的目标，是与政府等公共部门的社会管理和社会服务的公共管理目标紧密相连的。因此，人力资源管理的目标应定位于：获取与开发公共管理工作需要的各类人才，建立公共部门与从业人员之间的良好合作关系，以高效管理和优质服务满足社会经济发展的需要，并满足从业人员个人成长和发展的需求。

二、公共部门人力资源管理的特点

公共部门人力资源管理作为整个社会人力资源管理的一个子系统，与其他人力资源管理有着相同的地方，但作为一个区别于其他子系统的独立系统，也有其独特的个性。了解公共部门人力资源管理的特点，对于有针对性地研究和探讨有关政府人力资源管理的一系列问题有着十分重要的意义。概括地讲，我们可以把公共部门人力资源管理的特点分为以下几个方面：

1. 主体的权威性

将人力资源管理系统划分为企业人力资源管理、政府人力资源管理和第三部门人力资源管理的依据是主体的不同。政府人力资源管理与一般组织人力资源管理的根本点在于其管理主体的不同，即政府组织。与其他社会组织相比，政府组织是拥有一定国家权力的国家部门，同时还具有至高无上的地位和权威。正是其主体的这种权威性，使得政府人力资源管理具有权威性的特点。

2. 目的的公益性

公共部门人力资源管理不像企业那样把追求本部门利益最大化作为行动目标。也就是说，企业人力资源管理的根本目的在于为本企业带来更多的利益回报，而公共部门人力资源管理是通过提高公共部门人力资源管理质量、实现人力资源价值最大化，来实现公共利益或社会福利的最大化。原因在于，公共部门人力资源是一种公共资源，加上公共部门的权力是公民赋予的。因此，公共部门人力资源管理行为必须奉行全体公民利益至上的原则，并以追求公共利益或社会福利最大化为其基本价值取向和最终目标。

3. 体系的复杂性

公共部门特别是政府部门是一个纵横交错，层级间相互制约的组织结构体系，它是按照完整统一原则建立起来的，要求目标统一、事权统一和功能配置统一。由于这个部门的特殊性，使得政府部门人力资源管理具有其他部门难以比拟的复杂性。因此，公共部门人力资源管理行为必须奉行全体公民利益至上的原则，并以追求公共利益或社会福利最大化为其基本价值取向和最终目标。

4. 运行的法制性

依法治国的关键是依法行政，而作为对依法行政的主体——公务员和其他行政工作人员进行管理的政府人力资源管理也是依照法律进行的。公共部门依法对人力资源进行管理，所以具有强制性特征，这就是公共部门不同于企业人力资源管理的鲜明特征之一。主要表现在一方面公共部门设置的管理人力资源的组织机构及其宗旨和目标、人员编制、行为规范、财政预算等，均必须依照相关法律规定；另一方面是公共部门必须依照法律法规来行使人事管理权。

三、公共部门人力资源管理的重要性

1. 公共部门人力资源管理是政治管理的重要组成部分

公职人员的一部分人行使公共权力，承担着管理国家和社会的重任，是国家政治管理的重要组成部分。如我国各级人民代表大会的代表和由其选举产生的各级政府组成人员，对他们的管理直接关系到国家权力的基本结构，无疑是政治管理的重要组成部分。公职人员中的相当大一部分属于国家公务员，能不能通过完善国家公务员制度，保证他们依法行政、廉洁奉公，对整个社会来说都是一个重要的风向标，关系到社会风气的好坏，关系到国家和社会的稳定。正因为如此，各国都制定了专门的公务员法，涉及公务员的录用和选拔、考核、待遇、纪律、权利和义务等方面。

2. 公共部门人力资源管理直接关系到向社会提供的公共物品和公共服务的优劣

由于公职人员的主要职责是向社会提供公共物品，所以这些人员素质的高低、他们积极性的发挥程度等都将关系到他们能否向社会提供优质的公共物品和公共服务。现代人力资源管理的基本原理告诉我们，一个组织要想管理好自己的员工，就要满足其内在的需要，使组织利益和个人利益相结合，充分调动他们的积极性。有人甚至提出，组织的第一任务是满足员工的需要，视员工为上帝。这样，员工才会认真钻研业务，提高技能；也才会善待顾客，最终赢得顾客，使业务不断增长，形成组织与外界之间的良性循环。公共部门的人力资源管理也一样，要求突破传统的认识管理模式，按照现代人力资源管理的基本原理和方法进行改造,把人力资源当作公共部分最重要的资源,把组织利益与个人利益结合起来。组织管理者要改变过去依靠行政命令进行管理的做法,善于从工作上和生活上关心员工,调动他们的工作积极性。从而使他们全身心投入到公共服务之中,并最终向社会提供优质的公共物品和公共服务。

3. 公共部分人力资源管理是提高公共部分生产力的决定性因素

与物质资源相比,人力资源的一个最重要特点是主观能动性。人是有思想和感情的,人们能对自己所处的内外环境进行评估,有选择地采取行动,并能预测行为的后果,这种主观能动性决定了人一直都处于一切社会活动的中心位置。一切社会活动都是因为人的活动引起的,人也可以对它们加以控制。如果人的主观能动性没有发挥出来,再好的物质条件也不能发挥作用。现代人力资源理论认为,人力资源能比物质资本给组织带来更高的价值回报。尤其是在信息时代,人身上所蕴含的知识的价值已经普遍为人们所认识。在企业界,这一认识正在转变为管理行为,那就是大力提倡员工培训,构建学习型组织。而在公共部门,存在官僚主义和办事效率低下是众所周知的事实。由于公共部门与私营部门相比具有较为优越的物质条件,在寻找其中的原因时,人的因素是一个合理的推理结果。"事不关己,高高挂起"是民众对公共部门人员办事态度的一种写照。而造成这一现象的主要原因,一是公职人员自身的素质和技能。二是对他们的管理存在着缺陷,而前者又与后者有着紧密的关系。也就是说,公共部门的人力资源管理是决定公共部门生产力的关键性因素。[①]

第一节 人力资源规划模拟实习

一、人力资源规划的含义

任何一个组织要实现自己的目标、使命和价值追求,必须在未来的不同时期都具有数量合适、质量恰当、结构合理的人力资源。而这一目标的达成,离不开科学的人力资源规划。人力资源规划是 20 世纪 50 年代以后发展起来的一项专门的人力资源管理技术,受到各国企业界、理论界和公共部门的充分重视,我国的公共部门也不例外。所谓人力资源规划,是指根据组织的发展战略、目标及组织内外环境的变化,对组织人员的供需状况进行预测,并制定相应的管理政策与措施,为组织提供符合质量与数量要求的人力资源,以保证组织目标顺利实现的管理过程。所以我们可以说人力资源规划是现代人力资源组织工作的基础,是人力资源管理和开发活动的重要组成部门。

所谓公共部门人力资源规划,则指的是公共组织根据一定时期内的战略目标,对组织在未来环境变化中人力资源的供需状况进行预测,制定出相应的具体内容、实施步骤、相对政策、经费预算等,确保公共组织人力资源在数量、质量和结构上的合理供给和使用。

公共部门人力资源规划,至少应该包括三种含义:第一,必须以公共部门的总体发

[①] 陈天祥:《公共部门人力资源管理及案例教程》,修订版,11 页,北京,中国人民大学出版社,2011。

展战略为基础。第二，必须以公共部门所处的内外环境为依据。第三，必须确保公共部门在需要的时间获得所需数目且具备相应能力的人员，这属于人力资源规划的最终目的。

二、公共部门人力资源规划的程序

（一）分析所处的环境

组织所处的环境包括外部和内部环境。外部环境包括两类：一是宏观环境信息，如政治、经济、社会、法律、文化等。二是直接影响人力资源供求的环境信息，如外部劳动力市场的供求状况、政府的职业培训政策、教育政策以及竞争者的人力资源管理政策等。内部环境也包括两类：一是组织环境信息，如组织发展战略、组织目标、工作性质、工作方式、人员构成和技术条件等。二是组织结构、组织文化、管理层次以及人力资源管理政策等。[1]

（二）确立公共组织人力资源战略目标

在环境分析的基础上，公共组织要寻求自身所处的位置和发展前景，从而确定在一定时期内的目标，根据组织目标确定人力资源战略目标。具体来讲目标为"硬性"与"软性"两种。"硬性"目标包括人员年龄结构、学历层次、职称比例、人力总成本、一线人员占全部员工比例等可以量化的一些结构性或有确定性指标的目标。"软性"目标包括工作满意度、员工成熟度、员工岗位的适合度、领导者素质与形象的提升程度、组织效能的提高程度、组织文化建设目标的达成等不易量化的目标。

（三）进行人力资源信息的搜集

需搜集的信息主要包括组织内外环境的变化趋势、战略方向、人力资源现状等，不仅要了解现实情况，更要认清潜力与存在的问题。为此，须调查分析内、外人力资源的供需状况。外在人力资源的供需状况包括：劳动力市场的结构、市场供给与需求现状、教育培训政策与教育工作、劳动力职业观、择业心理等。对于内在的人力资源供需求与利用情况的调查分析，通常是人力资源规划中最重要的部分，一般包括：现有员工的一般情况（如年龄、性别、知识、经验、能力、潜力、兴趣、需求、绩效等）、培训情况、人力资源流动情况、人力资源结构与现行的人力资源政策等。这些信息是人力资源规划的基础。为此，许多组织都建立了人力资源信息系统，并随时更新修正，为管理工作服务。

（四）进行人力资源需求预测

对组织未来人力资源需求预测是以与人力资源需求有关的某些组织因素为基础，估计未来某个组织某一特定时期内所需的人力资源的数量、质量以及结构进行估计，可采

---

[1] 魏成龙：《公共部门人力资源管理》，75页，北京师范大学出版社，2008。

用定性和定量估计等多种方法。公共部门人力资源需求预测的具体步骤包括如下方面：

（1）根据职务分析的结果，确定各部门的职务编制和公职人员配置。

（2）进行人力资源盘点，判断公职人员是否存在缺编或超编现象，是否符合职务资格要求。

（3）将上述统计结论与部门管理者进行讨论，修正统计结论。

（4）该统计结论即为公共部门的现实人力资源需求。

（5）根据公共部门的发展战略，确定各部门的工作量及增长情况。

（6）根据各部门的工作量及增长情况，确定各部门还需增加的职务及人数，并进行汇总统计。

（7）该统计结论即为公共部门对未来的人力资源需求。

（8）将现实人力资源需求汇总，即得出整体人力资源需求预测。

（五）进行人力资源供给预测

人力资源供给预测，是对未来某一段时间内组织内部和组织外部的人才资源供给情况进行的预测。在完成了人力资源需求预测之后，接下来就要了解该部门能否得到足够的人员去满足这种需要。对任何一个组织而言，人力资源的总体供给预测，都是其必备的信息储备。因为它反映了社会中人力资源的结构、人才市场的流动状况以及组织所需人力资源的来源。通过供给预测，组织可以了解规划的合理程度，可以有效地配备各种资源，降低成本支出，提高资源的使用效率。相比较需求预测而言，人力资源供给预测的范围更广，更富有前瞻性。它超越了个人偏见和一个组织的局限，面对的是整个社会及教育体系和劳动力市场，可以全方位获取信息。人力资源供给预测的具体步骤包括如下方面：

（1）人力资源盘点，以了解公职人员现状。

（2）分析公共部门的职务调整政策和历史上公职人员的调整数据，统计调整比例。

（3）向各部门的人事决策者了解可能出现的人事调整情况。

（4）将调整比例和调整情况汇总，得出内部人力资源供给预测。

（5）分析影响外部人力资源供给的地域性因素，主要指该公共部门所在地的人力资源整体现状，包括教育发展水平、年龄结构、有效人力资源的供求现状以及该公共部门所在地经济发展水平及对人才的吸引程度。

（6）该公共部门能够提供的各种薪酬、福利等待遇，对当地人才的吸引程度。

（7）分析影响外部人力资源供给的全国性因素影响，包括：全国相关专业的大学生毕业人数及分配情况，国家在就业方面的政策，公职人员全国范围的人才供需状况，全国范围从业人员的薪酬水平和差异。

（8）根据情况分析，得出公共部门外部人力资源供给预测。

（9）将公共部门内部人力资源和外部人力资源的供给预测汇总，得出公共部门人力资源总体供给预测。

（六）进行需求供给平衡比较，确定人力资源实际需求

供求平衡比较的主要目的是规划人力资源的余缺情况，公共部门人力资源评估见表4-1。

表4-1　公共部门人力资源评估

		第一年	第二年	第三年	第四年	第五年
需求	（1）年初人力资源需求量 （2）预测年内需求的增加 （3）年末总需求					
内部供给	（4）年初拥有人数 （5）招聘人数 （6）人员损耗 　　其中：退休 　　　　　调出或升职 　　　　　辞职或其他 （7）年底拥有人数					
净需求	（8）不足或有余 （9）新进人员损耗总计 （10）该年人力资源净需求					

（七）制订公共部门人力资源规划方案

在供给和需求预测的基础上，人力资源管理人员要根据两者的平衡结果，制定人力资源的总体规划和业务规划。尤其要制定平衡供求的有效措施，使组织的需求得到满足。在制订相关方案的时候，人力资源管理人员应当注意，务必使人力资源的总体规划和业务规划与组织的其他规划相协调，只有这样，人力资源规划才能得以顺利实施。

（八）执行公共部门人力资源规划

执行公共部门人力资源规划即对人力资源规划的各项工作进行控制和实施。可以按时间先后来进行，也可以分阶段、分步骤有计划地展开。总的原则是先急后缓，先易后难，循序渐进，逐步实施。

（九）对规划执行的反馈与评估

即通过一系列科学的方法，对人力资源计划和各项工作进行综合系统的分析和断定。只有有效地评估，才能及时发现规划中的缺陷和不足，不断进行改进和发展。从审核评估的方法上讲，可采用目标对照审核法，即以原定的目标为标准做逐项审核评估；也可采用广泛搜集，并分析研究有关数据的方法。公共部门通过定期与非定期的人力资

源规划审核工作,能及时引起高层领导的高度重视,使有关政策和措施得以及时进行改进并落实,有利于调动公职人员的积极性,提高人力资源管理工作的效益。

公共部门人力资源规划评估的主要标准是:规划的充分性、规划的可行性、规划的效率、规划的功能等。公共部门人力资源规划评估的主要内容包括:

(1) 人力资源规划是否得到实现,实际值和期望值是否相符。

(2) 是否符合公共部门总体发展目标的要求,在人力资源的总体结构上是否与工作性质、工作岗位的需求相一致。

(3) 人力资源规划是否能弥补现有人力资源不足,解决人力资源发展中存在的问题。

(4) 人力资源规划是否能促进公共部门工作绩效的提高,提高对公众的服务质量。

(5) 人力资源规划是否能满足预算额度的要求,是否能长期进行。

(6) 人力资源提供的各种人才发展路径是否经济合理。为了达到同样目标,是否还可以选择其他方式,以降低录用、培训成本。

(7) 人力资源规划给社会带来何种影响或效益,是否有利于整个社会优秀人才的成长,还是为人才在劳动力市场的自由流动设置了障碍。

三、模拟实习

(一) 模拟目的

通过本次模拟实习,初步掌握了人力资源规划的制订原则、主要内容和程序步骤,能够编制基本的组织人力资源规划。

(二) 模拟所需材料

教师提前给出目标公共某部门的基本背景,学生根据前面介绍的理论知识做好模拟准备,搜集目标部门的理念人力资源数据、职能结构、职位说明等相关资料,以备分析讨论用。

(三) 模拟的内容与要求

1. 模拟内容

编制公共某部门年度人力资源规划。

2. 模拟要求

(1) 模拟一家人力资源工作开展较为成熟规模以上部门作为模拟目标,与其进行良好的沟通,取得编制人力资源规划所需的相关资料支持和人员支持。

(2) 要求学生熟练掌握编制公共某部门人力资源的原则、内容和步骤等基本理论,做好模拟前的知识准备。

(3) 要求学生深入模拟的目标部门,通过查找资料、与高管面谈、走访其他公共部门等工作,结合所学知识,以组为单位,尝试编制基本的年度人力资源规划。

(4) 要求老师在模拟过程中做好分配工作,给予必要的、合理的指导,使学生加深对理论知识的理解，提高实际分析、操作的能力。

（四）模拟组织方法和步骤

（1）教师与目标公共部门联系，获得他们的支持和相关资料，确保学生可以得到充分的所需信息。

（2）教师向学生明确要求，分配好角色扮演，在实践的过程中可以向角色扮演的同学开展实践活动。

（3）要求学生课前查阅相关理论与实践书籍，详细了解人力资源规划的编制原则、方法、内容与步骤。

（4）学生分组进入实践岗位，对角色扮演的公共人力资源部门进行访问。小组成员分工配合，各负责一部分，收集所需要的资料信息，也可以向老师询问相关的知识。

（5）在充分调查和研究的基础上，参考该公共部门以前年度的人力资源规划，进行汇总、讨论。

（6）教师提出指导意见，帮助学生完善自己的结论，编写该公共部门的年度人力资源规划。

（7）总结并撰写模拟实习报告。

第二节　招聘与配置模拟实习

一、公共部门人员招聘的途径

要进行有效的人员招聘，必须首先明确人员招聘的来源。根据来源的不同，可将招聘分为内部招聘和外部招聘。人们通常认为招聘都是对外的，而事实上，组织内部人员也是空缺岗位的后备人员，而且越来越多的单位注重从内部招聘人员。但是不管内部招聘还是外部招聘，都存在各自的优点与缺点（见表4-2）。

表4-2　内部招聘与外部招聘的优点和缺点

	内部招聘	外部招聘
优点	1. 了解全面，准确性高 2. 鼓舞士气，激励性强 3. 应聘者可更快适应工作 4. 使组织培训投资得到回报	1. 来源广，选择余地大，有利于招到高质量人才 2. 新雇员能带来新思想、新方法 3. 当内部有多人竞争而难以作出决策时，向外部招聘可在一定程度上平息或缓和内部竞争者之间的矛盾 4. 人才现成，节省培训投资
缺点	1. 选择费用低 2. 来源少，难以保证招聘质量 3. 容易造成"近亲繁殖" 4. 可能会因操作不公或员工心理原因造成内部矛盾	1. 筛选难度大，时间长 2. 进入角色慢 3. 了解少，决策风险大 4. 招聘成本大 5. 影响内部员工积极性

（一）内部招聘

一般来说，内部选拔包括晋升、职务调动和工作轮换。

1. 晋升

当某个职位需要那些熟悉组织人员、工作程序、政策以及组织特性的人去做时，或者组织内部员工更有能力胜任空缺的职位时，可以采用内部晋升的方法。

2. 职务调动

内部选拔的另一个办法是进行职务的水平调动。职务调动能为员工提供一个更广泛了解组织的机会，这对今后的晋升是至关重要的。此外，当员工不适合现任职位时，也可以通过职务调动使人尽其用。

3. 工作轮换

职务调动通常是永久性的，而工作轮换往往是临时性的。工作轮换不仅可以使接受培训的管理人员适应组织各种不同的环境，还可以减轻那些处在高度紧张职位上的雇员的工作压力。例如，一些医院目前实行一些政策，定期对在急救室等高度紧张环境工作的护士与其他病房的护士进行轮换。工作轮换也可以作为职业生涯管理与设计的一个部分。

内部选拔的渠道主要是：职位公告和员工档案。

（1）职位公告是在组织内部诸如公告栏、内刊、内部网等载体上将空缺职位公布于众，并列出工作的特性及相关信息，如工作职责、资格要求、职务级别、薪资等级、申请程序等。职位公告能提高士气，为员工提供转换工作的机会，使员工的技术与职位需求更好地配合起来，帮助组织发现潜在的候选者；而且能以比较低的开支填补职位空缺，所以通常对组织大有益处。

（2）此处的员工档案应不是惯常所说的档案，而是员工在组织中工作的所有信息，如考核结果、培训纪律、工作总结、薪资变化、工作经历、证书等。员工档案可以揭示哪些员工现在所从事的工作是低于其能力的，哪些员工有接受进一步培训的可能，哪些人已经具备空缺职位工作的背景要求。

（二）外部招聘

外部招聘的渠道主要有以下几种：

1. 招聘广告

利用广告形式进行招聘，是一种最古老、最有效的途径之一，其应用也最为普遍。使用广告吸引工作申请人有很多优点：

（1）发布职位空缺的信息迅速，能够在一两天之内就传达给外界。

（2）与其他一些方式相比，广告渠道的成本比较低。

（3）在广告中可以同时发布多种类型工作岗位的招聘信息。

（4）广告发布方式可以使组织拥有许多操作上的优势，组织可以要求申请人在特定的时间段内亲自来单位、打电话或者向组织的人力资源部门邮寄自己的简历和工资要求等。①

2. 职业介绍机构

改革开放以来,我国涌现了许多职业介绍所和人才交流中心。上至中央国家机关,下至街道办事处,几乎各级都有相应的职业介绍所及人才交流中心;私营、民办的职业介绍机构也非常活跃。这些职业介绍机构中,聚集着各种各样技能和档次的人力资源资料,为了节省招聘所需的时间及费用,委托它们协助推荐人才不失为一种经济有效的办法。

3. 招聘会

招聘会是由政府相关部门或一些大型的职业介绍机构承办的招聘者与应聘者面对面交流的一种招聘方式。其由于快速、直接和具有经济性,现在已经成为许多组织招聘人才的重要渠道。

4. 校园招聘

大学校园是专业人员和技术人员的重要来源,同时,也是组织获得潜在管理人员的一条重要途径。在进行校园招聘时,需要着重考虑选择学校和吸引工作申请人两个方面。一般来说,在选择学校时,主要应从以下几个方面考虑:

(1) 学校在本组织关键技术领域的学术水平,例如它在全国甚至世界上的排位情况和师资力量等。

(2) 符合本组织技术要求的专业的毕业生人数。

(3) 过去各校毕业生在本组织的业绩、留职率、录用数量与实际报到数量的比率、职业生涯发展。

(4) 学生的质量。

5. 网络招聘

近年来,网络招聘在很多组织中得到运用。人才网站的出现使组织可以随时在招聘网上发布人事需求信息,不受时间、地点、篇幅的限制。而且一般的招聘均设立了相应的人才数据库,组织只需输入关键词,就可以检索出符合要求的应聘表,使筛选工作量大大减轻。此外,通过互联网,组织能与求职者及时沟通,进行信息反馈,缩短招聘周期。与传统招聘方式相比,网上招聘所花费的费用和精力都要少得多,效果也不错。

6. 员工推荐与申请人自荐

过去,人们不太主张员工推荐工作候选人,认为这种方式有可能在组织内部形成裙带关系,危及人事政策的公正性。但是,现在有不少组织鼓励员工介绍新的工作候选人。组织会事先将职位空缺以及对任职者的要求在组织的一些公告栏或内部网上公布,并给予推荐者一定数额的奖金。由员工推荐候选人的做法可以减少广告费和招聘代理费,从而降低招聘成本。而且员工由于比较了解空缺职位的要求,会尽力推荐那些与工作相匹配的候选人,从而使组织得到高质量的新员工。另外,由员工推荐的方法可以减少新员工的离职率,因为员工会较全面地了解组织的情况,使申请者事先有较多的思想准备。同时,员工也会鼓励他们努力工作,从而增强新员工对组织的忠诚感。如果员工

---

① 张一驰,张正堂:《人力资源管理教程》,第二版,93页,北京大学出版社,2010。

推荐的工作候选人的特征与职位的要求不相吻合，或者他们在工作中表现欠佳，不仅影响到推荐人在组织中的地位，也将危害到自己与推荐者之间的关系。

二、公共部门人力资源配置

（一）公职人员任免

公职人员任免是公共人力资源配置中的职务管理制度，其目的是确立公共部门与所属公职人员的某种职务关系。公职人员的录用、晋升、降职、调配、交流、回避、辞职、辞退等都要通过任免来实现，因而，任免是公共人力资源配置中不可或缺的重要环节。国家公职人员的任用形式主要包括了：选任制、委任制、考任制和聘任制四种。

公职人员任免的原则包括：①严格程序，依法任免原则。②德才兼备，任人唯贤原则。③因事设职，一人一职原则。④用人所长，整体最优原则。

（二）公职人员升降

公职人员升降制度，是国家行政机关及其他公共部门有关公职人员职务升降的条件、标准、方法、实施程序、管理权限等方面各项规定的总称。它是公共部门人力资源的纵向垂直流动和调整，涉及公职人员在官职序列中地位的改变。这一制度包括公职人员的职务晋升和降职两个基本方面。升降制度是公共人力资源配置中正常的人事调整制度，是人力资源管理过程中的协调机制。

公职人员升降对于完善公共部门人力资源管理具有重大意义和作用。主要是有利于公职人员队伍的优化；有利于保持人与事的科学结合；有利于激励公职人员奋发进取，充分调动积极性，提高行政效率；有利于稳定公职队伍，维护国家的长治久安。

（三）公职人员交流调配

公职人员交流调配是指国家行政机关和国有企事业单位根据工作需要或公职人员个人愿望，依据法定的管理程序和方法，对系统内部公职人员的人事流动，以及系统之间的人事流动，进行的组织、控制、协调等管理活动和过程的总称。我国现行的公务员交流调配措施是国家公务员制度的重要组成部分，它根据交流调配对象的不同与交流范围的不同，采用调任、转任、轮换和挂职锻炼的四种基本形式。

人员交流调配是公共部门人力资源管理的一项不可缺少的措施，是组织保持活力的基本要素之一，它体现了公职系统的开放性，推进了人力资源的发展。而人员交流调配的主要作用和意义是：

（1）合理的人员交流调配，是实现组织目标的保证。
（2）合理的人员交流调配，有利于更新人才队伍，优化人才结构，保证组织效益。
（3）合理的人员交流调配，有利于充分调动职员的积极性和创造性。
（4）合理的人员交流调配，是实施人力资源计划的重要途径。
（5）合理的人员交流调配，有利于协调组织内部的人际关系和工作关系。

（四）公职人员回避

公职人员回避制度是公职人员管理制度中的重要内容之一。回避主要是通过对公职人员任职和执行公务方面作出的某些限制，预防公职人员以权谋私、徇私枉法，目的是解除公职人员秉公办事的羁绊，为行政机关正常开展工作提供良好的行政环境。建立和健全人员回避制度是构建公共人力资源管理廉政机制的重要内容。我国国家公职人员回避的三种类型分别是：任职回避、公务回避、地区回避。

公职人员回避制度以亲属回避为重点，主要针对国家公务员队伍。建立国家公职人员回避制度在我们政治生活和社会生活中有着重要的现实意义。①回避有助于防止腐败的产生，创造廉政的法制环境。②回避为端正行政作风创造了良好的制度环境。③回避有利于国家行政部门建立严格、科学的人事管理制度。

（五）公职人员的辞职、辞退

辞职是公共部门人力资源配置中公职人员享有的一项正当权利，是公职人员再次选择单位的择业权的重要形式。它是公职人员自由选择的权利，受法律的保障和保护。辞职制度的建立有利于人才的合理流动和公共部门工作效率的提高。同时也是公职人员就业权利的有效保障。

辞退是公共部门重新选择公职人员的一项权利，是保持公职人员队伍素质的必要机制。辞退制度的建立有利于改变传统认识制度中存在的"能进不能出"的弊端，也有利于公共部门人力资源配置中淘汰机制的建立和队伍的整顿以及提高公职人员素质。

三、模拟实习

1. 模拟目的

通过本次模拟，让同学们了解面试的全过程，掌握面试的技巧和运用。

2. 模拟所需材料

教师需提供现场面试的相关录像以及面试评价表（见表4-3）

表4-3 面试评价表

姓名：		性别：		年龄：		编号：	
应聘职位：				所属部门：			
评价要素	评级等级						
	1（差）		2（较差）		3（一般）	4（较好）	5（好）
求职动机							
个人修养							
语言表达							

(续表4-3)

专业知识				
工作经验				
人际交往				
情绪控制				
自我认知				
应变能力				
评　　价	□建议录用		□可考虑	□建议不录用
用人部门意见		人事部门意见		总经理意见
签字：		签字：		签字：

3．模拟要求

（1）了解面试前要做哪些准备工作。

（2）学会如何开始面试。

（3）了解面试中应如何观察应聘者的行为表现。

（4）学会观察面试中主考官发问的技巧。

（5）根据要求和完成任务过程中所了解的知识和技巧，填写面试评价表。

4．模拟方法与步骤

第一步：教师组织学生观看相关面试录像（如中央电视台《绝对挑战》节目的录像）。

第二步：教师要求学生给参加面试的应试者填写面试评价表（这时学生要站在主考官的视角，并根据自己的理解，依据评分表的内容，针对每个应试者的现场表现打分）。

第三步：教师组织学生分别就录像中主考官和应聘者的表现进行集体讨论（要求学生掌握在面试现场过程中，作为主考官和作为应聘者分别应具备的素质和能力）。

第四步：教师要求每个学生于下次上课时提交一份实训报告，报告中要求写出具体的对面试的看法以及此次课程的收获。

第三节　培训与开发模拟实习

一、公共部门培训与开发的含义

公共人力资源培训与开发应包括培训、教育和开发三种类型以及知识、技能、能力和态度四项内容。故而，我们也可以这样讲，公共部门人力资源培训与开发就是指公共部门通过有计划的培训、教育和开发活动，提高员工的知识、技能和能力水平，改善员工的态度，以提高其工作效率，促进组织的发展和员工的成长。

二、公共部门培训与开发的作用

（1）公共部门人力资源培训是提高公职人员整体素质和业务能力的基本途径和重要保证。公职人员在进入公共部门之前已经具备一些基本的素质，进入公共部门后，还需通过实际工作和进一步的培训去发展和提高。尽管在进入公共部门之前，公职人员已具备一定的学识并具有一定的智力水平，但他们还需掌握和熟悉处理某项工作的特殊技能。基于此，对部门新录用人员的培训就显得十分重要。

（2）随着现代科学技术的发展，公职人员所涉及的业务内容和处理方法也处在不断更新和变化之中。一些新的理论和科学技术越来越多地渗透到公共管理中，如系统论、控制论和信息论等现代管理理论日益为管理部门所用。先进的计算机和互联网技术、通信技术以及办公自动化设备也广泛地应用于公共部门。这些变迁给公职人员提出了挑战，要求他们更新知识结构，通过快速的学习，运用新的方法从事公共管理活动，以跟上社会发展和时代进步的潮流。

（3）公共部门人力资源培训是充分开发人才资源的重要渠道，是公职人员自身职业发展的重要台阶。人的品德、智力、知识、技能和体力具有很大的可塑性和发掘的潜力，培训便是发掘人的潜能和塑造人才的有效途径。高质量的人才资源不是自然形成的，它是开发的结果。对公职人员进行系统培训，有助于开阔其视野，提高其工作情趣，激励其进取精神，提高其领导、计划与协调能力，从而为公职人员职务的晋升和未来的发展创造条件。

（4）公共部门人力资源培训是公共部门管理职能调整和转变的要求。21世纪以来，各国政府的职能不断扩大，政府的活动几乎遍及社会生活的方方面面。伴随着政府职能的扩大和加强，政府管理的内容也发生了巨大的变化。作为政府管理的主体，政府的公职人员承担着繁重的管理职责。为此，及时对公职人员进行培训，使之认清形势，做到称职合格，便势在必行。

三、公共部门人力资源培训方法

公职人员培训要采用科学的培训方法，各个培训机构应根据培训对象的特点，积极参与探索，发展有别于传统式的灵活多样的教学方法，多用启发式、互动式的现代培训方法。逻辑思维和形象思维相结合的方法和培训技能已经成为当今世界公职人员培训改革和发展的动向之一。公共部门人力资源培训的方法主要有：

1. 角色扮演法

该方法多用在涉及人际关系的培训中，它要求参训公职人员在事先设计好的一个模拟现实的行政情景中扮演不同的角色，并进入角色情景中去处理各种实际矛盾，其角色常包括上级、下属、同事或公众等。通过角色间的交往和互动，培养参训者从多角度、全方位考虑问题的思维能力和处理临时矛盾的应变能力，是一种提高人际关系技能的培训。

2. 公文事务处理培训法

该方法要求参训公职人员处在一种实际工作的环境中,有一大堆等待处理的文件和事务,培训参训者在有限的时间内快速、有序地处理各种文件和日常事务的能力。而且提供的文件和事务多杂乱无章、条理不清,有些需要紧急处理,有些需要常规处理,有些需要送到不同级别的部门审批。该培训侧重培养公职人员分析研究、统筹规划、合理安排的能力。

3. 无领导小组讨论法

该培训方法就是将参训公职人员集中起来,组成不同小组,就设定的较有争议的话题展开讨论,而事前并不指定主持人。参训公职人员可以在讨论中自由发挥、畅所欲言,培训机构负责人通过观察每个学员不同的语言表达能力、逻辑思维能力、组织协调能力、快速反应能力和环境适应能力,给予有针对性的指导。

4. 案例分析

案例教学是公职人员培训中一种比较成熟的培训方法,也就是培训教师就实际工作中的某一个典型的行政管理问题或有争议的公共政策问题为培训者提供相应的背景环境,并指出即将面临的困难或几种可能选择的路径,请参训公职人员通过查询资料、讨论分析等方式,并根据客观情况找出切实可行的对策。

5. 开放式培训

该方法视培训为一个开放的系统,与社会外界环境紧密联系。培训机构可以聘请现任或退休的政府高级公职人员、企业的高级管理人员和高级人力资源开发师作讲座,介绍公共政策、工作经验和形势分析等,通过自身工作中的实际经验来传授知识。这种开放式培训的教学手段有助于培养一批可以活跃在国际舞台的政府高级公职人员和决策家。

6. 教学实习

教学实习是公职人员培训中最有特色的培训方式,要求参训公职人员通过实际参与行政工作和与公民接触来丰富自己的知识、个性、工作技能及决策技巧。实习地点根据学员具体情况而定。对于刚步入工作岗位的公职人员,其实习职位可以为市长助理,或在工作内容比较繁杂的秘书处、政研室做起。在实习期间,参训公职人员都将得到行政机构实习部的考察评估成绩。实习结束前,学员要到行政机关实习部提交实习报告以供评估成绩时做参考。教学方式要灵活多变,改变过去只注重课堂教学的单一方式,使学生主动参与教学的同时保证教学内容与解决实际问题相结合,使公职人员在现实行政管理实践中培养自己的分析判断能力和行政决策水平。同时,还可以采用案例研究、专题报告、管理游戏法、现场观摩、小组讨论、实地调查等多种培训形式。

四、角色扮演模拟

1. 模拟目的

通过该模拟项目,使学生熟练掌握角色扮演法的实施方法和步骤。

2. 模拟内容

你是一个有 105 000 人口的市政府的人力资源开发部的主管,你的政府提供给市民一系列服务，包括警务、消防、水利、卫生、道路、公园和娱乐等。政府部门拟雇用大约750名雇员，其中包括150名警务人员。

几年来，亚洲移民和西班牙裔移民流入了这个城市，而该城市过去主要是由非西班牙的美国白人和5%的黑人组成。移民中的一些人加入了劳动力大军，种族和族裔派系正在形成。几年来，黑人一直在抱怨警察将他们与其他市民区别对待了，其他少数民族的代言人正将他们自己的居民联合起来。

在最近的城市议会选举中，容忍、尊严和公正的价值成为潜在的问题。新议会已经要求首席行政官员开发多样性培训项目，以便增强对劳动力和群体中的差异性价值的认识。首席行政官员（CAO）将你叫到办公室来，让你提出建议。

要求：使用案例进行角色扮演教学。

3. 模拟步骤

（1）教师要设定明确的教学目标，角色扮演的全过程始终围绕教学目标进行，任何活动设计都要指向既定的目标。

（2）任课老师要认真备课，精心设计角色，巧妙营造表演环境，重点突出要说明的主题，并事先向学生说明剧情，留有充裕的时间让学生熟悉剧情。

（3）挑选符合剧情要求的学生担任不同的角色，提醒学生在扮演角色时把自己融入进去，忘掉自我，从剧中人物的角度去考虑问题，付诸行动。

（4）给充当观众的学生布置任务，让他们判断每位同学扮演的真实性；裁决这件事情处理的对错、决策水平的高低并思考：假如我是这个角色应该怎么做？

（5）把环境布置好，让学生进入角色，开始表演。在表演中要把主题完成以后再停止演出。

（6）启发台下观看的学生去评价"演员"。可以提出下列问题：如果由你来扮演这个角色，你会怎样做？你遇到这个问题时，你会怎样处理？让学生讨论一下发生的剧情，如某个角色为什么那样去做、那样去想、它的价值如何？然后教师对每个角色的表演和观众的评价加以分析、总结、指导。在整个角色扮演的过程中，教师履行着导演的角色，驾驭整个剧情的发展，是每个角色的裁判。最后要做出与课程设计思想、目标相符合的结论，完成预期的教学设想。

第四节　人力资源绩效管理模拟实习

一、公共部门人力资源绩效管理的含义

公共部门人力资源绩效管理，是指以公共部门人力资源为主要分析对象；以其个体绩效和团体绩效为研究范围；通过管理者与员工的充分沟通，使个体和群体与组织的自身目标和发展方向在战略上保持一致；进而形成良好的绩效体系，以促进整体绩效提高的一套系统的管理活动和过程。

作为绩效管理的一个环节，绩效评估，又称绩效考核，是指按照一定标准定期对工作人员的绩效状况进行科学的评价，长期达到提升组织绩效和完成组织战略目标的程序

和方法。绩效评估的目标不但体现在组织整体目标的达成方面,而且也为组织人力资源管理过程若干环节的决策提供重要参考。绩效评估的技术性特质使其在实际运用中仅被作为一种评判工作人员绩效状况的手段来使用。绩效管理是组织资源的核心内容,而绩效评估则是绩效管理的关键环节。

绩效管理则是一套系统的管理活动和过程,它包括绩效评估,强调系统性和动态性。通过组织与个体双方持续的沟通与反馈,使员工可以充分参与到整个过程。不仅可以建立组织和个人对目标以及如何完成目标的共识,形成利益与责任共同体,以提高其主动性和积极性;更加可以对员工的行为进行有效的激励和引导,帮助制定更好的员工绩效改进计划,帮助员工制定职业生涯发展计划,促进员工发展能力的提高。①

绩效管理和绩效评估的区别见表4-4。

表4-4 绩效管理和绩效评估的区别

绩效管理	绩效评估
从战略高度进行管理	对个人绩效状况进行评价
管理系统	管理系统的环境之一
管理全过程	特定时期
未来绩效	过去绩效
关注能力的培养	关注绩效高低
侧重信息沟通和绩效提高	侧重评估和判断
评价性	引导性

二、公共部门人力资源绩效考核方法

1. 关键事件法

关键绩效指标(KPI)是企业绩效管理中比较流行的一种指标设计方法,可以直接引入政府绩效考核。关键绩效指标(KPI)是通过对政府组织内部运作过程中关键成功要素的提炼和归纳,在给定的组织层次上每一个目的业绩测评数目应当限制在最重要的少数几个。业绩测评系统应涵盖那些能让一个组织考核成果、作出决策、重组过程并分配责任的关键业绩维度。(KPI)通过对组织内部某一流程的输入端、输出端的关键参数进行设置、取样、计算、分析来衡量流程绩效,是一种目标式量化管理指标。

2. 目标管理法

目标管理法(management by objectives)是管理者与每位员工一起确定特定的可检

---

①薛子平:《公共部门人力资源绩效管理浅析》,载《经济研究导刊》,2010(27)。

测的目标，并定期检查这些目标完成情况的一种绩效考评方法。目标管理强调外部控制（由组织和管理者）与自我控制（员工）的整合，目的在于通过各级目标的制定、考评、鉴定、实现，使主管人员由评判人员转化为顾问和促进者，员工由被考评者转化为参与者和"自我控制"者。进而激发全体成员的创造性和工作热情，实现组织目标和个人目标的兼容。目标管理的特点是首先确立人的主动性，并把责任和权力授予下属，使其有责任感和创造性，还要不断地反馈信息并调整目标，从而激发每个人的工作动力。而所谓任务管理，则基于员工不需要思考和创造性，只需服从命令听指挥并完成任务即可。

3. 平衡记分卡

美国著名的管理大师罗伯特·卡普兰和复兴方案国际咨询企业总裁诺顿在总结了12家大型企业的业绩评价体系的成功经验的基础上，提出平衡记分卡（balanced score card，BSC）这一划时代的战略管理业绩评价工具。平衡记分是一种以信息为基础的管理工具，分析哪些是完成企业使命的关键成功因素，以及评价这些关键成功因素的项目，并不断检查审核这一过程，以把握绩效评价，促使企业完成目标。BSC说明了两个重要问题：一是它强调指标的确定必须包含财务性和非财务性的（因此有"平衡记分"之说）。二是它强调了对非财务性指标的管理。其深层原因是财务性指标是结果性指标（result indicator），而那些非财务性指标是决定结果性指标的驱动指标（driver indicator）。[①] 平衡记分卡为企业管理人员提供了一个全面的框架。它把企业的使命和战略转变为目标和衡量方法，这些目标和衡量方法分为四个方面：财务、客户、内部经营过程、学习与成长。这四个方面具有深层的内在关系：学习与成长解决企业长期生命力的问题，是提高企业内部战略管理的素质与能力的基础。企业通过财务与经营管理能力的提高为客户提供更大的价值。客户的满意导致企业良好的财务效益。它们使一种平衡得以建立，这就是兼顾短期和长期目标、理想的结果和结果的绩效驱动因素、硬的客观目标和软的主观目标。

4. 标杆管理法

标杆本身是一个测绘学术语，用以说明在确定高度时作为参照点的一种标识符号。标杆运用在管理学上有一种隐喻的功能，表示对其他事物进行度量的一种尺度。在政府绩效考核过程中，标杆不仅仅是作为技术指标的一种标准值，还可以直接作为指标设计的方法。当然，这种方法实际上也就是比较的方法。我们可以确定某个标准值，作为指标设计的思路，定位不同的标准值，可以产生不同的指标设计方法。就这些功能而言，可以使用不同的业绩测评：与过去比较，跨截面比较，实际业绩比较与业绩标准比较。使用什么样的路径依赖于决策制定者在特定情形中需要什么样的信息。我们可以将目前的工作绩效与之前建立起来的目标进行比较，可以将目前的工作绩效同其他类似组织的工作绩效进行比较，可以将目前的工作绩效与已有的国家标准进行比较，可以将目前的工作绩效与过去的工作绩效进行比较，如此等等。

[①] 陈天祥：《公共部门人力资源管理及案例教程》，修订版，223页，北京，中国人民大学出版社，2011。

5. 排序法

排序法是一种考评者对被考评者的主观评价，是按被考评者各人绩效的相对优劣程度，比较确定每人的相对等级或名次。排序方向可由最优排至最劣，或由最劣排到最优。排序比较时可循某个单一的特定绩效维度（如工作质量、工作态度等），但更常见的是对各人的整体工作状况进行综合比较。排序法又可分简单排序法、交替排序法、配对比较法和强制分布法。

三、模拟关键事情分析

1. 模拟目的

通过该项目实训，使学生理解关键事情分析的基本原理，掌握关键事件分析的技术和方法。

2. 模拟内容及要求

模拟内容：以下是某人事部门主管人员的一些行为记录，要求从以下所列的行为中分别挑出有效行为和无效行为，并总结归纳该职位对任职人员的基本素质要求。

（1）在办公室总是一副高高在上的样子，对下属也是冷嘲热讽，从来都是对别人做事指指点点。

（2）能够注意并分析事物内在的相互关系，判断事物之间的因果关系，按重要性排列任务的次序，并制订出相应的行动计划或方案。

（3）在没有监督的条件下能够独立地工作，即使遇到一定的困难和挫折，也能够独立作出决策，能够及时地完成组织安排的任务或计划。

（4）在员工需要帮助时，能够向员工提供关于如何做的帮助，告诉员工如何工作，并提出一些建议。

（5）认真倾听他人谈话，能够抓住他人谈话的思路与主要思想，偶尔提出一些问题以便确认理解他们的谈话意思。

（6）领导来视察时，为了表现自己，当众提出其他同事的部分错误，导致同事之间人际关系的紧张。

（7）经常在不该自己加班的时候，主动留下加班帮助其他同事，协助其他同事及时完成公司安排的计划任务。

（8）当一位新招聘进来的员工上班迟到时，粗暴严厉地批评了这位下属，还带有讽刺和挖苦，挫伤了这位员工的自尊心。

（9）能够设定具体的具有挑战性的目标，并通过改进工作方法和流程来不断地提高绩效。

（10）同顾客沟通时，能够比较准确地发现和挖掘顾客的需求，并提出合理化建议，赢得顾客的信任，获得顾客的好评。

（11）当下属有事情请教时，因为自己的工作，而粗暴拒绝，导致下属大大受挫。

（12）总是提前开始工作，带齐工作所需要的所有必要装备，着装大方得体。

（13）非常聪明，学东西速度非常快。

（14）有时候有不配合其他部门工作的现象，存在着部门本位主义倾向，从而导致公司的总体工作有时会遇到困难。

（15）能够严格要求自己，受到大家尊重，同时对下属人员的纪律要求也比较严格。本人及其所属部门能够遵守各项规章制度以及工作记录，基本没有违规事件。

要求：区分记录中的有效行为和无效行为。

3．模拟步骤

建立模拟小组（3-5人），以小组为单位开展以下各项活动：

第一步：挑选出有效行为。

第二步：挑选出无效行为。

第三步：总结归纳该职位对任职人员的基本素质要求。

第四步：总结并编撰模拟实习报告。

第五节　薪酬与福利管理模拟实习

一、公共部门薪酬管理的含义和功能

本书把薪酬定义为员工在组织中通过工作而获得的各种报酬，这种报酬是建立在劳动付出基础上的，包括经济的和非经济的报酬。它是一种交换关系，是雇员用劳动和忠诚交换得来的回报。

薪酬可以划分为外在的和内在的两类。外在报酬是指员工所得到的货币、实务及服务，它包括直接报酬、间接报酬、非经济性报酬。直接报酬包括工资、奖金、股票期权、利润分享等；间接报酬包括保险和各种福利；非经济性报酬包括职务相关的工作条件及权限的安排，如办公环境的安排、助手等服务人员的配备等。而内在的报酬通常是指员工自身因工作而获得的心理收益，如对工作的胜任感、成就感、挑战性的工作、决策的参与，个人成长和富有价值的贡献等。

作为公共部门人力资源管理的一项主要职能，薪酬管理一般具有以下三方面的功能：

1．保障功能

员工必须通过劳动获得薪酬，以购买物质生活资料，回报在劳动中消耗的体力和脑力，从而保证劳动力的生产和再生产，使工作循环进行。同时，薪酬还可以用来发展自己，用于自我教育开发，以增强劳动能力，提高自身素质。这是员工维持自身生活和发展的需要。另外，薪酬还用于家庭的开支，抚养孩子和赡养老人，这是保障家庭生活和发展的需要。所以，保障功能是公共部门薪酬管理的最基本的功能。

2．激励功能

薪酬的激励功能在于它是全面满足员工多种需求的重要基础。人们的行动是在需求的基础上产生的，对行为的激励正是以人们尚未满足的需求为支点的。根据马斯洛的需求层次理论，人们存在生理、安全、爱、自尊、自我实现五个层次的需求。合理而公平的薪酬水平和薪酬制度，能在不同程度上满足这些需求，从而可以实现对员工的激励。

3. 调节功能

（1）薪酬调节可以实现人力资源在不同部门、岗位间的合理流动。在组织内部，不同部门或岗位之间由于工作不同，客观存在着劳动强度、工作条件上的差别，造成有的部门或岗位劳动力供不应求，而有的却是供大于求。为了消除这个现象，组织可以通过调整薪酬水平来引导人员流动，实现人力资源的合理配置。

（2）薪酬有利于吸引和保留优秀的员工。公共部门的经济性薪酬为员工的生活提供了基本的物质保障，而那些非经济性薪酬则为员工提供了市场上无法买到的心理满足。公共部门有效的薪酬管理，在市场经济中，能够比竞争者更有效地满足员工在生理和心理方面的需求，从而吸引和留住优秀的员工。

（3）薪酬能够调节组织内部的薪酬关系，协调个人、组织与国家间的利益关系，有利于构建公共部门的组织文化，对组织文化的发展方向具有重要的引导作用。

二、薪酬制度设计的基本过程

1. 付酬原则与策略的确定

付酬原则与策略的确定是组织文化的一部分，对薪酬制度设计的各个环节均有重要的指导作用。它包括对员工本性的认识（人性观）、对员工总体价值的评价、对管理人员及高级人才所起作用的估计等核心价值观。要形成真正按贡献大小决定收入分配的共识，并在它的指导下制定薪酬分配的政策与策略，如薪酬等级之间的差距，工资、奖金和福利费用的构成比例等。

2. 职位设计与分析

职位设计与分析是薪酬制度建立的依据，采用各种方法对组织中的每一个职位进行信息收集、记录和分析的过程，以确保该职位工作的内容、性质、责任和要求。分析设计的结果也就成了职位说明书了。

3. 职务评价

职务评价是保证内部公平的关键一步，评价要有必要的精确性，以具体的金额来表示每一个职务在组织中的相对价值，它反映了组织对各职务任职者的要求。但是，表示职务相对价值的金额，并不是各个任职者的真正薪酬额。员工的真正薪酬要经过第5个步骤，实现外部公平，再经过第6个步骤之后才能完成。

4. 薪酬率设计

经过职务评价之后，可得到表明每一个职务对组织相对价值的顺序、等级、分数或象征性的金额，使组织内所有职务的薪酬都按同一的贡献律原则定薪，保证组织薪酬制度的内部公平性。但这是属于理论上的价值，它必须转换成实际的薪酬值，才有使用价值。这就需要进行薪酬率的设计。

5. 外部薪酬状况调查及数据收集

外部薪酬状况调查主要是对本地区、本行业、尤其是主要竞争对手的薪酬的调查，目的是要保证组织薪酬制度的外部公平性。调查的数据来源及渠道首先是公开发布的资料，如国家和地区统计部门、劳动人事部门、工会等公开发布的资料，图书馆及档案馆中的统计年鉴等工具书，人才交流市场与有关组织、有关高等学校、研究机构及咨询单位等的调研成果。其次，可以通过抽样调查等方式获取第一手的资料。最后还可以通过招聘过程了解外部薪酬状况的一些数据资料。

6. 薪酬分级与定薪

在职务评价之后，组织根据其确定的薪酬曲线，将众多类型的职务薪酬归并组合成若干等级，形成一个薪酬等级（或称职级）系列，就可以确定组织内每一个职务具体的薪酬范围，保证员工个人的公平性。

7. 薪酬制度的执行、控制与调整

薪酬制度建立后，把它付诸实施并进行适当的控制和调整，真正发挥其应有的功能，是一个长期而复杂的工作，需要根据制度的运行状况和组织管理环境的变化而进行灵活处理。

三、福利的含义、作用及形式

1. 福利的含义

福利是组织整体报酬体系的一部分，是组织通过举办福利设置和建立各种补贴，为员工生活提供方便，减轻员工经济负担的一种非直接支付。福利与工资和奖金不同，它的提供与员工的工作绩效及贡献无关。

2. 福利的作用

福利的作用主要表现在以下方面：

（1）福利具有维持劳动力再生产的作用。组织中的福利可以满足员工的一些基本生活要求，解决他们的后顾之忧；从而创造一个安全、稳定、舒适的工作和生活环境，有利于员工体力和智力的恢复。

（2）福利是激励员工的重要手段。福利计划有利于员工的生存和安全需要，增加职业安全感。同时，福利体现了组织对员工生活的关心，可以增强组织的凝聚力和员工对组织的认同感；使员工对组织更加忠诚，与组织结成利益共同体。

3. 福利的形式

福利的形式多种多样，既有货币形式的，又有实物形式的。在实践上，几乎没有一个组织能为其员工提供所有形式的福利，一般是从中挑选一些适合本组织的福利形式。此外，不少组织对不同性质的员工（如正式工、临时工、合同工等）提供不同形式的福利。但应注意，无论采取哪种形式的福利，都必须以公平、合理、能平衡员工的心理要求和推动组织的发展为前提。

福利的形式主要有以下几种：

1. 安全福利

我国历来十分重视对职工的劳动保护问题，为此，国家颁布和制定了许多有关方面的法规和制度，包括以下几种：①关于安全生产的管理制度。如安全生产责任制、劳动安全保护措施计划、安全教育制度、安全生产检查制度、伤亡事故报告制度、国家劳动保护监察制度等。②安全卫生标准和安全技术标准。③劳动保护用品的供应制度。④对女工的特殊保护制度。如禁止女工从事有害健康和生理机能的工作、对女工孕期的保护工作、健全女职工保护设施等。

2. 保险福利

保险主要包括如下内容：职工因工负伤、致残、死亡保险。职工非因工负伤、致残、死亡保险。职工疾病的公费医疗保险。职工生育保险。职工退职退休保险。职工供养直系亲属的保险等。

3. 各种津贴

津贴主要包括如下内容：交通津贴、洗理津贴、服装津贴、节日津贴或实物、住房津贴、购物补助、子女入托补助、困难补助等。

4. 带薪节假日

主要有假日、法定节日、年休假、事假、探亲假等。

5. 其他福利

包括班车、体育锻炼设施、文化娱乐设施、集体旅游、礼物馈赠、食堂与卫生设施等。

四、模拟实习

1. 模拟目的

通过该项目实训，使学生理解薪酬的基本原理，掌握薪酬制度设计技术的关键和方法。

2. 模拟内容及要求

模拟内容：用所学的人力资源管理薪酬理论来分析，这套方案是否合理可行？

一家中小型企业最近拟出了自己的一套薪酬方案，正准备实施。

首先拟订这套薪酬方案的原则是：保障基本生活的同时，充分调动各位员工的积极性和创造性。鼓励个人努力奋斗，强调团结协作，促使公司和所有员工共同进步、发展。

其次方案的依据是：根据公司、部门、个人的考该结果，每月进行一次工资核算。

这套方案的特点：强调个人努力与团体协作的统一性；工作报酬和工作奖惩的统一性；员工个人命运与公司命运一体化；不强调资历，只看重现实的工作表现；定量评价与定性分析相结合；业绩考核与工资待遇、奖惩相互依存，考核是客观依据，待遇、奖惩是结果。这样将逐步使公司的管理建设走上"法制化"轨道，避免"人治"、主观臆测等造成的不良后果。在公司这个大家庭中，对事不对人，使各位员工身感公正、合理、科学，积极进取，促进公司、员工共同进步。

方案制定的方法是：

（1）根据对各岗位的职责分析，和每位员工面谈，确定每个人的基本工资额和岗位工资额。

（2）根据公司、部门、个人的考核结果，确定公司、部门及个人的业绩系数。

（3）按以下方案确定各位员工的工资额，并按此发放。

基本工资＋岗位工资×公司系数×部门系数×个人绩效系数

3. 模拟步骤

建议模拟小组（3－5人），以小组为单位开展以下各项活动：

第一步：教师准备好资料，向学生提供比较完整的资料。
第二步：学生分组用所学的人力资源管理薪酬理论来分析这套方案是否合理可行？
第三步：总结归纳薪酬设计的步骤和需要考虑的因素。
第四步：总结并编撰模拟实习报告。

第五章 公共关系模拟实习

一、公共关系的定义

"公共关系"一词是由英文"public relations"翻译而来,缩写为PR,简称公关。正像其他边缘性科学一样,公共关系作为一门综合性的应用学科和一种正在发展中的管理职能,对其定义的讨论众说纷纭。到今天,有关公共关系的定义已逾千种。这些众多定义,可分为5种类型,即管理职能论、传播沟通论、社会关系论、现象描述论和表征综合论。[1]

本书认为公共关系是组织运用传播手段,进行协调公众关系、改善发展环境、树立良好形象的管理活动。但这一定义有以下几层含义。首先,公共关系是一种特殊的、团体型的社会关系。它揭示了组织与公众的关系状态,发生这种关系的前提是组织与公众有某种利益上的牵连。如果没有这种双向、互动的利益上的联系,是不能构成公共关系这对矛盾的。这种利益上的关系是界定公共关系的重要条件之一。其次,公共关系是一种管理活动。它是组织为了实现其目标进行的实践活动。通过对各项活动的管理,逐次推进目标的实现。再次,公共关系的重要任务是树立良好的组织形象。通过树立良好形象,增强组织的吸引力、凝聚力、感召力,形成归属感,提高组织的知名度与美誉度,这样才能实现组织目标和公关目标。最后,组织总是在一个具体的环境中来实现组织目标和公关目标的。因此,环境是否良好与组织的利益关系极大。通过公关活动来改善环境,使环境对组织有利,还要运用信息的传播与沟通的手段,把信息定向传播,然后收集公众的反馈信息并运用相关原则、原理,指导协调好与公众的关系,创造良好的关系状态,帮助组织实现各种目标。因此,可以认为公共关系就是一种形象的管理活动。

二、公共关系的功能

公共关系的功能,是指在组织管理的过程中,完成了公共关系的角色使命以后,应当产生的管理效益。

1. 塑造形象,繁荣社会经济,增进整体效用

塑造组织形象,可以说是公共关系最基本的职能,有人据此将公共关系部称为组织的"形象设计师"。一个组织在公众心目中树立了良好的形象,就意味着它具有很好的社会信誉,可以取得广大公众的信任和支持,这也就是我们通常所说的"无形资产"。这有助于营利性的组织获得更好的经济效益,从而促进整个社会的发展;有助于建立和维护地区、国家良好的经济环境,为该地区、国家内的企业提供良好的发展条件;也有利于吸引更多的外部资源(如资金、技术、人才)进入该地区,从而促进该地区整体经济的发展。公共关系活动的进行还可以促进现代社会中信息的共享和交流,大大降低

---

[1] 任焕琴:《公共关系学实用教程》,10页,北京大学出版社,2012。

市场交易成本，使经济活动变得更为规范和有序，使社会资源得到更为有效的利用。

组织形象是组织的全部政策和行为在公众头脑中留下的印象及评价的总和。组织形象的形成，需要很长的时间，其中90%靠自己干，10%靠宣传。如果离开了组织的实际行为，10%的宣传也会变成负面宣传。①

2. 优化社会环境，调控社会行为

社会环境有狭义和广义之分。狭义的社会环境指组织生存和发展的具体环境，具体而言就是组织与各种公众的关系网络。广义的社会环境则包括社会政治环境、经济环境、文化环境等大的范畴，它们与组织的发展也是息息相关的。组织开展公共关系活动，对组织生存、发展的大环境和小环境都有积极的建设意义。

以追求交流、协作、互惠互利为特色的公共关系意识和以运用公平、公正、公开的手段为特征的公共关系活动，在20世纪逐渐得到了社会的认同，进而成为了现代占主导地位的社会观念和价值标准的一个非常重要的方面。由此，使得人际交往和社会经济生活中那种你死我活的生存斗争、势不两立的激烈对抗逐渐趋于缓和，也使得那种暗箱操作、权钱交易、权色交易、钱色交易等丑恶行为越来越受到社会舆论的谴责。通过公平、公开、互惠互利的公共关系活动，组织已经完全可以达到目标，人们当然没有必要再去采用那些不正当的手段，以及有违法律和道德的手段。这样，公共关系就在无形中起到了净化社会风气、调控社会行为的作用。

现代社会的一个突出现象是：人们在享受高度物质文明的同时，精神方面的失落感却越来越强。有了汽车、火车、飞机、高速公路、高速铁路等，人们的地理距离越来越近了，但人们之间的心理距离没有缩短反而拉大。很多人天天见面，却熟视无睹，形同路人；很多人心情苦闷、精神压抑，却无处倾诉。所以，一些有识之士不无忧虑地说，现代特别是当今社会，对人类威胁最大的不是战争、不是原子弹，而是越来越严重的心理障碍、心理疾病。

按照心理学理论，每个人都有合群的需要、情感的需要、交往的需要。如果这些需要得不到满足，就会导致人的心理失衡；这样的人多了，就会形成社会问题。而公共关系恰好可以提供给社会一种良好的关系氛围，它可以用真诚广泛的社会交往、双向交流的沟通，帮助人们摆脱孤独、恐惧、忧虑和隔阂，帮助人们提高心理适应能力和心理承受能力，从而营造一种良好的社会心理环境。

3. 促进民主政治，倡导社会文明

公共关系是民主政治的产物，公共关系的不断发展又会反过来促进民主政治的发展。公共关系强调"公众至上"，主张社会组织的一切行为都应立足于满足社会成员的各种需要，热衷为他们提供各种优质服务。这种观念的培养和树立及其在整个社会的不断普及，会使管理人员和政府公务员形成公仆意识；使他们自觉深入民众之中，关心公众欲望，倾听公众声音，解决他们的实际问题。另一方面，当社会成员看到自己的意见得到重视、自己的权利得到尊重，又会唤起他们对社会事务、国家事务的主动参与意识。这样就会在社会形成一种积极健康的政治环境，这将大大有利于民主政治的健全和

---

① 陶应虎，顾晓燕：《公共关系原理与实务》，8页，北京，清华大学出版社，2006。

发展。

4. 提高员工素质

员工素质是指组织员工的知识技能、情感态度、价值观、道德观以及法律观念等方面的综合品质。员工素质状况决定着组织整体的质量。组织将公共关系纳入组织的管理体制，将大幅度地提升全体员工的素质。通过公共关系管理，组织可以在四个方面提高员工的素质，即公众至上意识、交往合作意识、个人形象意识、与时俱进的意识。

第一节　问卷调查模拟实习

无论是试验的方法还是实地的调查，无论是民意测验还是组织形象的评估，凡是属于第一手资料搜集的公共关系调查方法，几乎都离不开问卷设计这一环节。一个出色的、科学严谨的问卷常常是保证调查成功的最为重要的因素之一。

一、定义与内容

问卷调查是根据调查目的将所需要调查的问题具体化，设计成问卷的形式，通过调查者发放问卷由调查对象做出回答后，然后经过统计分析，从而获得公众意见和公众行为的一种调查研究方法。是一种专门为向特定公众调查对某些具体问题的知晓、态度、意图等情感与行为的反映而设计的书面测验。

二、问卷的类型

根据问卷对问题和答案设计的形式不同，可以把问卷分为封闭式问卷和开放式问卷。开放式提问答题者可以自由选择答案，封闭式提问答题者只能在调查者所提供的多项答案中选择一种。

（一）封闭式问卷

这是一种事先对问题确定了可供选择答案的问卷，被调查者根据各自的情况进行判断，在其中选择一个或多个自认为恰当的答案。这种问卷多用来调查事实、态度、行为等方面的问题。例如：

1. 您对自己的职业满意吗？（请在下面各项中适合自己的选项打√）
   a. 很满意　　b. 满意　　c. 无所谓　　d. 不满意　　e. 很不满意
2. 您对下列饮料的饮用情况，如表 5-1 所示（请在相应的空格中打√）。

表 5-1　某地区饮料市场调查问卷

序号	项目	a（经常饮用）	b（偶尔饮用）	c（从不饮用）
1	啤酒			
2	汽水			

(续表 5-1)

3	可乐			
4	茶			
5	咖啡			
7	果汁			
8	果奶			

封闭式问卷所获的答案内容，既规范又统一，便于调查者进行大量的定量分析和计算机数据处理；因而广泛地受到调查工作者的欢迎，是公共关系调查中采用较多的一种问卷设计形式。但封闭式问卷也存在某种缺陷，主要是调查事先划定了答案，这就有可能遗漏一些很重要的、但尚未被研究者认识到的答案。如果这部分答案的比例较大，则会严重影响调查质量。此外，由于事先提出了答案，有可能造成强迫被调查者回答的情况，因为它很容易使一个不知道如何回答或没有具体看法的被调查者随便乱答。所以为了防止被调查者不负责任地回答问题，在答案中往往要加上"不知道"或"其他"等选项。

（二）开放式问卷

开放式问卷是一种可以自由回答的问卷，实际上是一个比较详细的调查提纲，只有一个个具体的问题，答案完全由被调查对象提供。例如：①您对公司的管理有何评价？②请谈一谈您对未来大学教育的展望？

开放式问卷多用于探索性研究，它能给难以回答者以较多的创造性或自我表达的机会，可以了解到被调查者独特的观点，尤其适用于讨论一些比较复杂的问题。在一些特定的场合下，在少数人群中，在调查某些敏感和具有深度的问题时，开放性问题往往十分有效。在一定程度上，开放式问卷可以得到一些在封闭性问卷中得不到的真知灼见和极有价值的细节性信息。但由于这种提问允许答题者自由地提供独特的、富有个性的答案，因而对某一问题的回答内容肯定是因人而异。这就给调查者进行资料的整理工作带来了困难，不容易统一数据处理的标准。在进行数据处理之前，公共关系调查人员必须重新进行整理与分类，否则就难以保证测试结果分析的科学性。对于被调查对象来说，由于回答问题要花费较长的时间和精力，容易引起较高的拒答率，从而影响问卷的回收。

总之，封闭式问卷和开放式问卷在实际应用中各有利弊，调查者要根据具体情况选用。在大多数情况下，是两种问卷形式综合使用，以保证调查效果。

三、问卷设计的原则

问卷设计时应注意如下原则：

1. 问卷上所列问题应该都是必要的，可要可不要的问题不要列入

2. 所问问题应是客户所了解的问题

所问问题不应是被调查者不了解或难以答复的问题。使人感到困惑的问题会让你得到的是"我不知道"的答案。在"是"或"否"的答案后应有一个"为什么"。回答问题所用时间最多不超过半小时。

3. 在询问问题时不要转弯抹角

如果想知道顾客为什么选择你的店铺买东西，就不要问："你为什么不去张三的店铺购买？"你这时得到的答案是他们为什么不喜欢张三的店铺，但你想了解的是他们为什么喜欢你的店铺。根据顾客对张三店铺的看法来了解顾客为什么喜欢你的店铺可能会导致错误的推测。

4. 注意询问语句的措辞和语气

在语句的措辞和语气方面，一般应注意以下几点：

（1）问题要提得清楚、明确、具体。

（2）要明确问题的界限与范围，问句的字义（词义）要清楚，否则容易产生误解，影响调查结果。

（3）避免用引导性问题或带有暗示性的问题。诱导人们按某种方式回答问题使你得到的是你自己提供的答案。

（4）避免提出使人尴尬的问题。

（5）对调查的目的要有真实的说明，不要说假话。

（6）需要理解被调查者所说的一切。利用问卷做面对面访问时，要注意给回答问题的人足够的时间，让他们讲完要讲的话。为了保证答案的准确性，应将答案向调查对象重念一遍。

（7）不要对任何答案做出负面反应。如果答案使你不高兴，不要显露出来。如果被调查者回答从未听说过你的产品，那说明他们一定没听说过。这正是你要调查的原因。

四、问卷的分发方式

调查问卷的分发即是怎样用问卷去采集信息，这要根据具体的情况而定，常见的方法有：

1. 邮寄法

就是把问卷邮寄给调查者，填写后再寄回来的调查方法。邮寄调查的方式省时、省力，可以大规模地分发问卷。但弊端是可能回收率不高，无法保证问卷质量。

2. 组织分配法

即通过已有的组织形式发放和回收问卷。例如，依靠党派团体和其他的组织以及有较强人事控制能力和社会影响能力的其他个人。组织分配法的优点是回收率高、费用低、省时，但不能保证答案都是个人亲自填写，经常发现抄写和他人代写的现象。

3. 当面填写法

即调查人员亲自把调查问卷送到被调查对象的手中，请被调查者当面填好后，立即收回问卷的调查方法。为了提高调查效率，也可以把被调查者集中起来，当面填写问卷。当面填写法的优点是可以确保问卷答案的真实性，但需投入较多的人力，也比较花费时间。

五、操作练习

练习一

1. 模拟场景

小红在高校附近新开了一家面向学生就餐的餐厅，现在他想就就餐学生对餐厅环境、食品品种和口味、价格等的反馈进行调查，请你帮助设计一份调查问卷。

2. 模拟目的

通过调查问卷的设计，使学生能够掌握问卷设计的原则和技巧，并能够根据实际要求设计合格的调查问卷，提高学生的实践操作能力。

3. 操作步骤

第一步：介绍本次实训的内容及模拟的场景。

第二步：介绍问卷的格式。

一份正式的调查问卷一般包括以下三个组成部分：

第一部分：前言。主要说明调查的主题、调查的目的、调查的意义，以及向被调查者表示感谢。

第二部分：正文。这是调查问卷的主体部分，一般设计若干问题要求被调查者回答。

第三部分：被调查者的基本情况。包括被调查者的性别、年龄、职业、文化程度等，根据调查需要，有选择性列出，其目的是便于进行资料分类和具体分析。

在设计调查问卷时，设计者应该注意遵循以下基本要求：

（1）问卷不宜过长，问题不能过多，一般控制在20分钟左右回答完毕。

（2）问题设计要尽可能确保能够得到被调查者的密切合作，充分考虑被调查者的身份背景，不要提出对方不感兴趣的问题。

（3）要有利于使被调查者做出真实的选择，因此答案切忌模棱两可，使对方难以选择。

（4）不能使用专业术语，也不能将两个问题合并为一个，以致得不到明确的答案。

（5）问题的排列顺序要合理。一般先提出概括性的问题，逐步启发被调查者，做到循序渐进。

（6）将比较难回答的问题和涉及被调查者个人隐私的问题放在最后。

（7）提问不能有任何暗示，措辞要恰当。

（8）为了有利于数据统计和处理，调查问卷最好能直接被计算机读入，以节省时间，提高统计的准确性。

第三步：学生每5-8人为一组，以小组为单位进行问卷设计，然后以组为单位编写调查问卷，明确具体分工。

4. 注意事项

（1）在设计问卷的过程中要注意发挥集体的智慧。

（2）每组要有专人负责组织问卷的设计。
（3）设计结束后要分组进行陈述。
（4）教师要就存在的问题进行分析并提出修改意见。
（5）要求每个学生在模拟实习结束后写实训报告。

练习二

以下是一家保健品公司有关人员为进行市场调查而草拟的一份调查问卷。

××保健品公司调查问卷

（1）请问您是从何处知道或了解我们公司产品的？
□报纸广告　　□电视广告　　□街头广告　　□新闻报道　　□朋友介绍
□商店营业员推荐　　□其他（请注明）
（2）您是否购买过我们公司的产品？
□经常性购买　　□偶尔购买过几次　　□从来没有购买过
（3）您购买我们公司产品的用途是什么？
□自己服用　　□家人服用　　□馈赠亲朋好友
（4）您对我们公司产品的质量是否满意？
□十分满意　　□比较满意　　□觉得一般　　□不太满意
□很不满意（请说明理由）
（5）您对我们公司产品的包装有何看法？
□很有特色，比较满意　　□比较一般，缺乏个性　　□过于豪华，没有必要
□其他（请注明）
（6）您认为我们公司产品目前的市场零售价格如何？
□价格比较低廉　　□价格较为适合　　□价格略微偏高　　□价格高得离谱
（7）您希望我们公司产品从哪几方面做进一步的改进？
□产品内在质量的稳定　　□产品销售和售后服务
□产品包装的设计制作　　□产品广告的设计制作　　□其他（请注明）
谢谢您的支持与合作。

××保健品公司公共关系部
×××年×月××日

请仔细阅读，并完成以下工作：
（1）分析这份调查问卷的基本要素是否完整，如果不完整，还缺少哪些要素？
（2）把这一问卷中缺少的相应要素按规定的格式予以补充。

第二节　公众访谈模拟实习

一、公众访谈法的类别

顾名思义，"访谈"就是研究者"寻访"、"访问"被研究者并且与其进行"交谈"

和"询问"的一种活动。"访谈"是一种研究性交谈，是研究者通过口头谈话的方式从被研究者那里了解情况、收集调查资料，收集（或者说"建构"）第一手资料的一种研究方法。可以分为个人访谈、集体访谈、深度访谈和电话访谈。

（一）个人访谈

个人访谈，是指调查员单独与被调查对象进行的访谈活动，具有保密性强、访谈形式灵活、调查结果准确、访问表回收率高等优点。根据访谈内容的不同，个别访谈又可以分为两种：结构化访谈和非结构化访谈。结构化访谈是指调查者以事先准备好的标准化问卷，按既定的程序，逐项向被调查者进行询问，以获取资料。问卷是程序化访谈的主要工具。非结构化访谈是指事先不制定统一的问卷和访问程序，仅按照一个粗线条的访问提纲，由访员和被调查者进行自由交谈。

（二）集体访谈

集体访谈，是指类似于公众座谈会的一种集中收集信息的方法。一般由组织的一名或几名调查员与公众进行座谈，以了解他们的意见和看法。集体访谈法是一种了解情况快、工作效率高、经费投入少的调查方法，但对调查员组织会议能力的要求很高。另外，他也不适应调查某些涉及保密、隐私、敏感性的问题。

（三）深度访谈

深度访谈，是指一种无结构的、直接的、个人的访谈法。是在访谈过程中，由掌握高级访问技巧的访员对调查对象进行的面对面、一对一的深入访谈。是一种相对无限制的一对一的会谈，用以揭示对某一问题的潜在动机、信念、态度和情感。

（四）电话访谈

电话访谈，是指调查员根据事前选好的调查样本，通过电话向被调查者收集信息的调查方法。在电话调查的过程中，可以用事前拟定的问卷要求被调查对象回答问题，也可以在电话中进行自由交谈，用录音方式记录下谈话内容，事后整理出调查报告。此方法具有时间快、费用低的优点，但它又是一种个别的当面访问，具有隐秘性强的特点。

电话访谈是一种很好的调查工具，具体功用如下所示：

（1）了解受访者的所思所想，包括他们的价值观念、情感感受和行为规范。

（2）了解受访者过去的生活经历以及他们耳闻目睹的有关事件，并且了解他们对这些事件的意义解释。

（3）对研究的现象获得一个比较广阔、整体性的视野，从多重角度对事件的过程进行比较深入、细致的描述。

（4）为研究提供指导，事先了解哪些问题可以进一步追问，哪些问题是敏感性问题，需要特别小心。

（5）帮助研究者与被研究者建立人际关系，使双方的关系由彼此陌生变成相互熟悉、相互信任。

(6) 使受访者感到更加有力量，因为自己的声音被别人听到了，自己的故事被公开了，因此有可能影响到自身文化的解释和构建。

二、访谈方法和技巧

不管是什么目的的访谈和什么形式的访谈，总有些基本的访谈方法是我们需要遵循的，以体现我们的职业道德和职业水准。

（1）先作自我介绍，声明访谈原则，特别是声明对被访谈人不会带来任何不利的影响，并轻松地导入话题，破冰一般在3分钟左右。例如，可以说您所参加的访谈是完全保密的，尽管我们顾问公司会向高级领导提供总结性的报告，但所有的问题都只是总结性地反映所有访谈经理或员工的意见概要，绝不会指名道姓。

（2）要表现出真实、亲切的态度，要想让别人投入，首先得让自己投入。当问问题时，应采取一种询问态度，而不是咄咄逼人的态度，挑战性的问题要谨慎使用。永远记住自己扮演的是一个访谈员的角色，它意味着客观和公正。不要表现出对被访问者的赞成或不赞成——而应表现出好奇心和对被访者状况的关心。

（3）要避免提诱导性的问题，也要避免提暗示性的问题。例如："你觉得师傅带徒弟制度有必要吗？"或"吸烟有害健康吗？"

（4）避免提大而空的问题，多提具体和有针对性的问题。避免提抽象或模糊的问题，而要提意义明确的问题。当你感到你尚未充分掌握一个主题或活动的意义时，不要怕提出试探性的补充问题。要注意提跟踪性的问题，这样能使问题更加明确、清晰。

（5）期望的表情、适当的停顿是需要的，它能鼓励被访谈者谈及更多的内容。不要试图去主宰谈话，应给对方更多的机会去陈述事实和表达意见。

（6）不能带着个人假设去提问题和理解问题，要理解被访人所谈的真正含义。

（7）注意倾听被访人的"言外之音"等潜台词，弄清楚一些看似模糊却很重要的回答。那些没有说出的、只是暗示或是非常委婉地说出的事情可能会很重要。记住那种非言语交流：姿势、手势、眼神——所有这些都能传达信息。

（8）如果你不了解访谈对象所谈的有关其职位上的专业问题，不要装懂。不要怕请对方用外行人易懂的语言将它解释一遍。

（9）不能让访谈成为泛泛之谈。不管访谈时看上去多么轻松、自由，我们都要牢记自己的访谈主题，并巧妙地控制访谈的过程和节奏。一般的访谈时间应该控制在一个半小时左右。

总之，访谈并不是简单的"谈"，而是有目的的"访"。因此先期破冰工作很重要，有利于消除双方的戒备心理，拉近距离，从而更易于获取有价值的东西；同时一定要想办法找到访谈的突破口。一般来说，对不熟悉的被访人，单刀直入、直奔主题的方式效果并不好。因此，必须找到一个对方感兴趣的切入点，激起其表达欲，使对方进入角色并兴奋起来；还必须有意识控制访谈节奏及主体，不能任由对方天马行空。虽然是"曲径"，最终得"通幽"。这就需要及时有效的引导，还要善于挖掘语言中的深层含义。一方面是顺藤摸瓜，启发对方逐步深入；另一方面要善于思考，结合对方性格特点及文化背景，进行深入挖掘，"拔出萝卜带出泥。"

三、操作练习

（一）模拟场景

某高校要了解校外实习基地对人才培养规格的要求和用人单位对毕业生的意见反馈，需要通过访谈调查的方法来搜集相关资料，请你帮助设计一份访谈调查的提纲。

（二）模拟目的

通过访谈调查的实训，使学生掌握访谈调查法的特点及类型，掌握访谈调查法的技巧，并能够灵活运用访谈调查方法进行资料的搜集工作。

（三）模拟步骤

第一步：访谈前的准备。

访谈前的准备工作主要包括以下五方面：

1. 了解调查任务、调查目的以及相关的背景资料
2. 设计访谈提纲

在访谈前，要设计访谈提纲。访谈提纲一般包括：调查的目的、要求、地点、对象、调查项目、具体访谈问题。访谈提纲的主要内容是：

(1) 访谈调查目的（为什么谈）。
(2) 访员（谁去谈）。
(3) 访谈对象（与谁谈）。
(4) 访谈时间（何时谈）。
(5) 访谈地点（何地谈）。
(6) 访谈种类（怎么谈）。
(7) 访谈记录方式（怎么记）。
(8) 访谈报告方式（怎么写）。

3. 选择并了解访问对象

要根据调查的内容，选择访谈对象，要有一定的代表性。选择好访问对象后，要在尽可能的情况下了解被访者的基本情况。事先对被访者了解越多，访谈中就越主动。

4. 确定访问的时间和地点，并事先通知被访者

访问时间和地点的选择应以有利访谈顺利为原则。

5. 准备必要的记录用具

笔、稿纸、调查表格、被访者地址、照相机、录音机、介绍信及证件等。

第二步：进入访问。

进入访问是访问的开端，由自我介绍、表明来意、请求协助等一些内容组成。访问者在最初见到被访者时，首先要进行自我介绍。自我介绍时要落落大方、镇定自信，语言要温和，吐字要清楚。然后应说明调查目的、意义和内容，请求对方合作。此外，还要向对方解释选择他为访问对象的理由，并努力消除对方的疑虑和紧张心理。

在访问开端，可能会出现被访者不合作、拒绝回答问题的情况。对于拒绝回答者，访问者应尽快缩短与被访问者间的距离，与被访问者建立相互理解、尊重、平等的关系与气氛，这是良好访问开始的重要条件。此时常用的方法有：

（1）自然接近法。即在某种共同的过程中接近对方，如在工作、劳动、娱乐中逐步互相了解，然后再说明来意，进行正式访问。

（2）求同接近法。即寻找与被访者共同的爱好或者共同的背景，或共同关心的问题，并以此入手接近被访者。

（3）友好接近法。即从关怀、帮助被访者入手，来联络感情，以缩短双方心理的距离。

在访问中要注意访问过程的控制和访谈技巧的应用。

在访问开始后，访问者要通过有效的手段，掌握、引导访问的过程，以尽可能地达到调查的目的。

（1）提问控制是访问者用提问的方式控制调查过程的方法。提问的方式多种多样，或开门见山，或循循善诱，或灵活机动，并合乎时宜地发问、追问，使被调查者能围绕调查的主题充分地发表自己的意见。

提问是访问调查的主要环节和重要手段，访谈的技巧关键是提问的技巧，提问成功与否决定着访问能否顺利进行和调查的效果。提问的方式很多，有开门见山式、投石问路式、顺水推舟式、顺藤摸瓜式、借题发挥式、循循善诱式等。至于采用何种提问方式，取决于三方面的因素：一是问题本身的性质和特点。一般来说，复杂和敏感的问题，应小心谨慎、委婉迂回地提出；简单、普遍的问题，则可不必顾虑，从正面直接提出即可。二是调查对象的具体情况。一般来说，对性格孤僻、思想上顾虑大或理解能力较差的人，应耐心诱导、逐步深入地提出问题；对性格开朗、无顾虑或文化程度高、理解能力强的人，则可以开门见山、单刀直入地提出问题。三是访问者与被访问者之间的关系。一般来说，在访问者与被访问者互不熟悉、尚未建立起信任感的情况下，应耐心、慎重地提问；如果双方已较熟悉，则可直截了当地提问。

作为一种谈话艺术，提问的方式没有一成不变的模式，应在分析上述因素的基础上，根据实际情况选择恰当的提问方式，顺其自然，随机应变，才能收到良好的访谈效果。为此，在提问时，应注意以下几点：第一，了解被访问者的知识程度。第二，了解被访问者的兴趣和禁忌。第三，问话应当简短明了。第四，应尽量使问题具体化，避免抽象化。第五，应始终保持中立态度，尽量避免使用具有感情色彩的词句。

在提问过程中，为了帮助被访问者加深对问题的理解，以取得预期的回答效果，访问者还要善于对问题进行引导和追询。引导和追询是对提问的延伸或补充，是一种对提问的控制方法。一般来说，在以下两种情况下需要使用引导提问：一种情况是，当访问者需要将正在问的问题转向一个新的题目时，在转换过程中，被访问者可能会由于思路的转向而出现停顿，或因毫无心理准备而产生困惑，这时便需要访问者启发诱惑。另一种情况是，当被访问者答非所问的时候，欲言又止的时候，语塞的时候，漫无边际扯得太远的时候，就应及时加以引导，使访问能够围绕相关问题继续进行下去。

（2）在访谈过程中，还要注意借助非语言的信息，来达到收集资料的目的。非语言信息可以归纳为以下四个方面：

第一，被访问者的衣着、打扮。一个人的外部形象，往往是他的职业、教养、经济状况、兴趣爱好等方面的反映。

第二，被访问者的姿态与动作。可以通过它们来捕捉对方的思想感情。

第三，被访问者的表情。通过观察被访问者脸部器官和肌肉的变化、反映来判断其思维活动。

第四，被访问者的周围环境。被访问者生活环境中的各种用具、器物、陈设和气氛，与衣着打扮一样，同样能反映出他的职业、经济状况、教养、兴趣爱好乃至于性格特征等。

通过对以上非语言信息的分析，有助于访问者对谈话方式做出选择并有效地驾驭谈话过程。

第三步：访谈记录。

访问调查的资料是由访问者在访谈中记录下来的，因此，记录是访谈过程中一个重要的环节。

1. 记录分当场记录和事后记录两种

（1）当场记录，是边访问边记录。为了使访问记录得更好，可以采用两人一起访问的办法，一人专门访问，一人专门记录；也可以使用采访机来记录，但必须征得对方的同意。当场记录可以用速记法，逐字逐句地记录，访问结束后再翻译整理；也可以采用重点记录法，仅记录重要观点和主要事实。当场记录的优点是记录较完整、客观；缺点是影响访问速度，易削弱访问人员的注意力和破坏被访者的情绪。

（2）事后记录，是在访问之后靠回忆进行记录。它可以不破坏访谈的过程，但这种方法有时会根据访问者的记忆和偏好而产生误差。

为了提高记录的可靠性和准确性，在访谈结束前，应将记录的主要内容，特别是容易发生差错的部分如时间、数据等请被访者复核、更正或补充。

2. 注意事项

（1）在访问中，调查员要保持中立的态度，不要把自己的意见暗示给被调查者，否则会影响资料的真实性。

（2）要把握访谈的方向和主题焦点，防止谈话偏离调查主题，以免影响效率。

（3）使用的语言要简明扼要。

（4）根据被调查者的特点，灵活掌握问题的提法和口气。

第四步：以组为单位写出访谈调查报告，注明具体分工。

注意事项

（1）学生每5-8人为一组，以小组为单位做模拟调查。

（2）要求每个学生在调查中进行角色扮演，情景模拟，并注意角色互换。

（3）实训过程中要注意访谈技巧的应用。

（4）在情景模拟过程中，教师要善于引导学生，并发挥学生的积极性。

（5）实训结束后要对出现的问题进行分析总结。

第三节　网络公关模拟实习

一、网络公关的定义

与许多新型的学科一样，网络公关同样也没有一个公认的、完善的定义。大卫·菲利普斯对网络公关的理解是：网络公关的"管理和职能"包括以下四个方面：①内容，网络受众喜欢丰富的内容。②到达，主要是指信息是如何变得即时而可用。③客户，主要是因特网的使用者。④移情，对组织产生移情现象是组织与客户之间关系的本质。[1]

复旦大学的姚凯把网络公关定义为：网络公关（Public Relations on Net）是指社会组织为了塑造组织形象，借助互联网，为组织收集和传递信息，在电子空间中实现组织和公众之间双向互动式的全球沟通来实现公关目标，影响公众的科学与艺术。[2]

网络营销学者刘向晖给出的定义是：网络公共关系（Internet PR）又叫在线公关（Online PR）或者电子公关（Electronic PR），意思是利用互联网上的工具和资源开展的公关活动。[3]

我们可以把网络公关定义为：组织为达到特定目标，借助互联网，在组织与公众之间开展的各种有计划的传播与沟通行为，以达到信息传播、关系协调和形象管理的目的。

本书所讲的网络公关，指的是通过互联网这种载体，包括手机上网用户，但不包括手机媒体。网络公关不同于其他的网络营销形式，不以直接销售为目的，对组织有影响的个人或群体，都是目标对象。网络公关侧重于通过互联网同公众进行沟通和传播。

二、网络公关的优势

与传统公共关系相比，网络公关有以下优势。

1. 网络公关主体的主动性增强

网络公关突破了传统公关的时空限制，传统媒体的限制，使组织拥有更大的主动权和传播优势。网络媒体具有即时性、互动性、无地域时间限制、信息化、低成本以及全方位传播等多重特性，摒弃了传统公关必须借助传统传媒以及必须进行信息过滤，使组织能够即时发布信息而不必借助传统媒体，可以直接与公众交流，对公众产生影响。同时，网络公关可以充当组织的新闻发言人，成为媒体获知组织最新信息的新闻源。网络公关即时、灵敏的反应速度为组织的信息传播提供了有力的工具，也为组织提供更多增值服务创造了可能。

2. 网络公关客体的能动性提高

网络媒体的互动性使组织和公众都拥有了更大的主动性，这一点对公关的客体来说意义更大。在互动过程中，客体不仅仅是被动地接收信息，同时也可作为信息传播源，

---

[1]［英］大卫·菲利普斯：《网络公关》，陈刚，袁泉译，39页，北京大学出版社，2006。
[2] 姚凯：《网络公关及其传播方式研究》，载《科学管理研究》，2004（1）。
[3] 刘向晖：《网络营销导论》，152页，北京，清华大学出版社，2005。

网络公众可以对网络信息自由选择、编辑、加工。

美国公共关系学者格鲁尼格在《公共关系管理》一书中指出，公共关系实践有四种模式：新闻代理模式、公共信息模式、双向非对称型模式以及双向对称型模式。传统媒体传播过程中，受众被动接受信息，没有发言权，是一对多的传播。网络媒体使上网的每个人都可以通过论坛、博客、微博等互动形式将自己的观点、看法等传达给很多人，从而实现多对多传播。这种信息传播方式从本质上保证了传播的双向性和对称性，提高公众的参与度，从而使组织在公共关系实践中有可能实现双向对称型模式。

此外，传统公共关系的受众是信息传播者按照人口统计的某些标准归类为具有相同特征的群体，组织的公关活动基本上是针对目标公众群体设计的，但具体说来，公众仍是模糊的、难以把握的。网络媒体使组织与公众建立起一对一互动的新型关系，了解公众在使用产品或接受服务时遇到的问题和对产品或服务的意见和建议，实现组织对公众的个性化服务，以此来进行有效的市场运作，甚至拓展新的市场需求。另外，也使消费者得到了来自组织的更大需求满足，两者相互促进，形成组织与公众良好的动态循环。

3. 网络公关能做到精准营销

所谓"精准营销"，简单讲就是要定位并满足每一个消费者的需要，从而使客户每一笔费用投入的效果最大化。"精准营销"对于依赖传统媒体的营销方式而言十分困难，因为传统媒体辨别用户的能力十分有限，所以无法准确定位到个人。但互联网的情况却大为不同。由于网民在浏览网页时会不知不觉留下各种"痕迹"，只要通过一定技术手段记录并获取，即能得到许多关于这些网民的有价值信息。例如，IP 表明受众所在的地理位置，网站上的注册信息表明受众的身份，网页浏览记录可以反映受众的行为特征，而搜索过的关键词则可能代表其兴趣和爱好。当把这些数据进行组合并分析时，就能够发现他们的目标消费者在哪里，这些人的性别、年龄、习惯、偏好等个性特征是什么，然后利用这些信息投放相匹配的广告开展网络公关，并观察目标受众的反馈。

4. 网络公关更容易实现量化评估

网络公关由于采用技术手段，比传统公共关系更容易进行效果评估。目前，通行的评估方法有三种：基于项目策划和实施的质量评估（网络流量变化、主流媒体认可度、用户满意度、品牌知名度等）。基于项目执行的数量评估（信息传播量、用户关注度、用户参与度以及媒体推荐度等）。基于资源投入的成本评估（如迁入成本等）。

三、网络公关的渠道

网络公共关系的渠道。在信息传播过程中，不同的渠道有不同的作用，在不同的沟通阶段效果各不相同。在向目标公众传播信息时需要运用不同的传播渠道，因为具有不同价值观和利益的公众往往与许多渠道相联系。为了顺利地实现公共关系目标，公共关系人员利用网络开展公共关系活动时，一定要掌握和充分利用网络上的各种传播渠道。

网络公关有两种渠道：一是建立组织自身的网站，二是利用其他新闻服务商和媒体。组织拥有自己的网站，便等于拥有了一个具备很强自主性的宣传媒体。依靠这个媒体，组织可以通过网络发布组织信息，及时与其公众进行互动交流等；但组织的站点建设需要不断地维护、更新，添加能够吸引受众的新鲜内容才能达到最初的建站目的。由于受众对事物的认知需要一个过程，在组织网站建立初期，组织可以在相关宣传媒介上（如组织报纸、产品说明书、产品宣传活页等）来推广组织网站。这一时期，组织的网络公关可以借助专业门户网站或影响大的综合性网站来进行，依靠这些网站的人气来提升组织的认知度，且为组织的网站聚敛人气。组织网站建成后，传统媒体和其他网站的辅助公关功能也是不可或缺的。具体来说，网络为公共关系信息传播主要提供了以下一些新的传播渠道。

1. 电子邮件

写信的人通过 Internet 将自己的信件发出去，收信人可以通过计算机上的电子邮件软件收取并阅读收到的信件。

2. 传统印刷型媒体的电子版

目前，数以千计的印刷类报纸和杂志都有其电子版或相应的站点。有的报纸和杂志的印刷版与电子版的内容相同，大多数则不同。电子版更注意传播内容的质量和资料的收集整理工作，大部分电子版以数据库的形式出现。除当日最新的消息外，还将过去的内容以档案的形式存储下来，可以允许使用者随时查询。读者在阅读电子版内容时，不仅可以欣赏到传统印刷媒体所没有的声音、图像、影像、动画等方式表现的丰富多彩的信息，还可利用电子邮件或网上闲谈与专家或其他订阅者展开讨论和交流，全面体现网络的互动性。

3. 新型电子出版物

除了许多印刷型媒体的电子版，出版界和报业还推出了许多只在网上传播的电子出版物。这些电子出版物都拥有自己固定的读者群，也是可供网络公共关系活动采用的传播渠道。

4. 网络广播节目（Internet Radio Shows）

广播是用声音和语言作为媒介，大多数情况下是使用通俗易懂的口头语言进行信息传播。广播传播次数多、周期短、容量大、传播范围和对象也很广泛，特别是广播播放的新闻和制作的辩论节目吸引了大量的听众和许多人的参与。它为公共关系人员创造了许多沟通的机会，企业公关人员可将他们所掌握的有价值的信息和观点通过广播迅速传送给特定的听众。网络广播节目继承和发扬了传统广播节目的特点，并且更具吸引力，即时性、互动性更强。目前已有数十家广播电台同步开通了网络广播节目，数千个广播电台在网上建立了站点，还有一些只在网上播放的广播节目也相继开通，他们播放的主要内容大多集中在时事新闻、音乐欣赏、体育、技术以及大量的商业方面的内容等。包括每时每刻的新闻报道、电台频道、电视频道等节目。

5. 网络电视台

多媒体技术、网络编程技术的日益成熟和完善，使网络服务与 TV 的结合成为可能，网络电视也会成为企业网络公共关系传播信息的有效工具。

6. 网页、论坛

网页传播是公司通过在网页上建立独立网页来传播公司及产品信息。而论坛是一个多人参加、多方交流的网络大论坛，它把世界上具有相同兴趣的人们组织起来交流各自的看法。在讨论组上常有各方面专家主持的专题讨论会，给企业公共关系提供了机会。

企业可通过出席网络会议、引发讨论、做客串主持人等方法提高企业形象和知名度。

总之，互联网给公关传播提供了很多新的机会与挑战。机会在于互联网给公关提供了界面更加便捷、互动性更强的平台。挑战在于随着技术的进步和时代的变迁，公关人员必须熟悉网络传播规律和特点，才能应对随时可能出现的危机，做到趋势避害，取得更高的关注度和更强的影响力。只有这样互联网公关才能更好地支持营销，维护企业形象，树立企业品牌。

四、操作练习

1. 模拟场景

一篇名为"封杀王老吉"的帖子尤为火爆。作为中国民营企业的王老吉，一下就捐款一个亿，真的太狠了。网友一致认为：不能再让王老吉的凉茶出现在超市的货架上，见一罐买一罐，坚持买空王老吉的凉茶。今年爸妈不收礼，收礼就收王老吉。支持国货，以后我就喝王老吉了，让王老吉的凉茶不够卖！让他们着急去吧！"这篇文章首次出现在天涯论坛就获得了极高的点击率，而后又被网友们疯狂转载。简单用"封杀王老吉"搜索了一下，百度出现了3350个结果——一个不小的数字！光是论坛的转载就超过了3000多条。惊人的转载量、回复量和点击量让这个帖子登上了各大论坛的首页，也引起了传统媒体的关注。《北京晨报》就有一条关于这个帖子的报道：这个"正话反说"的"封杀王老吉"倡议，昨天在天涯社区发出后，迅速成为最热门的帖子。很多网友刚看到标题后本来是要进去愤怒驳斥，但看到具体内容后却都是会心一笑并热情回帖。到下午，这个帖子几乎已遍及国内所有的知名社区网站与论坛。

的确，当全部的网民都支持王老吉的时候，一篇这样标题的文章的确会让人不得不看。简单的几句文字，很平实，却很有煽动力。不但导致了网友疯狂的转载，更直接鼓动起了网民对于王老吉的购买热情。于是，王老吉在多个城市的终端都出现了断货的情况。

近日终于证实了一直以来的猜想，王老吉这次捐款行为的网络传播确实是人为操作的。姑且抛开道德什么的不谈，这次的网络事件营销做得确实漂亮。

2. 模拟目的

通过相关案例小组讨论的设计，使学生能够掌握网络公关的知识要点，从而提高学生对知识点的了解程度。

3. 操作步骤

第一步：介绍本次实训的内容及模拟的场景。

第二步：分小组讨论的方式，去分析这次王老吉网络营销背后成功的原因有几点？分别是什么？并思考如何去制作一次成功的网络公关案例？

第三步：学生每5-8人为一组，以小组为单位进行讨论，然后以组为单位让代表来分享各组的讨论结果。

第四步：老师进行总结并对学生的发言给予指导。

注意事项
（1）在讨论的过程中要注意发挥集体的智慧并运用所学的知识。
（2）讨论结束后要分组进行陈述。
（3）教师要就存在的问题进行分析并提出修改意见。
（4）要求每个学生在模拟实习结束后写实训报告。

第四节　公关谈判模拟实习

谈判是人际间的一种双向沟通方式，是人们日常生活中不可缺少的一部分。公共谈判可以说是企业与社会公众之间为寻求一致的观点和利益而进行洽谈、协商的一种行为，是人们为确定、变更、发展或消除互相关系而进行的一种积极活动。公共谈判的直接目的是保持或改善双方的关系，满足各方的利益需要。因此，成功的公共谈判的每一方都是胜利者。

一、公共谈判的关系

（一）真诚坦率，开诚布公，实事求是

在谈判桌上，诚信是最重要的。具体体现在态度要诚恳，不骄不躁。交谈的内容要合理，不要无中生有。谈判过程中的所有数据、事例、方案，都必须是真实的。只有真诚，才能认真地对待谈判，才能产生友好合作的行为。真诚守信是有实力的一种具体表现，谈判一员应该凭借实力去说服对方。

（二）求大同，存小异

谈判中冲突是不可避免的，如果完全意见一致也不会谈判了。那么，在意见有分歧时，应当求同存异，多关注彼此的共同点，适当做些不违背原则的让步。

（三）时间效率原则

时间就是生命，效率就是金钱。任何有实际意义的人类活动都不能脱离时间和效率，谈判也不例外。重视时间效率，抓住合作机会，可以赢得竞争优势，可以占据天时地利，顺利地实现谈判目标。

（四）确定灵活原则

确定灵活原则是指谈判的目标要确定，应用的策略技巧要灵活。确定的目标是努力的方向，灵活的策略是保证实现目标的方法和措施，确定与灵活的有机结合才能取得谈判的成功。

二、公共谈判的过程

公共关系谈判是一项复杂艰苦的活动，需要运用多种策略技巧。不同类型、不同内容、不同性质的谈判，其复杂程度也不尽相同。但是不论何种类型的谈判，公共谈判过程都包括以下几个基本环节。

（一）开局阶段

开局通常会影响谈判的全部过程。一旦开局确定下来，第一印象便很难被改变，尤其是坏印象，更难被忘记。一个好的开局一定要态度积极，要强调互惠互利，并且要创造出双方的兴趣点。在开局阶段要认清以下几个问题。

1. 是否要先报价

如果一方想掌握谈判的主动权，要设定讨论的气氛，他就应该首先报价。因先报价，建立了他的定位点，先发制人，就获得了战术上的优势。这一方的定位点可以影响另一方的反应。一旦对方知道了这一方的位置，他或者拒绝这个报价，或者要求还盘，也许会根据报价来对他的底线进行修订。当然，这个报价应该是在基于最近的市场信息的基础上做出来的，应该仅仅比对方的底线只高出一点。这样，对方会对这样的报价仔细慎重地考虑和对待。一个荒谬的报价会给对方造成不好的印象，危害双方的关系。一般来说，如果对方持有更多的信息，那么这一方就不应该首先报价。

2. 开价应该高还是低

一旦谈判开始，就面临一个开价是要高还是要低的困难选择。开价高了会把对方吓走，丢掉这个生意；而开价低了又意味着放弃利润。如果对对方的底线有个准确的认识，那么己方的报价应该在对方的可接受范围，显示了合作的姿态。一些研究显示，和那些开局较低的人相比，开局较高的谈判方一般可以得到更好的结局，所以一些谈判专家建议开局要高。只是高的开局会造成两个问题：一是立刻被对方拒绝；二是它显示了一种强硬的态度，这对长期合作关系不利。

3. 如何作出让步

如果己方的最初报价被拒绝，不要马上让步。有异议是彼此间可以开始提问、回答这样开始交换信息的机会，询问对方哪一部分可以被接受。让步是谈判过程中相当重要的部分。研究显示，如果谈判中涉及让步的环节，人们感觉上会好一些。做出让步显示了你对对方需要的了解。让步的一个重要方面是相互性。如果谈判中的一方做了些让步，他会期望对方也作出些让步。在实际中，谈判人员有时的确是根据相互性做出有条件的让步。另外，让步的大小，在最初阶段，较高的让步是可行的；当接近底线的时候，这个让步将越来越小。

（二）磋商阶段

磋商阶段也就是通常所说的讨价还价阶段，是实质性谈判的真正开始，是谈判各方运用全部谈判策略与技巧的关键性阶段。讨价即评价方对报价方的价格解释予以评价后，要求报价方重新报价或修订报价的行为。虽然价格只是整个谈判过程中许多问题中的一个，但它将影响谈判的整个过程。价格是谈判中最敏感的主题，一般来说，它应该在交易中的其他问题都被协商好以后再谈。因为任何一个长期的合作都不会仅仅局限在价格的基础上，而是基于整体条件的合作。

这个阶段中，每一方都会列举大量的事实和理由来阐明自己的论点，并随时准备针对对方提出的论据进行质疑和反驳。因此，在这一阶段中，一方面要求谈判人员坚定自己的立场，做好充分的准备，应付突然的袭击；另一方面又要求谈判人员进一步明确公共关系谈判的宗旨，力求满足各方利益，最终达成一致协议。为此，谈判人员决不可强词夺理，更不可以势压人，单方面追求所谓的"全面、彻底的胜利"。

在这个阶段，常常会出现双方互不相让，直至僵局的局面。出现僵局不等于谈判破裂，但它严重影响谈判的过程。交锋阶段的双方对立局面不可能永远僵持下去，相互妥协让步的阶段常常会紧追其后。经过谈判各方屡次提问、反问、表态之后，彼此之间的意见和观点已相互了解，于是便开始通过相互让步和妥协的方式寻求共同解决问题的途径。让步和妥协是在公共谈判中保证各方利益及需求得到满足的不可缺少的内容。但是，谁该先妥协、又如何妥协，相互让步到什么范围和程度，谈判人员要有一个迅速和正确的判断与把握。这样才能既有利于己方利益的实现，又有利于兼顾对方需求的满足，使彼此之间的意见逐渐趋于一致，为达成最终协议铺平道路。这个阶段的成功取决于前期准备工作的充分与否。

（三）结束阶段

经过开局和磋商阶段，双方取得了一致的意见，那么谈判就可以进入结束阶段。重大的谈判，一般先签订意向书。而在一般性谈判中，就直接进入签约阶段。双方用文字或其他方式将谈判内容固定下来，在谈判协议上签字。在经历了一番对抗与合作之后，谈判双方变对手为朋友，这是公共谈判所追求的和局。

（四）起草协议

协议阶段的主要工作是通过谈判记录的记述，回顾谈判过程、做出适当让步、表达最终意愿。谈判记录是洽谈的原始资料，是起草合同的重要依据。谈判记录的目的在于核实谈判过程中各方发言的主要内容，以免出现误解与偏差。谈判人员必须要具有有关的知识和观察与表达的技巧，通过回顾可以认清形势、明确双方的方向、采取措施加快签约的进程。最后的让步决定着谈判结果，让步与妥协的关键是要掌握好时机和幅度，让步的基本原则是应该得到相应的回报。协议的文字要简洁明确，内容要具体完整，条理要清楚严谨。

契约是用文字形成表述谈判结果，规定当事人的权利与义务并具有法律效力的文件。它的作用是保证当事人所享有的权力，约束当事人履行所承担的义务。在签约阶段注意不要轻易在双方拟定的谈判协议上签字，一定要详细谨慎地检查核实协议的内容，双方的责任、任务是否明确，在确认没有问题后方可签字。

谈判结束后，还有一个重要的工作，就是总结谈判的经验与失误，以指导今后的工作。

三、公共谈判常用策略

谈判策略是指谈判人员在谈判过程中为了达到预期的目标，而采取的各种方式、措施、技巧、战术、手段及其反向与组合运用的总称。任何一项成功的谈判都是灵活巧妙运用谈判策略的结果。掌握了最基本最常见的谈判策略，就可以在谈判活动中灵活地加以运用。同时，对谈判对手的种种策略和手段也会有清楚地判断。

（一）开诚布公策略

这一策略的基本含义是指谈判人员在谈判过程中持诚恳、坦率的态度向对方袒露自己的真实思想和观点，实事求是地介绍己方情况，客观地提出己方的要求以促使对方通力合作，使双方在诚恳、坦率的气氛中有效地完成各自的使命。这一策略在双方都对谈判抱有诚意的前提下，在报价阶段开始之初很有效。它有助于谈判人员达成一个双方都满意的协议，而双方都满意的协议，会促使双方的长期合作，这对双方的受益远远不是一次交易结果所能评价的。实际上，完全把自己暴露给对方是不可能的，也是不现实的。因为人既无此高超的表达能力，也不可能诚实到把自己的全部情况告诉对方的地步。

（二）投石问路策略

投石问路策略是指在谈判中为了摸清对方的虚实，掌握对方的心理，通过不断提出假设某种情况，试探对方的底细。采取"假定……将会……"的策略，目的是使谈判的形式不拘泥于固定的模式。例如，在谈判中，不断地提出如下种种问题："如果我再增加一倍的订货，价格会便宜一点吗？""如果我们自己检验产品质量，你们在技术上会有什么新的要求吗？"

这里假设包含着虚拟的假设和真正的假设，可能是一方真正打算采取的措施或作出让步，也可能是一方虚拟的假设条件，以试探对方对此问题的态度、观点。试探和提议这种发问的方法不失为一种积极的方式，它将有助于双方为了共同的利益而选择最佳的成交途径。

（三）休会策略

谈判进行到某一阶段或遇到某种障碍时，谈判双方或一方提出中断会议，休息一会儿的要求。休息是一种有很大潜在影响的策略，它是谈判人员调节、控制谈判过程，缓和谈判气氛，融洽双方关系的一种策略技巧。在休息期间，让双方回顾一下谈判的进展情况，重新考虑情况，或者让头脑清醒一下再进入洽谈，这些都是有必要的。一般情况下，休息的建议会得到对方积极响应。休息不仅有利于自己一方，对双方、对共同合作也十分有益。

在休息期间，应研究怎样进行下一阶段的谈判，归纳一下正在讨论的问题，检查己方人员的工作情况或者对以下的谈判提出一些新的构想。同时要考虑怎样重新开谈，考虑往后的洽谈方案和如何做开场陈述。最好能带着新的建议重新步入谈判会场。

（四）举重若轻策略

谈判要有缜密的逻辑思维和举重若轻的谈判艺术。说话要瞻前顾后，不能顾此失彼，更不可前后矛盾。对说出的关键词、关键数字和关键性问题要牢记不忘。在讨论其他问题甚至闲聊时，也要避免说出和这些关键问题相矛盾的语言，否则将会引起对方的猜疑而导致被动。同时，尽量不要按照对方的思路走。要千方百计地把对方的思维方式引导到自己的思维方式上来。要学会举重若轻和举轻若重策略的利用。

所谓举重若轻，就是在讨论重大问题、难点问题或双方分歧较大的问题时，可以用轻松的语言去交流。这样就不至于把谈判双方的神经搞得过于紧张，甚至引发谈判的僵局。而举轻若重，就是对双方分歧不大，甚至一些无关紧要的小事，倒可以用严肃认真的神态去洽谈。一是表明认真负责的谈判态度，二是可以利用这些小事冲淡或化解关键的分歧。如果在关键问题上谈不下去的时候，也可以采取迂回战术。

（五）声东击西策略

在谈判中，一方会故意向另一方提供一大堆复杂、琐碎、甚至多半是不切实际的信息资料，把对方的注意力集中在己方不甚感兴趣的问题上，借以分散对方的注意力；致使对方埋头查找所提供的资料，却分辨不清哪些是与谈判内容直接相关的，既浪费了时间精力，又没掌握所需情况，甚至还会被对方的假情报所迷惑。具体的运用方法是，如果我方认为对方最注重的是价格，而我方关心的是交货时间，那么我们进攻的方向，可以是付款条件问题，这样就可以把对方从两个主要议题上引开。

实际的谈判结果也证明，只有更好地隐藏真正的利益需要，才能更好地实现谈判目标，尤其是在自己不能完全信任对方的情况下。如果自己想对某个重要问题让对方先让步的话，就可以利用声东击西策略，故意把这一问题轻描淡写地一笔带过，反而强调不重要的部分，造成对方的错觉，这样，可能就会较容易达到目的。但也要提防对方在谈判中使用同样办法来拖延时间，或分散己方注意力，如果有迹象表明对方是在搞声东击西，己方应立即采取针锋相对的策略。

（六）白脸红脸策略

要使用"白脸"和"红脸"的战术，就需要有两名谈判者。第一位出现的谈判者唱的就是"白脸"，他采取咄咄逼人的攻势，提出过分的要求，傲慢无礼，立场僵硬，让对方看了心烦，产生反感，激起对方产生"真不想再和这种人谈下去了"的反应。然后，"红脸"出场，他以温文尔雅的态度、诚恳的表情、合情合理的谈吐对待对方，与对方不断妥协、让步，调和双方的关系，缓解紧张气氛，达成双方的谅解；并巧妙地暗示，如果他不能与对方达成协议而使谈判陷入僵局，那么"白脸"先生还会再次出场。这番话会给对方心理上造成一种压力。在这种情况，对方一方面会由于不愿与"白脸"继续打交道，另一方面会由于"红脸"的可亲态度而同"红脸"达成协议。利用"白脸"与"红脸"就是利用谈判者既想与你合作，但又不愿与有恶感的对方打交道的心理，诱导谈判另一方妥协的战术。这种方法有时十分有效。

（七）以退为进策略

以退为进策略是指在谈判中以做出实际的退让为条件，达到进一步进攻的目的。从表面上看,谈判的一方是退让或妥协,或委曲求全,但实际上退让是为以后更好地进攻,实现更大的目标。这一策略的高明之处在于,纵观全局,通盘考虑,不计一时之得失,退一步是为了进两步。

在谈判中运用以退为进这一策略较多的形式是,谈判一方故意向对方提出两种不同的条件,然后迫使对方接受条件中的一个,这里的退往往是指提出方的另一条件。多数的做法是,先向对方提出温和的要求,然后再提出强硬的要求。一般情况下,对方要在两者选择其一,自然你的温和要求对方就很容易接受了。为了在谈判中获取更大的利益,适当的让步是一种有效的方法。你退一步,谈判双方皆大欢喜,关系融洽,交易总成本就自然会下降,使再进两步也成为可能。

四、操作练习

1. 模拟场景

公司甲:生产饮料的食品公司。
公司乙:生产饮料加工设备的机械公司。
甲公司要到乙公司实地考察并进行某一型号的设备购买的谈判。
公关部承担谈判的组织与安排任务。

2. 模拟目的

通过模拟实习,使学生了解公关谈判的相关知识和技巧,并能熟练地应用于各种谈判活动中。重点掌握谈判过程的组织与安排,使学生能够独立地承担和完成谈判的组织工作。

3. 模拟步骤

第一步:谈判的组织。

(1) 根据以上模拟实训情景,把学生分成两组。一组是甲公司——生产饮料的食品公司,一组是乙公司——生产饮料加工设备的机械公司。甲公司要到乙公司实地考察并进行某一型号的设备购买的谈判。

(2) 谈判准备。每组成员首先进行讨论。乙组要承担接待任务,要求乙组安排准备谈判接待、谈判过程的组织以及进行谈判的相关事项。甲组主要进行谈判。因此两组要根据自己的任务,结合谈判的相关知识来进行谈判准备。

乙公司的谈判准备工作包括:

①接待任务。首先要了解对方来的人数、职务、人员组成。其次是安排接待对方人员并进行住宿安排。最后要求在接待过程中注意礼仪。

②谈判过程的组织。包括谈判人员的组成、谈判地点的确定、相关资料的准备、谈判会场的布置。

③进行谈判前的准备。参与谈判的人员要提前进行准备,在进行谈判前,首先要进行谈判分工。每个人根据分工的要求来准备相应的资料。

甲组的谈判准备比较简单,主要是进行谈判。甲组也要求要作谈判准备,准备的内容与乙组准备内容相同。

(3) 双方要商讨沟通、协商确定谈判的时间、地点。

第二步：模拟谈判过程。

(1) 谈判入场。由乙公司的接待人员引领甲公司人员入场。作为客方要安排在面向门的一边。主方坐在背门的一边。

(2) 双方先经过寒暄，再进入主题进行谈判，保证谈判气氛的融洽。

(3) 正式谈判开始。双方根据先期讨论的人员分工，各司其职，但在谈判过程中要注意互相配合。

(4) 在谈判过程中要注意谈判过程的控制、谈判中的礼节礼貌、谈判中障碍的消除及各种谈判技巧的应用。

排除谈判障碍的方法有：①建立和平的谈判气氛。②巧妙处理各种意见。③说服谈判对手。

第三步：教师进行点评。指出本次模拟实习过程中的优点与不足。

第四步：要求学生撰写实训小结。

注意事项

(1) 在购买设备谈判训练中同学可分成两大组，每组指定专人负责。

(2) 谈判内容要提前布置，课下让同学们精心准备。

(3) 在谈判过程中要掌握谈判技巧的应用。

(4) 在购买设备谈判训练中要把重点放在谈判的组织与过程的演练上。若模拟购买商品的谈判，重点应放在讨价还价的训练上。

(5) 不要中途打断学生的模拟训练，以免影响模拟效果。

(6) 要进行角色互换，力争让每个学生都有机会得到各种角色锻炼，充分调动学生的积极性。

(7) 在学生进行角色扮演过程中，教师要做些笔记，便于最后点评。

第五节　公关礼仪模拟实习

所谓礼仪就是人们在各种社会交往中为了互相尊重，在言谈举止等各方面约定俗成的、共同认可的规范、程序。所谓公共关系礼仪，就是社会组织的公共关系人员或其他人员在公共关系活动中，为了树立和维护组织的美好形象，在开展公共关系活动时所必须遵循的尊重公众，讲究礼貌、礼节，注重仪表、仪态、仪式等的程序或规范。

一、公共礼仪的作用

由于现代社会的日益开放和世界文化的多元化，由于全球化时代的到来，世界各国人们的交往日益频繁与快捷，必须要求人们在交往中要知礼、懂礼、用礼，人们对公共关系礼仪的需求日益迫切。目前，无论是政府机关、学校、企业、公司，还是事业单位、商场、服务行业都在强化公共关系礼仪的学习以提高广大公务员、师生、员工、服务人员等的公共关系礼仪修养与水平。公共关系礼仪在塑造组织良好形象、维护组织内部团结、拓展组织对外友好往来、提高组织员工的文明水准、广泛传递组织信息等方面发挥了积极而有效的作用，这也正是各类组织为何青睐公共关系礼仪的原因之所在。

1. 塑造组织良好形象

社会组织的形象问题是影响组织生存与发展的关键问题，决不可掉以轻心。企业、组织拥有良好的形象就等于拥有了一笔无形资产。良好的形象能赢得顾客的信赖，能获得社会的赞誉，能提升组织的社会地位，能提高竞争力，能美化市场、美化社会环境。

国内外一些名牌企业、享有盛誉的一些大公司、集团都具有良好的组织形象。例如，日本的松下、东芝、本田、丰田等，产品创立了让消费者信赖的牌子，公司则树立了"卓越"的美誉。此外，日本名牌企业对公共关系礼仪的注重也是举世闻名的。以松下为例，公司对员工仪表仪态、言谈举止、行为规范、礼貌礼节要求非常严格，公司在各种活动中举行的仪式、仪典也格外隆重、严谨。美国的麦当劳，在世界各国各大城市的分店都要统一要求：质量不变、服务一流、清洁卫生、环境舒适，员工统一着装，热情有礼貌。使顾客在优雅的音乐声中进餐，有一份好心情。中国海尔集团对员工的礼仪要求严格、全面、具体。对为顾客上门服务的员工在礼貌、礼节方面的要求更是细致入微。每一位海尔人都能以规范的公共关系，礼仪行为修养和规范的举止来维护海尔的企业形象，并赢得用户的一致好评。

2. 维护组织内部团结

公共关系礼仪能使人气质变温和，能教人敬重别人，能化干戈为玉帛，能变对立为合作。组织的凝聚力、内部的团结，一刻也离不开公共关系礼仪。如果组织成员不讲公共关系礼仪，都是自以为是、自高自大、目中无人、语言粗俗、举止鲁莽、气急败坏、态度恶劣，再加上不修边幅、衣着不整、蓬头垢面，试想，这样的组织成员能精诚合作、团结一致吗？这样的组织会有凝聚力吗？只有注重公共关系礼仪的组织才能维护组织内部的团结，增强组织的凝聚力。

组织举行的仪式对维护组织的内部团结也会产生意想不到的效果。例如，我国首都北京天安门广场，每天清晨由国旗队举行庄严的升旗仪式，不仅吸引成千上万的人前来观看，而且在庄严神圣的气氛中，使中国人感到无比骄傲和自豪。企业举行开张、开业的庆祝仪式，挂牌、揭幕仪式，表彰、颁奖礼仪等，都能起到激励企业员工的士气，激发和调动员工对企业组织的归宿感、认同感；从而强化员工的主人翁意识，增强责任心。

3. 拓展组织对外友好往来

公共关系的宗旨是"内求团结，外谋发展"。公共关系礼仪既可以促进组织内部团结，又可以拓展对外的友好往来，使组织广结良缘。

公共关系礼仪强调待人文明礼貌，尊重友善，同时注重以良好的仪容、仪表、仪态出现在社交场所。良好的形象与修养必然会得到公众的赞美，这有利于增强人际间的吸引和友好往来，有利于结识新朋友，扩大社交圈。

公共关系礼仪是教人们怎样做一个受欢迎的、有吸引力的人。组织成员如果人人都注重公共关系礼仪，组织对外的友好交往必然得以拓展。

4. 提高组织员工的文明水准

礼仪是人类文明的标志，公共关系礼仪是组织与公众文明交往活动的规范。强调组织员工注重学习公共关系礼仪,不断向员工灌输公共关系礼仪知识,无形中就提高了组织员工的文明水准。

一个组织的员工衣着整洁大方,态度热情温和,举止言谈彬彬有礼,待人接物礼貌耐心,举行仪式认真规范,试想有谁会认为这样的组织文明水准不高呢?市场呼唤这样的组织,社会需要这种具有较高文明水准的组织。公共关系礼仪为人们架起了一座高文明水准的桥梁和阶梯,只要坚持遵循和执行公共关系礼仪的行为准则,各类组织就能达到一个更高的境界。

5. 广泛传递组织信息

公共关系强调双向沟通,公共关系界的权威人物卡特利普和森特提出"双向对称"的原则,即组织应把信息准确无误地传递给公众,与此同时,也要把公众的信息及时反馈给组织。传递组织信息是公关的重要职能之一。由于人们处在知识经济时代,信息的"爆炸"已导致信息数量巨大,呈现出信息泛滥、充斥整个社会的局面,"信息"作为稀缺资源的地位已被"注意力"所取代。

组织传递信息怎样吸引公众的注意力呢?这就要突破传统的传播定势。突破仅仅依赖广播、电视、广告、网络、报纸、杂志等媒体传播的模式,以更新颖、更独特的方式吸引公众的眼球。公共关系礼仪恰恰能发挥它的优势,以新颖的方式传递组织信息并能吸引公众的注意力。如海尔集团,通过上门服务的员工表现出来的规范礼仪行为,向公众传递了"海尔真诚为顾客服务的信息"。

综合上述,公共关系礼仪的作用显而易见。因此,社会上的各类组织都十分重视公共关系礼仪,对员工加强公共关系礼仪培训的组织也与日俱增,这将有利于全社会文明水准的提高。

二、公共礼仪的原则

1. 自律原则

这是一种对别人宽容的心理意志力的表现,要求约束自己的言行举止,这本身就是礼仪的基本境界。因为忍耐就是一种优雅。在社会交往中,要经常学会自我反省、自我控制、自我约束;讲究求同存异,不强求一律、求全责备、斤斤计较;当他人与自己的观点、行为相左时,多体谅、多理解、多换位思考、多设身处地为人着想。

2. 影响公众原则

公共关系礼仪的目标性很明确,即对目标公众开展公共关系的活动并在与公众的交往中体现出公共关系人员的个人形象。因此,公共关系礼仪的任何作用都会直接影响到与公共关系主体密切相关的一定的公众。如在新闻发布会上如果能主动地直接称呼记者的姓名往往会带来另一种效果,这是礼仪的一种具体运用,体现了对公众的重视。在与公众的交往中有一些基本要素往往会诱发公众的防卫心理,因为一旦有人向你表露一些观点时,表露的深浅程度是与对你的评价和判断有关的。由于这是一种自己内在的表现,因此,来自于对方的任何不恰当的态度及评论都会引起他的防卫心理,使他终止表露,沟通也会就此停止。因此,对别人的了解是沟通与交流的前提。

3. 信用原则

言必行，行必果。信用原则就是在交往中开诚布公、言行一致、言而有信，不矫揉造作、阿谀奉承、虚情假意。在无法帮助别人做到一些事情时，学会说"不"也是一种信用。

4. 实践原则

公共关系的准则更多的不是理念性的或思辨性的，它是实践性的，它可以充分地体现在公共关系的日常行为和活动中，同时也会为公共关系工作的顺利开展带来明显的效益。实践的原则也要求在学习公共关系礼仪时必须学会一定的操作与运用，如各种公共关系文书的撰写，各种专项活动的设置与安排中的礼仪设计，以及个人形象的设计等。

5. 适度原则

礼仪并非越多越好，所谓"礼多人不怪"的观点是不对的。俄罗斯著名作家契诃夫（chekhov）在其短篇小说《小公务员之死》中，为人们讲述了这样一个令人啼笑皆非的故事。小公务员切尔维亚科夫在看戏时，不小心打了一个喷嚏，他觉得这个喷嚏给坐在自己前面的一位将军带来了不快，于是开始道歉。他在戏剧的演出过程中道了歉，在幕间休息时再次道歉，事后又专程赶到将军的办公室请求将军宽恕。可是，切尔维亚科夫仍然感到自己还是没能以适当的方式向将军致以歉意，还没有得到将军的真正宽恕，又多次前往将军的办公室道歉。终于，这位将军被切尔维亚科夫无休止的道歉惹得勃然大怒，他把这个小公务员从办公室里轰了出去。切尔维亚科夫吓得惶惶不可终日，回到家中，郁郁寡欢。不久这个可怜的小公务员便在愧疚和抱憾中死去。在实际工作中，一定要注意适度原则，视情况而定，适可而止，否则会给人反感甚至厌恶。

三、公共礼仪的基本内容

公关礼仪，是人们在处理公共事务和公共生活的行为活动中的礼仪。所以公共礼仪大致包括三方面的基本内容。

1. 个人形象方面的礼仪

这方面的礼仪涉及仪容化妆、服装饰品、举止行为、语言表达等方面。虽然本书中所谈的，大多是可直观直感的外在形象问题，但实际上一个人的形象不仅仅是外在的形象，质于内形于外，而是涉及了一个人内涵丰富的综合素质。而且，人为根本，由综合素质所决定的个人形象，也会影响到对下面两个方面公关礼仪的理解和操作。

2. 日常工作中的公关礼仪

这方面的礼仪涉及会面、迎送、访问、公文函电、馈赠礼品等方面。

3. 公关专项活动中的礼仪

这方面的礼仪涉及宴会、舞会、观看演出、联谊联欢、会见会谈、典礼仪式等方面。

另外，随着各民族、各地区、各国家交往的深入，上述三方面的礼仪，都会涉及到深层次的跨文化对撞、沟通和交融问题，也是必须引起我们充分注意的。

四、操作练习

1. 模拟场景

某公司要接待一批来公司接洽业务并进行参观访问的外国朋友。业务员小陈负责这次接待工作。你能告诉小陈从接待、会见、会谈、签字到宴请每个环节应该注意的各种礼仪要求吗?

2. 模拟目的

通过模拟实习,要求学生能够制定接待计划,并熟练掌握各种接待礼仪,使学生能够按照规范的礼仪要求承担各种接待活动。

3. 模拟步骤

第一步:小陈应首先进行接待计划的制定与审核。内容包括以下九方面:

(1) 明确接待对象、人数、来处、任务及要达到的目的要求。
(2) 确定接待规格。
(3) 拟定接待期间的程序和日程表。
(4) 确定接待人员及分工。
(5) 接待场地的准备。
(6) 食宿安排。
(7) 迎送安排。
(8) 经费预算。
(9) 审订接待计划。

第二步:迎接客人。

(1) 对前来洽谈业务的人员,应首先了解对方到达的车次、航班,安排与客人身份、职务相当的人员前去迎接。
(2) 接到客人后,应首先问候"一路辛苦了","欢迎您来到我们这个美丽的城市"等,然后向对方作自我介绍。
(3) 迎接客人应提前为客人准备好交通工具。
(4) 接待人员带领客人到达目的地,应该有正确的引导方法和引导姿势。
(5) 将客人送到住地后,主人不要立即离开,应陪客人稍作停留,热情交谈;但考虑到客人一路旅途劳累,主人不宜久留,让客人早些休息。分手时将下次联系的时间、地点、方式等告诉客人。

第三步:会见座位的安排及会谈中的礼仪。

会见通常安排在会客室或办公室。客主各坐一边。以正门为准,主人占背门一侧,客人面向正门。译员、记录员安排坐在主人和主宾的后面。

准确掌握会见、会谈的时间、地点和双方参加人员的名单,及早通知有关人员和有关单位做好必要安排。

第四步:签字仪式安排。

第五步:宴请安排。

第六步:教师点评,指出在演练中的错误行为。学生撰写实习报告。

注意事项

(1) 要熟练掌握每个环节的礼仪要求与操作规范。

(2) 注意培养大家在训练中的合作意识。

(3) 要保证每人都参与到模拟实习过程中。

(4) 主要课堂纪律的掌控,确保情景模拟逼真。

(5) 课堂时间如果不够,可利用课余时间来进行。

第六章 公共危机管理模拟实习

一、公共危机管理的基本内涵

简单地说，公共危机管理应该是：政府或其他社会公共组织通过监测、预警、预控、预防、应急处理、评估、恢复等措施，防止可能发生的危机，处理已经发生的危机，以减少损失；甚至将危险转化为机会，保护公共的人身安全和财产，维护社会和国家安全。公共危机管理是公共管理的一种特殊状态和特殊形式。

公共危机管理的主体是政府及其他公共机构，与一般公共管理主体是一致的。政府和其他公共机构除了常规管理外，还需要居安思危，积极应对可能出现的各种公共危机。在这个意义上公共危机管理也是公共管理的一项重要内容，只是由于公共危机发生的机会较少，所以这项重要功能常常不被人们重视。公共管理机构主要是政府，同时还有行使公共管理职能的其他公共机构，例如，非政府组织、第三部门等。

公共危机管理的重点在预防。危机有有利之处，但是以损害为主，所以对于危机应力争将其控制在萌芽之中，即以预防为主；这是最主动、积极的危机管理态度。对已经发生的危机，则正如"危机"二字中的"机"的寓意一样，要抓住机会和条件，尽快、科学地处理；扭转危机事件发展态势，力争使危机事件持续时间最短、损害最小。

公共危机管理的功能是防范、化解危机。它不仅要管理已经发生的公共危机，实施化解措施，减少由于危机所造成的损失；同时还要在日常工作中未雨绸缪，做好防范工作，把可能发生的公共危机消灭在萌芽状态。

公共危机管理的主要工作是研究问题、发现问题、解决问题。从防范危机、化解危机到恢复社会秩序，公共危机管理是全方位的、全过程的管理工作，是一个完整的系统工程。

公共危机管理的目的是恢复社会秩序，保障人们正常的生产和生活秩序，维护社会稳定，促进社会的和谐健康发展。秩序、安全、稳定是公共危机管理所追求的目标，而这些目标则只是公共管理中的一部分内容。

二、公共危机管理的特征

1. 以为社会提供公共产品为目标

公共危机管理以保持社会秩序、保障社会安全、维护社会稳定、提供公共产品为目标。任何一种组织形态在经过危机之后，都可能面临着三种截然不同的结局。

（1）由于无法承受危机的沉重打击或没有应对危机的准备和能力，组织在危机中全面崩溃，不复存在。

（2）组织在危机中虽然存活下来，但是由于没有及时采取适当、有效的危机管理对策，尤其是没有及时想办法得到公众的理解和支持，在危机后，组织的形象严重受损，它在社会中原有的威信和地位受到影响。

(3) 在危机中,组织不仅经受住了危机带来的种种压力,而且由于采取了积极、有效的管理措施和危机问题的解决对策,组织进一步巩固了自己的社会地位和竞争优势,在公众心目中的良好形象也进一步提高。① 尽管任何一种危机管理都是追求最大限度地降低风险,防止悲剧的发生;但是,企业危机管理者追求的是经济利益,而公共危机管理者追求的是社会公平公正、社会安全、社会秩序、社会稳定。企业危机管理追求的是企业利益,而公共危机管理则关注的是公共利益、社会大众的利益,这种利益不仅是经济的,还有社会的、政治的等各方面的内容。

2. 外部环境是开放的、非竞争的

企业通常处于激烈的市场竞争的环境之中,虽然有不同企业之间的联合,但更多的时候它们是商业上的竞争对手,虽然有共赢的局面,但更多的时候是在有限的市场中甲多占一份就意味着乙少占一份。因此,对于以追求自身经济利益最大化的企业来说,很难对其他企业的危机给予同情和援助,除非收购、兼并处于危机中的企业成为自己企业的一部分。公共危机管理是面对社会公众的。社会是由各个不同单位、组织构成的。当公共危机发生时,不同单位、组织具有共同的利益。因此,公共危机管理的外部环境是开放的、非竞争的,甚至是相互配合的。当公共危机出现的时候,如果组织动员得当,赢利的企业组织、非政府组织、各种政治派别、国内国外人士、普通民众都会积极参与危机管理,共同对付危机,共渡难关。从这个意义上看,公共危机管理的主体是多元的,而企业危机管理的主体是单一的。

3. 依法行政,以强制力作为管理的基础

公共危机管理以法律和行政手段为主,辅之以经济手段。公共危机管理遵循的是公共管理的原则,依法行政。尽管在特殊的时候和紧急情况下,可以采取一些非常的手段;但是,也必须符合紧急状态法律的要求,决不能因为是危机时刻,公共管理人员就可以恣意妄为,超越法律。公共危机管理主要依靠行使公共权力进行公共危机的管理,而"公共权力的行使,常常是刚柔并济,强制性和非强制性并行。所谓公共权力的强制性,是指社会成员必须绝对服从的权力,这既是人类社会文明进化的结果,又是公共权力实现对社会进行有效控制的必要条件。所谓公共权力的非强制性,是指通过说明、教化、引导而使之服从的那种大权力。""强制性公共权力的价值,主要体现在有能力限制那些非合作的反社会的行为,并保持对全体社会成员所具有的普遍约束力。""运用非强制性权力,是公共权力主体在公共管理中的主要手段。"② 由于公共危机管理是要应对紧急的、危害性大的事件,因此,强制性公共权力就显得更为重要。公共危机管理者既受到法律的约束,同时又可以以法律作为手段规范和约束管理对象。

4. 受公众的监督和约束

由于公共危机管理是一种非盈利性的社会活动,也是政府的重要职能之一,因此管理所消耗的资源主要是公共的,所需要的经费主要来自于国家的财政收入,属于公共财政的范畴。这就决定行使公共危机管理权力的公职人员不能随意地去支配这些费用,而

---

① 薛澜,张强,钟开斌:《危机管理》,42 页,北京,清华大学出版社,2003。
② 汪玉凯:《公共管理》,5~6 页,北京,中共中央党校出版社,2003。

要使其管理活动公开化，并接受纳税人的监督。在公共危机管理中，如果公共管理机构接受了盈利和非盈利机构的捐赠，同样需要遵循公开透明的原则，接受公众特别是捐赠人的监督，用好每一分钱，使其发挥最大效益。企业危机管理中，企业赖以生存的物质基础是企业在市场竞争中所获取的利润，企业所需要的各种资源来自于投资的回报。因此，企业的经费预算、企业的消耗等都属于企业自身的行为，不受社会的制约。公共危机管理是对社会公众负责，而企业危机管理是对企业自己负责。

第一节　公共危机决策模拟实习

公共危机决策就是要求组织在有限的时间、资源、人力等约束条件下完成应对危机的具体措施，即在一旦出现预料之外的某种紧急情况下，为了不错失良机，而打破常规，省去决策中的某些"繁文缛节"，以最快的速度做出应急决策。因此，危机决策是一次性的非常规的决策活动。危机决策所应对的，不仅是现实的突发紧急事件，而且从某种意义上讲，更主要的是潜在的、可能发生的突发事件。

一、公共危机决策的特点

危机状态的特殊性决定了危机决策与常规决策相比，具有更大的复杂性和挑战性。危机决策与常规决策的区别可以归结为以下几个方面。

（一）内部环境不同

决策环境可分为组织外部环境、内部环境及决策者的心理环境。组织外部环境通常指存在于组织边界之外并对组织直接或间接施加影响的因素，如政治、经济、人口、生态等因素。相对于常规决策的外部环境，危机决策的外部环境具有高度的不确定性，这种不确定性主要表现在危机状态的不确定性、主观认识的不确定性以及后果影响的不确定性。因此，决策变量具有一定的模糊性、随机性和未知性，要求决策者充分运用已有的经验知识，勇于创新。

内部环境主要是指组织内部的构成要素，如人员、物资以及各种潜力等因素。由于危机具有突发性和不确定性，内部环境也在时刻发生着变化。准确掌握内部环境信息，做好内部潜力评价和分析，是制定应急方案的基础。当危机发生后，需要抽调有经验的人员，调集相应的应急物资，利用一切有用的社会力量。在多数情况下，需要成立专门的指挥决策机构来协调组织内部的复杂关系，使整个组织能够真正做到"万众一心，众志成城"。

另外，危机的突发性和不确定性，还会给决策者的心理造成高度的紧张和压力，这也在很大程度上影响着决策结果。而对复杂多变的内外部环境，决策者的心理也处于复杂多变的状态。因此，要想在复杂多变的危机环境下作出准确的判断，就应在平时做好对决策人员的教育和培训。组织模拟演练或演习也是很重要的，可以克服决策者的恐惧心理，使决策者临危不惧、镇定自若地应对和处理危机。

（二）约束条件不同

危机决策受到时间、信息、人力、技术等一系列约束条件的制约。

1. 时间紧迫

危机状态下，由于事件的突然爆发，只有有限的时间用于危机的处理。这就要求决策者果断采取措施，在不损害决策合理性的前提下，适度简化决策程序，在有限时间内作出决策。

2. 信息不对称

危机决策信息具有高度的不对称性，这种不对称性主要表现在信息的不及时、不完全以及不准确三个方面。首先，信息不及时。由于危机事态发展变化急剧，且信息传递给决策者须经历某些中间环节，决策者掌握和控制信息不可避免地带有滞后性。其次，信息不完全。危机状态下，由于危机事态发展本身的随机性和不确定性，许多危机信息随着危机事态的发展而变化，决策者很难适时更新危机信息。最后，信息不准确。危机决策是一个信息输入输出的过程，由于危机发生后各种谣言和小道消息容易在社会传播，甚至某些媒体也不负责任地报道，导致信息容易失真。

3. 人力资源紧缺

首先是高水平决策者的缺乏。特别是在危机状态下，决策团体的内在群体压力升高，使得决策团体的心智效能、检验真实能力及道德判断能力受到破坏，此种情境亦称为"群体盲思"。这会影响到对决策问题、备选方案的考查，影响到决策信息的收集与处理，影响到决策者对权变计划的正确拟订，最终影响危机决策的质量。其次一些技术性很强的危机类型，如有毒物质泄漏等，只有在咨询特定专业领域的专家意见后才能决策。专业人员的缺位也易导致决策主体在面临危机时束手无策。

4. 技术支持稀缺

随着新技术的发展，出现了决策支持系统，使得常规决策日益朝着技术化、自动化、程序化的方向发展。危机状态下，决策者为控制危机事态的蔓延，不仅要具备安全和报警系统，还必须具备一定的专业技术设备，作为实施快速决策的支持平台。然而，当危机发生时，这些专业技术设备往往很难适应快速决策的需要，给组织的决策工作带来很大困难。

（三）决策程序不同

决策程序是对决策规律的概括的总结。按照决策问题的性质，可将决策分为程序性决策与非程序性决策两种。程序性决策是指所解决的问题结构良好，可按固定的程序和方法进行处理。非程序性决策又叫作非定型化决策或非结构化决策，非程序性决策所要解决的问题结构不良，无法用常规的程序和方法来进行处理。

常规决策的问题一般都具有良好的结构。由于时间充裕、条件许可，通常要求广泛、充分的民主，并采用民主的典型手段——少数服从多数。因而，组织在常规决策中经常采取讨论、协商、民意调查、投票等各种规范性程序，经过较长的时间过程，最终就某一问题达成一致。在这一过程中，不同的声音可以自由表达。

而危机决策是典型的非程序性决策。危机的发生，具有突发性和紧急性的特点，而且危机事态的恶化会给组织带来难以预料的严重后果。因此，在进行危机决策时应将权力高度集中于决策者手中，以便决策者能够当机立断；尽量简化决策步骤，抓住关键步骤和步骤中的关键环节，因势而定；大胆依靠自己的经验、洞察力和直觉，勇于创新。决策民主化不仅受到时间和条件的客观限制，还有可能导致延误决策时机，影响危机控制。

二、公共危机决策的模式

公共危机决策模式可以分为以下几种。

（一）理性行为决策模式

该模式将国家作为单一的行为体，以人类的理性计算进行选择。根据这一模式，决策者设立明确的政治目标及其优先次序，选定实现目标的手段，并设想各种选择的结果。但是理性模式最明显的缺点是，决策往往不具备选择所需要的各种最佳条件，而且决策者也不可能总是能作出各种完全理性的选择。于是，人们就寻求一种既能坚持理性决策方法又比较切实可行的方法——"有限理性法"。它有两种主要模式："次佳决策模式"和"满意决策模式"，两种模式不再坚持"最佳"。一种是愿意采用"次佳"乃至"再次佳"的标准，另一种是采用"满意"的标准。

（二）组织过程决策模式

该模式认为决策是基于组织内标准作业程序的一种机械或半机械过程的产物，是各种组织间竞争和妥协的结果，是国家利益、部门利益和政治目标的平衡结果。国家决策者常为官僚机制所左右，而且政府没有相应的组织应对突发问题，决策部门缺乏多种选择，面临政府部门利益的激烈争斗，难以解决政策的执行问题等。

（三）政府政治决策模式

该模式认为决策是国家政府成员间讨价还价的产物，根据这一模式，关键者是总统、总理、高级行政和立法部门领导，当然，政府外成员（如利益集团）有时也起重要作用。该模式强调三点：其一是谁参与决策；其二是决策参与共同面临的问题之间的利害关系；其三是决策成员间如何调整相互关系。政府政治模式认为，决策参与者并不真正关心制定和执行最佳政策，而只关心其最佳政治利益和影响，因而常会导致政策的前后不一、目标不明乃至危险的结果。

（四）领袖和非理性行为体决策模式

该模式认为，在非常时期（如危机、群众政治和革命转变），常规模式不足以解释相关的决策，最高领导人不同的个性、偏向、天赋和思想等都会导致不同的决策。该模式强调领导人、追随者、环境和目标四者的相互关系。但是，领导人的心理或身体健康问题、判断失误问题、缺乏制衡体制等因素都会导致决策的非理性行为。

（五）精英团队决策模式

该模式强调组成决策集团的精英人士具有自己的信念体系、过滤系统和固定形象，以此来观察世界和作出判断。但是，作为个人，他们又难免有程度不同的错觉，如一厢情愿、持有成见、非此即彼、相互对立，这些错觉都会造成决策失误。

（六）集体动力决策模式

在危机决策过程中，由于少数决策者要在压力大和时间紧的形势下作出关系重大的决定。人们易犯的错误之一是所谓"集体动力"或被称为"随大流思想"，即为避免承担个人责任而随大流。随大流式的决策至少有六大缺陷：小范围讨论限于少数的选择。不能探讨多数认可决定的可能危险和缺点。拒绝评估原先提出过的不甚引人注目的选择。不征求专家和外界的意见。只接受赞同意见并排斥不同意见。很少考虑如何执行的问题。

综上所述，前三种模式的重点在于体制上的分析，后三种模式则在于个人因素的分析。一些学者认为，在对危机管理进行实例研究时，不应拘泥于某一模式。显而易见，任何一种模式都无法完全解释复杂的决策问题，但将其有机地综合起来，则可以为我们提供一个探索危机决策本质和规律的窗口。

三、案例分析

（一）案例情景

2004年浙江抵御台风危害中的危机应急管理

2004年8月12—13日，第14号强台风"云娜"正面袭击浙江省。据中国气象局分析，这次台风是1956年以来登陆我国大陆强度最大的台风，具有风力强、降雨强度大、影响范围广、风暴增水高等特点。强降雨导致部分地区山洪暴发，发生滑坡、泥石流等灾害；使杭州、嘉兴、舟山、宁波、绍兴、金华、台州、温州、丽水等10个市、75个县（区）、756个乡（镇）不同程度受灾，其中台州、温州两市和宁波市南部受灾最为严重。

党中央、国务院对第14号台风应对工作十分关心。胡锦涛、温家宝、回良玉等中央领导同志多次作出重要批示。浙江省委、省政府高度重视应对14号台风工作，多次召开电视电话会议，对应急工作作出部署。各级党政主要领导深入灾区，靠前指挥，保证了各项防台抗灾措施的落实。民政部、水利部、财政部及时下拨资金6100万元，浙江省各级政府紧急安排救灾资金1.8亿元和价值1940万元的救灾物资。民政、水利、国土资源、渔业、交通、卫生等部门派出工作组赴重灾区协助抗灾救灾。驻浙解放军、武警官兵积极参与抢险救灾。

在应对第14号台风的过程中，各级政府及各有关部门在预案编制、预测预报、组织指挥、调度决策、群众转移、灾民安置、卫生防疫、灾后恢复等方面做了大量卓有成效的工作，有效地减轻了人员伤亡和财产损失。

(二) 问题讨论

(1) 在上述浙江省抗御台风灾害的危机应急管理案例中,从危机决策的理论视角来看,你认为哪些地方还需要进一步改进与完善?

(2) 在本案例中,应急组织指挥体系实行"以行政领导负责制为核心的分级、分部门负责制",临时组建多部门联合组成的应急决策指挥机构,实行"统一领导,集体决策,政府主要领导担任指挥,全面负责应对工作"的危机决策机制。这种危机决策模式正是我国目前危机决策的常规模式,体现出浓厚的中国特色。对此危机决策模式,从危机决策的理论视角来看,你作何评价?进一步的发展方向何在?

(3) 运用公共部门危机决策的有关理论、技术与方法,对上述案例作出全面细致的分析,并撰写案例分析报告。

第二节 公共危机预警模拟实习

一、公共危机预警的含义

所谓公共危机预警,就是根据有关危机现象过去和现在的数据、情报、资料,运用逻辑推理和科学预测的方法、技术,对某些危机现象出现的约束性条件、未来发展趋势和演变规律等做出估计与推断,并发出确切的警示信号或信息;使政府和民众提前了解危机发展的状态,以便及时采取应对策略,防止或消除不利后果的一系列活动。可见危机管理必须包括建立一个机制或系统,用以侦测和监督危机信号。这个机制或系统就称之为公共危机预警系统。从经济学的角度讲,只有建立公共危机预警系统,危机管理才能最节约成本,从而也才是最有效率的公共管理活动。

二、公共危机预警系统的功能

危机前预警是公共危机管理的首要阶段,也是危机管理的第一道防线。通过预警系统的建立,可以帮助政府对可能发生的各种形式的危机事件先有一个充分的估计,提前作好应急准备,选择一个最佳应对方案,以最大限地减少危机所造成的损失。

公共危机预警系统的功能一般包括四个方面:

(一) 预见功能

通过对政治社会生活领域中特定指标性项目的研究,找出某些敏感性指标的异常变化并预先指出其发展征兆。这种预见性功能是危机预警的首要功能,该系统中的其他功能基本上是由此衍生而来的。

(二) 警示功能

通过对政治社会生活领域中的特定指标要项的监测,政府可以就有关信息和结果向相关部门或社会公众发出警示,发挥导向功能。

（三）减缓、延缓功能

这一功能往往容易被人们所忽视，实际上许多危机的损害程度和规模之所以最终导致难以收场的地步，很大程度上是由于没有认识到一些危机可能是难以完全避免的。比如一些非人力所能及的自然灾害，对此就只能尽可能地利用已存在和潜在的条件来尽力减缓、延缓发展的速度，减少其所带来的损失，避免危机的扩大和升级。

（四）阻止、化解功能

对于许多现实问题，政府可以通过一定的措施给予相应的阻止和化解，实际上也在某种程度上防范了未来危机事件的发生。这是预警系统中最重要也是最现实的目标。

三、建立公共危机预警系统的作用

（一）有利于组织做出快速反应

建立危机预警系统的目的就是要提高组织在危机发生时的快速反应能力，减少危机带来的损失。快速反应能力在危机管理中具有十分重要的作用，它会影响危机的进程。危机发生时，危机预警系统会及时地发出警报，从而减少为判断危机是否发生所浪费的时间。这样，就大大提高了危机反应的速度。在危机早期，采取快速反应就可以切断或阻延危机中的瀑布式放大系统，减少危机所带来的损失。而且，反应行动速度越快越有效，对放大系统的阻延作用就越明显，危机带来的损失就越小。

（二）减少危机监测成本，提高危机监测效果

有了危机预警，就可以减少对危机进行人工监测的工作强度，也就降低了危机监测的人工成本。危机监测是一项长期任务，长期的人工成本累积有可能大大超过危机预警的建立和维护成本。从监测性能上看，危机预警系统要比单纯的公共监测稳定，人工监测会因为员工的技能、知识、态度、情绪和外部的干扰等因素产生不同的监测效果。由于监测效果的波动，管理者无法准确地确定每次危机监测结果的可信度有多大，这样就增大了危机反应决策的难度，降低了危机反应速度。对于危机预警系统来说，只要系统设计得完善，并且维护得当，危机监测的可信度就会比较高而且比较稳定，效果就会比较好。

四、公共危机预警系统的建立

公共危机预警系统主要由危机监测、危机评判、危机预报等三个子系统构成。其基本框架如图6-1所示。

（一）公共危机监测子系统

公共危机监测子系统的职能是通过对危机诱因、危机征兆的严密观察，收集整理反

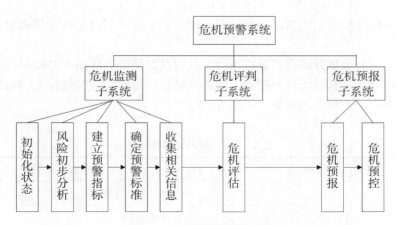

图6-1 危机预警系统框架

映危机迹象的各种信息和信号。① 所以,公共危机监测也称公共危机信号侦测(signal detection)。这是危机管理过程中极为重要的一部分。公共危机管理成功与否,很大程度上就取决于是否侦测到危机信号。公共管理者应通过各种渠道,对主要的危机诱因、危机征兆进行全过程的侦测。

1. 风险的初步分析

风险无处不在,对私人部门如此,对公共部门也是如此。因此,在进行风险初步分析之前,公共部门必须进行危机意识的培养。这是进行风险分析、乃至危机事前管理的前提。的确,公共部门不会发生企业通常会发生的那些危机。比如公共部门不会因销售业绩不佳而导致利润下降、研发新产品的技术失败、设备投资过多以至于负债累累等原因而产生危机,且公共危机发生后其所涉及的政府主管部门也不会因此而撤销。

但是,公共危机的发生也绝不是极其偶然因而可以被忽略的。而且,公共危机所造成的恶劣后果,与企业危机相比,将有过之而无不及。这些频繁出现的公共危机从表象上看属于突然爆发,但是,"冰冻三尺,非一日之寒"。任何事物都有从量变到质变的过程。

因此,只有具备危机意识,才能注意到身边的这些风险,才能甄别出危机的征兆。危机意识的培养应从两个方面着手:第一,积极灌输危机意识,使公共部门的最高管理层、具体职能部门的领导人以及每位工作人员都具备居安思危的意识。第二,主动制造危机意识,以激励组织内部工作人员的活力和创造力。只有这样,才能在平时的工作中防微杜渐,才能临危不乱。

风险的初步分析的主要作用是确认风险。对政府及其他公共部门而言,所面临的风险各种各样。风险既可以来源于公共部门内部,如内部高层人事调整,公共部门工作人员贪污、携款外逃等;也可以来源于外部社会方面与政治方面。不同风险的危险程度是不一样的。有些风险的释放会对人民的生命财产造成严重的后果,并将影响社会的稳定,为社会所不能承受;而有些风险对大多数人的生产和生活所造成的冲击较小,对社

---

①赵平则:《危机管理》,93页,太原,山西人民出版社,2005。

会稳定的影响程度较弱,能被社会发展所消纳。对于公共部门危机管理来说,重点要针对的是前者。

因此,为了有效地开展公共危机预警,政府及其他公共部门有必要对其面临的各种风险进行初步分析。其分析可根据列表的方式进行。显然,危险性较大的风险应成为公共危机预警管理的主要监测对象(见表6-1)。

表6-1 不同风险的危险度

危险性较小的风险	危险性较大的风险
十分熟悉的	不熟悉的或新生的
自愿承担的	非自愿承担的
认为可控制的	不能控制的
由感觉到风险存在的人承担的	由别人管理的
按比例公正分摊后果的	似乎存在分配不平等的利益和成本
对其恐惧感极小的	令人非常害怕的
认为是长期或习惯存在的	突然或在意想不到的情况下开始的
散布于整个有形地理空间或到处出现的	特定区域并引人注目的
暴露期短暂的	暴露期较长的(且造成重大影响需要很长时间才能逐渐显露)
认为是自然界一部分的	人为的
认为能用行动对抗的	不受管理行为约束的
能触知的(能见到、尝到或听到的)	不能感触意识到的

2. 预警指标的建立

确定了危机预警的监测对象,应针对不同的监测对象建立相应的预警指标。预警指标的设计应遵循以下一些原则:

(1)科学性。所选择的预警指标应能有效地反映政府和社会的真实运转情况,数据来源确凿,且便于操作。

(2)概括性。预警指标应具有较高的概括性,应尽量避免内容重复的指标。

(3)系统性。通常公共危机由多种诱因导致,这些诱因常常又纠缠在一起,相互作用。这样,准确、灵敏地开展危机预警,要求各项预警指标相互联系、相互补充,构成一个有效的指标体系。

(4)可比性。孤立的指标对于公共危机预警意义不大,所选择的预警指标应具有较强的可比性,既便于开展纵向比较,也便于横向比较。另外。为了方便比较,所选指标应能够量化。

3. 预警标准的确定

在选定了具体的指标体系之后,需要依据社会发展的历史数据和资料以及现行的国际平均水平确定各指标的预警线。对于一些难以量化的指标，也应确定便于识别和判断的预警线。是否超过这一预警线，是判断是否开展危机预报的标准。

4．相关信息的收集

确定预警标准离不开对相关信息的收集。广泛收集相关的信息是进行危机预警的前提。信息收集的途径有多种，既包括传统的大众媒体，又包括新兴的互联网；既包括利益相关者的抱怨与批评等外部渠道，又包括组织内部所提供的数据以及内部人的看法、建议等；既有日常的信息传递和沟通渠道，又有特定时期的专项调查……总之，要从多种渠道、多种角度收集相关的信息，以便从中发现危机的先兆。

（二）公共危机评判子系统

公共危机评判子系统的作用是：在对大量监测到的危机信息进行有效整理的基础上，通过对相关信息的分析，对未来可能发生的危机类型及危害程度进行估计。

1．相关信息的整理

对于从多渠道、多角度收集到的危机信息，只有经过系统的整理才能发挥作用。信息整理应注意以下问题：

（1）对信息的真实性进行甄别。如果不同的信息之间存在着矛盾，那么信息的真实性就必然受到怀疑。如果信息的来源缺乏客观性，或信息传递的环节众多，或信息传递者与信息的内容有很强的利益相关性，使信息传递过程中受到的干扰较大，那么信息的真实性也就存在问题了。因此，对于收集到的危机信息，需要有一个去伪存真的甄别过程，排除那些虚假信息。

（2）对信息进行归类。在对危机相关信息的真实性进行确认的基础上，需要对不同的信息分门别类进行存储，做到信息的系统化、条理化，以便于危机评估工作的开展。

（3）关注重要的危机预警信号。在对相关信息进行整理的基础上，公共管理者需要对危机预警信号给予关注。当然，并不是所有的弱点和警告信号都会转变成危机；而且，如果危机的管理者不放过每一个微弱的信号、关注每一个小问题，就会变得非常官僚、决策不果断和狂妄。因此，管理者要找出那些明显会影响组织的信号，即某些重要的危机预警信号要给予格外关注。

2．潜在危机的评估

对于潜在危机发生的种类及其危害程度的评估，既可以采用定性的方法，也可以采用定量的方法，还可以将二者结合起来。以下介绍几种常见的危机评估方法。

（1）专家意见法。这是一种较为有效的定性分析方法，通过征询组织内外有关专家的意见，确定潜在危机的类型及其危害程度。此种方法适用于无法确定量化预警指标的风险评估，通常有头脑风暴法和德尔菲法。

（2）危机危害程度表法。美国学者斯蒂文·芬克（1986）以企业危机冲击度和危机概率等两大变量，构成四个象限，来了解危机可能造成的伤害和可能发生的几率。最后对危机管理者提出建议，应该集中注意力来处理第一象限的危机。这是量化危机的绝佳评估工具，它对公共危机的确认也有借鉴作用（如图6-2所示）。

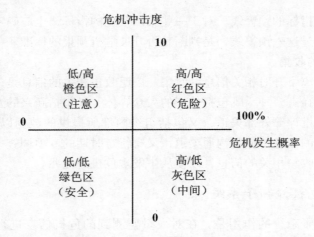

图 6-2 危机危害程度图表法

（三）公共危机预报子系统

公共危机预报子系统的职能是：根据危机评估的结果，对危机发生概率较低，但危害程度较大的潜在危机向社会发出预报，提请管理者注意，并提前采取预控措施。对发生概率高、危害程度较大的危机，需要立即进行警报，向广大潜在受害者和危机反应者告知公共危机已经发生，以及拟采取的应对措施。

预报与非紧急状况相对应，是一种经常发布的危机预测报告。公共管理者将根据发布的危机预报，调整和修订危机预控计划，以常态管理方式继续进行危机预控。警报与紧急状况相对应，警报一旦发出，公共部门的正常工作秩序就要被打破，并且要立即紧急动员，抽调人、财、物，迅速投入反危机斗争。所以，两种危机预报形式所反映的管理方式是不同的，所得到的结果也是不同的。不能用预报代替警报。是预报还是警报，管理者必须做出准确的判断。

另外，危机一旦爆发，来势迅猛；所以，危机预报不但要准确，更要及时。不论是对危机管理者，还是对潜在受害者而言，及时地得知危机预报都很重要。从有效性考虑，如果危机反应者和潜在受害者分布相对集中，可以采取针对局部的警报，以免造成不必要的恐慌；但如果危机反应者和潜在受害者相对分散则应选择覆盖面广的警报，使警报尽可能到达预定的受众，否则达不到预期的效果。

五、案例分析

（一）案例情景

新加坡公共卫生危机的预警系统

SARS危机在新加坡爆发之前，新加坡卫生部门对东亚疫情持续的严密监测是新加坡在整个危机管理过程中的一个关键环节。这一阶段措施的关键性体现在以下两个方面：一是有效的预警能够较为准确地掌握疫情的发展脉络和有可能在本国传播的路径，为危机管理提供准确的信息支持。二是有效的预警能够主动、及时地启动卫生部门对疫情处理的应急状态，确保卫生部门对危机的严重性、紧迫性有明确的认识和充分的准备。

从 2003 年 3 月 2 日开始，新加坡卫生部门的疾病监测系统就启动了对 SARS 的监测。新加坡卫生部门在危机预警阶段所采取的措施，直接反映出新加坡政府在这次危机管理中的积极、主动、公开的态度。东亚的主要"重灾地区"基本上对病情传入本国的源头的掌握，都是在疫情开始后采用"回溯式"的方式进行调查，进而再追查其传播的路径。而新加坡政府则在一开始就有效地掌握了病情传播到本国的源头，并对其可能造成的传播路径和范围进行了有效的监控。

（二）问题讨论

（1）新加坡这次公共危机预警系统的功能是什么？
（2）思考如何构建东亚公共卫生危机的预警系统？
（3）公共危机预警系统的构成内容主要包括了哪些方面？
（4）讨论如何进行公共危机的预警分析？

第三节 应急处置与救援模拟实习

公共危机发生后，其演进的过程是千变万化的。应急管理者需要根据公共危机的发展变化来调整处置措施。但是，应急管理者在发挥创造力、进行临机决断的同时，也必须遵循一定的处置原则和处置流程。

一、应急处置的原则

在我国，应急处置是应急响应阶段的重中之重。它主要是指应急响应力量在危机发生后所采取的应对行动，而不包括事前所采取的预置救援装备等响应行动。我国危机事件应急处置的原则有以下几点：

（一）以人为本，减轻危害

危机事件会产生多种威胁，造成多种损失。因此，应急处置可能会面临多重价值目标的选择。我们要坚持"先救人、后救物"的原则，把挽救生命与保障人们的基本生存条件放在首要位置，而不是舍本逐末。同时，危机事件现场安全情势很不稳定，我们必须高度关注应急救援人员的人身安全，有效地保护应急响应者，避免次生、衍生灾害的发生。这也是危机事件处置"以人为本"的当然表现。

（二）统一领导，分级负责

应急处置工作需要跨部门甚至跨地域调动资源，因而必须形成高度集中、统一领导与指挥的应急管理指挥系统，实现资源的整合，避免各自为战，确保政令的畅通。其中，统一领导关键要在各级党委的领导下，发挥政府的主导作用，调动全社会的力量，形成应急的合力。在我国,党管干部的原则和党的网络化组织是我们应对危机事件的法宝。同时,应急处置要坚持分级负责的原则,即按照危机公共事件的分级,依据各级各类应急预案的要求,由相应级别的应急指挥机构做出果断决策,具体进行处置。

(三) 社会动员,协调联动

危机事件往往因其涉及范围广、社会影响大,超出了某个政府部门甚至某级地方政府的控制能力,需要开展社会动员,实现协调联动。一是整合政府、企业和第三部门力量,形成共同治理突发危机事件的网络化格局,发挥整体效能。二是突发危机事件发生地政府同周边地区政府建立同声相应的应急互助伙伴关系,统筹调动人力、物力、财力资源。三是要充分发挥武装力量在应急救援中的突击队作用,体现军民结合、平战结合的精神。

(四) 属地先期处置

不论发生哪一级别的危机事件,属地为主都要及时地展开先期处置,以防止危机事件的事态进一步扩大、升级,尽可能地减少危机事件给社会公众生命、财产和健康安全所带来的损失。这是因为:属地是危机事件的事发地,熟悉当地的情况;属地可以在第一时间内赶赴危机事件事发现场,有助于把突发的事件消灭在萌芽状态。

(五) 依靠科学,专业处置

在应急处置过程中,我们要充分利用和借鉴各种高科技成果,发挥专家的决策智力支撑作用,避免不顾科学的蛮干。同时,我们也要充分利用专业人员的专业装备、专业知识、专业能力,实现危机公共事件的专业处置。危机事件的救援可以是综合性的,但处置必须尊重科学,体现专业处置的原则。危机事件的危害有可能进一步扩大,甚至伤及应急救援者。我们必须要落实"科学应急"的原则,充分发挥应急专家"外脑"的作用,使危机事件处置能够依法、科学、有序地进行,进而减少不必要的生命、财产损失。

(六) 鼓励创新,迅速高效

由于危机事件的演化瞬息万变、不确定性强,这就要求我们可以根据实际需要,打破常规,大胆创新,务求应急处置的迅速和高效。特别是,我们可以援引《突发事件应对法》的相关规定,行使行政紧急权,在紧急状态下特事特办,简化应急处置程序;以迅速控制事态发展,最大限度地减少危机事件造成的损失,挽救更多人的生命和财产。当然,在应急处置的过程中,我们必须既要维护公众秩序、保证公共安全;又要维护公民权利、保障基本人权,防止行政紧急权力的滥用。

二、应急处置的流程

为了科学、高效地处置危机事件,我们必须为危机事件处置确立一个工作流程。危机事件的一般响应程序包括以下十个重要的环节。

(一) 接警与初步研判

应急管理部门及110、119、120、122等单位的值班人员在接到事发地有关部门或社会公众的报警后,应详细询问、记录有关危机事件的情况,其中包括危机发生的时间、地点、性质、规模及人员伤亡或财产损失的情况。之后,接警人员应视危机事件的严重程度,向相关领导及时报告。有关领导在接到报告后,应尽快组织相关工作人员,对突发事件的级别和管辖范围进行初步的研判。危机事件超出自身管辖权范围时,应迅速向上级机关报告。

危机事件处于不断的演变之中,并且社会安全事件的演进并不遵从线性发展的规律。因此,危机事件初始阶段的研判往往并不准确。它需要领导干部具有把握全局、审时度势、高瞻远瞩的素质和决断力。一般在危机事件损失不明的情况下,对级别的判断应本着"就高不就低","宁可信其有,不可信其无"的原则。同时,对敏感时间、敏感地点发生的危机事件或性质本身就非常敏感的事件,危机管理部门应给予特别的重视,分级要从高,因为时间、地点或性质的敏感会放大危机事件的损害结果或舆论效应。

(二) 先期处置

我国应急管理体制的特点之一是以属地为主。不管哪一级的危机事件发生,事发地人民政府在迅速上报的同时,应派人员迅速赶往危机事件的现场。核实、观察突发事件的情况和发展态势,并就近组织应急资源进行先期处置,防止突发事件扩大升级。与此同时,现场工作人员边处置、边汇报,不断将危机事件的最新信息传递给应急管理部门。

在先期处置的过程中,应急管理人员应该先避险,再抢险,组织事发现场周围的社会公众进行有效的应急疏散。在确保危机事件不会对周围社会公众造成新的损害后,现场应急管理人员开展抢险救援。在预知公众危在旦夕的情况下,应急管理人员也可同时进行周边公众疏散和抢先救援,但前提是确保周边公众不会受到伤害。

如果突发事件性质比较特殊,例如核辐射事故发生,这需要专业救援人员进行专业处置。现场应急管理人员应着力做好周边公众的转移,维护现场秩序,进行力所能及的处置,等待专业救援队伍到来,切不可冲动蛮干。当专业应急救援队伍到来后,现场应急管理人员应做好道路引领、秩序维护和后勤保障的工作。

(三) 启动应急预案

当危机事件的级别被确定后,按照分级响应的原则,拥有相应管辖权的人民政府应启动应急预案,调集应急救援队伍、应急救援物资,派出应急协调人员和专家赶赴突发事件现场,并成立突发事件的现场指挥部。交通部门应全力保障救援队伍和救援物资到达事发现场。当然,在突发事件继续扩大升级的情况下,所启动预案的级别应相应地做出调整。

(四）现场指挥与协调

现场指挥部应由有关部门、军地领导、专家学者联合组成，履行对危机事件处置进行协调的职能。指挥部选址应遵循安全、就近的原则。现场指挥部应根据危机事件的现状和趋势，科学、合理、果断地确定应急救援方案。

现场指挥部一经确定，就必须被赋予现场救援的完全管辖权。各级领导可对现场指挥提出建议。但是，应急管理的实践要求我们必须是"谁拍板，谁负责"，而不能是"谁官大，谁说了算"。对于性质特殊的危机事件，专家应发挥辅助决策的作用，向现场指挥部提出自己的建议。

(五）抢险救援

在应急救援的过程中，各相关部门应各司其职、密切协作，有关队伍应服从指挥、相互配合。公安干警应封锁现场，设立警戒区域，进行交通管制，维护现场秩序，确保道路交通的畅通，并防止刑事犯罪的发生。医疗卫生部门应派出医护人员赶赴现场，救治、转运伤员。环保部门应对事故现场进行环境监测。专业救援队伍应携带专业救援装备赶赴现场救援。必要时，人民解放军、武警部队和民兵预备役部队也可以投入应急救援之中。需要强调的是，抢险救援必须对现场的危险源进行监测，保护受困人员和救援人员的安全，防止次生、衍生灾害的发生。

在应急救援的过程中，抢险救援人员还应该先救人，后救物。这是因为：首先，人的生命是不可复制的，而物质财富是可以再创造的。其次，被抢救出来的人可能会成为应急救援的补充力量。当然如果可以判别，救援人员应先救医务工作者和青壮年。他们的加入将为应急救援增添有生力量。

(六）扩大应急机制

在进行危机事件处置时，如果事态恶化、难以遏制，危机事件现场指挥部应启动扩大应急机制，及时向上级人民政府请求支援。加大应急救援队伍、物资、装备、资金等方面的投入力度，防止危机事件的进一步恶化。

(七）信息沟通

危机事件现场指挥部应将危机事件的发展情况和处置的信息及时上报给相关政府领导。同时，还应建立新闻发言人制度，将处置的最新信息发布给社会公众，以避免谣言和流言，做好社会舆论的引导工作。

(八）临时恢复

应急救援活动结束后，环保部门也要对受危机事件影响地区进行监测。卫生防疫部门要对疫病的流行进行监控，防止次生、衍生灾害的发生。同时，有关部门要清理现场和废墟，进行人员清点和撤离，解除警戒，开展善后处理和事故调查等。

（九）应急救援行动结束

现场指挥部撤离，应急预案关闭，应急救援行动结束。当危机事件的威胁和危害得到控制或消除后，履行统一领导职责及组织处置工作的应急管理部门应当即刻停止已采取的应急处置措施。

（十）调查评估

对危机事件的起因、性质、影响、责任、经验教训等问题进行调查评估，并依法追究相关责任人的责任。

以上十个环节虽然并非完全按照危机事件应急处置的时间顺序排列，但确实反映了危机事件应急处置所需要重点关注的问题和步骤。比如，信息沟通要伴随突发事件处置的全过程。应急管理是应急管理者与危机事件之间的动态博弈。它要求应急管理者不仅要遵循既定之规，还要求应急管理者具有一定的临时决断能力和创新能力。

三、案例分析

（一）案例情景

孙家湾煤矿爆炸事故

1. 基本情况

2005年2月14日15时01分，辽宁省阜新矿业（集团）有限责任公司（以下简称"阜矿集团公司"）孙家湾煤矿海州立井发生一起特别重大瓦斯爆炸事故，造成214人死亡，30人受伤，直接经济损失4968.9万元。

事故发生后，党中央、国务院极为重视，胡锦涛总书记、温家宝总理、黄菊副总理和华建敏国务委员作出重要批示。国务委员华建敏率国务院工作组抵达事故现场，指导抢险救灾工作和组织事故调查工作，并看望了事故中的受伤人员，慰问了参加抢险的救护队员。2月22日，国务院又派出事故责任处理小组赶赴现场，指导事故调查处理工作。

2. 抢救经过

2005年2月14日15时03分，孙家湾煤矿调度室接到海州立井调度室汇报后，立即向煤矿总工程师等领导报告，并按照程序逐级进行了上报。当时判断可能在井下331采区发生了瓦斯爆炸事故。15时25分，煤矿调度室向局调度室汇报，请求救护队救援，同时向井下另一个采区即242采区发出紧急撤离人员的通知；并组织各区队做好抢险救灾准备，派人到井下调度室设置警戒线，防止撤离人员误入灾区。接到事故报告，阜矿集团公司立即启动了重、特大事故应急救援预案。15时50分，阜矿集团公司救护大队接到事故通知后，立即调动5个救护小队赶赴事故矿井，随即又组织3个备班小队相继到达事故矿井。辽宁煤矿安全监察局矿山救援指挥中心共调动省内10个救护小队，先后在灾区救出伤员16名，发现遇难者遗体197具，设置临时风墙4处。截至21日23时55分，事故抢险救护人员发现最后一名遇难矿工，共发现214名遇难矿工，抢险救灾工作基本结束。

3. 善后工作

从2月15日7时起，由707名各级干部组成的174个包户小组分别深入到遇难职工家中，做安抚工作。对生活有一定困难的遇难矿工家属，通过不同方式给予救助，解决困难，力求取得谅解。经省、市两级党委、政府及阜矿集团公司的努力，整个善后处理工作平稳、有序。

4. 事故处理

2月15日，依照国家有关法律法规，并报经国务院同意，成立了"2·14"特别重大瓦斯爆炸事故调查领导小组。2月17日，成立了国务院辽宁省阜新矿业（集团）有限责任公司孙家湾煤矿海州立井"2·14"特别重大瓦斯爆炸事故调查组，并聘请7名专家组成专家组协助事故调查。最高人民检察院也派员参与了事故调查工作。

经调查认定：阜矿集团公司孙家湾煤矿海州立井"2·14"特别重大瓦斯爆炸事故是一起责任事故。

事故的直接原因是：

冲击地压造成3316风道外段大量瓦斯异常涌出，3316风道里段掘进工作面局部停风造成瓦斯积聚，瓦斯浓度达到爆炸界限。工人违章带电检修临时配电点的照明信号综合保护装置，产生电火花引起瓦斯爆炸。

事故的间接原因是：

改扩建工程和生产技术管理混乱，超能力组织生产，采掘接替严重失调。

机电管理混乱，外包工队特殊工种长期违规无证上岗，违章带电检修电气设备。

劳动组织管理混乱，缺乏统一、有效的安全管理制度，以包代管。安全管理混乱，基本无人佩戴自救器和便携甲烷监测仪。生产值班人员擅离工作岗位，瓦斯监控值班人员及有关负责人在瓦斯监控系统报警后长达11分钟内没有按规定实施停电撤人措施。没有严格执行有关定期做好冲击地压的预测预报工作，对重大事故隐患监督管理不严。

重生产、轻安全，片面追求经济效益，忽视安全生产管理。在孙家湾煤矿改扩建工程尚未完工的情况下，向该矿下达超能力生产计划，且没有组织落实有关部门下达的限期整改指令。

辽宁省煤炭工业局未认真落实党的安全生产方针，未能正确履行工作职责，对阜矿集团公司的安全生产工作管理不力，对孙家湾煤矿海州立井改扩建工作流程疏于管理，对海州立井2005年超能力组织生产行为监管不力。

辽宁省政府领导2003年5月对辽宁煤矿安全监察局《关于阜新矿业集团公司安全情况的报告》所作出的批示，对阜矿集团公司存在的重大事故隐患未能有效组织检查整改。

辽宁煤矿安全监察局辽西分局（原阜新办事处）对孙家湾煤矿监察执法不到位，对海州立井331采区无设计、没有采区专用回风巷、采区未形成完整的通风系统以及该矿擅自修改设计增加3315皮带道和3316风道之间的联络巷，未形成独立的通风系统等事故隐患督促整改不到位。

5. 事故问责

根据有关规定，责成辽宁省人民政府向国务院做出书面检查。责成辽宁煤矿安全监察局按照国家有关法律、法规及辽宁省有关地方法规，对阜矿集团经济处罚。给予辽宁省人民政府副省长刘国强行政记大过处分，给予阜矿集团公司董事长、总经理梁金发等 12 人行政撤职处分。对这件事故负有主要责任的孙家湾煤矿矿长宋加木等 4 人移送司法机关处理。给予其他 29 名事故责任人相应的党纪和行政处分。在这次事故中共处理处级干部 15 名，副厅级以上干部 7 名。

资料来源：国务院应急管理办公室。中国政府门户网站 www.gov.cn，2005-08-09.

（二）问题讨论

（1）上述案例中，我国政府在处理孙家湾煤矿爆炸事故的过程中，遵循了哪些危机处理的基本方针？

（2）案例中危机处理的基本流程如何？

（3）从公共部门危机应急机制设计的视角来看，我国政府处理孙家湾煤矿爆炸事故的经验和教训有哪些？

第四节 恢复与重建模拟实习

一、恢复与重建的含义

恢复重建是消除突发事件短期、中期和长期影响的过程。从字面上看，它主要包括两类活动：一是恢复，即使社会生产生活运行恢复常态。二是重建，即对因灾害或灾难影响而不能恢复的设施等进行重新建设。

我们认为，恢复重建不仅意味着补救，也意味着发展。因为恢复重建要在消除突发事件影响的过程中除旧布新。从这个意义上看，恢复重建既包括挑战，又蕴藏着机遇，是突发事件处置过程中实现转"危"为"机"的关键环节。国外有学者这样定义"恢复"（recovery）："使受灾害影响的社区回到灾前状况或最好能改善社区状况的活动。"[1]

一般而言，恢复重建主要包括以下四种活动：第一，最大限度地限制灾害结果的升级。第二，弥合或弥补社会、情感、经济和物理的创伤与损失。第三，抓住机遇，进行调整，满足人们对社会、经济、自然和环境的需要。第四，减少未来社会所面临的风险。[2] 也就是说，恢复重建要尽量减轻灾害的影响，使社会生产生活复原，推动社会进一步发展，提高社会的公共安全度。

可见，恢复重建要以消除危机事件为基础，以谋求未来发展为导向。从总体上看，

---

[1] David A. McEntire. Disaster Response and Recovery: Stategies and Tactics for Resilience [M]. John Wiley & Sons. Inc. 2007. p. 3.

[2] Sarah Norman. New Zealand's Holistic Framework for Disaster Recovery [J]. The Australian Journal of Emergency Management. 2006 (4). p. 21.

重大危机事件的影响主要可分为四类：社会影响、环境影响、经济影响、心理影响。

二、恢复重建的过程

不同的危机事件有着不同的恢复过程。但是，我们可以从中抽象出一些具体共性的步骤。在恢复的过程中，管理起着非常重要的作用。有效、科学的管理可以加快恢复的进程；无序、低效的管理则会影响、延缓恢复的进程。

我国学者认为，灾后恢复步骤一般可概括为：成立重建领导组织；灾区灾情核查；明确重灾区的范围与恢复方针；提出灾区恢复重建规划并进行审定；制定每一项重建工程的具体计划并进行审定；落实实施恢复重建计划的资金及材料供应；实施恢复重建规划与计划；依照法规和条例对恢复重建工程进行核查验收，并进行质量评定和财务审计。①

美国学者认为，从地方的恢复重建来看，规划与行动需要十个步骤：①组织起来；②吸纳公众参与；③协调不同的机构、部门与群体；④确认问题情况；⑤评估问题并确认机会；⑥设定目标；⑦探讨各种可替代战略；⑧规划行动；⑨就行动计划达成一致；⑩实施、评估与修改计划。②

比较中美两国学者提出的恢复重建步骤，我们可以看出其中的基本过程大体相同，都是可分为：准备阶段——计划阶段——实施阶段——验收阶段。当然，其中也有一定的差别。中国的恢复重建是自上而下纵向展开的，由恢复重建领导小组组织、实施；美国的恢复重建是横向展开的，吸纳社会公众广泛参与。

一般来说，恢复重建的过程要经过以下阶段：

1. 准备阶段

建立突发事件恢复重建领导小组，主要负责对受灾地区的状况进行全面的评估，并作出损失评估报告。

2. 计划阶段

恢复重建领导小组根据第一阶段损失评估情况，制定具有针对性的恢复重建计划，并向执行部门和社会公众公布。

3. 实施阶段

为恢复重建动员、准备、整合各种资源；实施恢复重建计划。

4. 验收阶段

对恢复重建工作进行验收与评估。

5. 反思阶段

站在应急管理整体的高度，对恢复重建工作进行反思，并将经验及教训纳入未来防灾、减灾的规划中。

---

①邹明，史培军，周武光，周俊华：《中国洪水灾后恢复重建行动与理论探讨》，载《自然灾害学报》，2002（2）。
②Natural Hazards Center. Holistic Disaster Recovery: Ideas for Building Local Sustainability after a Natural Disaster [M]. Published by the Public Entity Risk Institute. 2005, pp. 1–10.

三、恢复重建的原则

综合起来讲，公共危机事件的恢复重建应遵循以下五个原则：

（一）政府主导，公众参与

在危机事件的恢复与重建过程中，政府要起到主导作用，组织、协调有关部门，调动各种资源，尽快恢复灾区的生产、生活秩序，消除灾害所带来的影响。同时，在恢复重建阶段政府要积极开展社会动员，鼓励灾区社会公众开展灾后的自救互救，号召其他地区的社会公众向灾区捐款捐物。

（二）全面恢复，突出重点

恢复重建不仅要整体规划，全面消除危机对社会、环境、经济乃至社会公众心理的影响，还要分步实施，首先要做好对灾区至关重要的生命线系统的恢复。

（三）公平公正，关注弱者

在恢复重建过程中，一定要遵循公平公正的原则，对灾区社会公众进行救助。因为脆弱性强弱不一，不同的地区、人群面对同样的灾害，其受损程度是不同的。因此，老人、儿童、残疾人等弱势群体，经济欠发达、受灾严重的地区，在恢复重建过程中得到的救助应该更多。

（四）生产自救，多样补偿

在恢复重建过程中，灾害损失补偿是非常必要的。一是通过经济补偿来保证受灾人民的基本生活条件，避免灾民因灾陷入困境。二是通过经济补偿来保障社会再生产的顺利进行，避免生产因灾中断。三是通过经济补偿来恢复被灾害打乱的生活与工作秩序，避免社会失控。四是通过经济补偿进一步增强抵御各种灾害的能力。要鼓励灾区民众自力更生，自觉地展开生产自救，避免一味依赖政府救助的倾向。同时，要启动社会化的补偿机制，通过商业保险、社会保险等多样化的补偿形式，使灾区尽快地恢复生产、生活秩序。

（五）防灾减灾，寻求发展

恢复重建的过程，不能仅仅是消除某一次突发事件的消极影响，还应该总结经验，汲取教训，增强社会的防灾、减灾的能力。同时，还要善于抓住机遇，放眼未来，使灾害成为灾区经济社会发展的新起点。

四、恢复重建的关键性问题

恢复重建的关键性问题如图 6-3 所示：

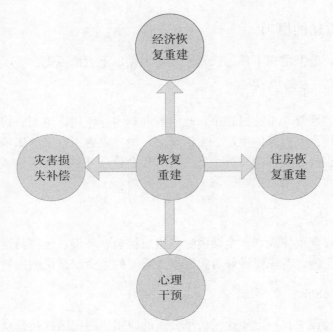

图6-3 恢复重建的关键性问题

（一）住房恢复重建

在重大危机事件的恢复重建中，政府有责任采取积极主动的措施，减少和缓解由危机事件所带来的有形物质损害，特别是关系民生的物质损害。其中，具有住所是重中之重。切实保障房屋受损公众的基本生活，这是恢复重建工作中首先要加以解决的重要问题。

美国学者认为，住房的恢复重建要经历四个阶段：

1. **应急住宅（emergency shelter）**

应急住宅是指社会公众在危机后紧急安身、躲避风雨的场所。如许多家庭在地震等灾害发生后暂时在汽车中休息。

2. **临时住宅（temporary shelter）**

临时住宅不仅能提供休息的地方，而且能满足灾民饮食的需要。比如，灾民投亲靠友或在宾馆、体育馆中短暂安身。在国外，教堂经常成为灾民的临时住宅。

3. **临时住房（temporary housing）**

临时住宅带有避难场所的色彩，是多人共有的。临时住房则是灾民个人拥有的、非长期的安身场所。许多事后、临时的临时住房选址并非理想。

4. **永久住房（permanent housing）**

永久住房是在理想的地址重建的长期住宅。在永久住房完工后，灾民乔迁新居。

一般而言，国外的住房恢复重建有四种形式：一是依靠自身力量，由受灾户自己出钱、出人、出材料进行重建。二是依靠亲情关系，由亲朋好友共同帮助受灾户重新建房。三是依靠救灾制度，也就是说，依靠政府与非政府组织提供援助受灾户重新建房。四是依靠保险赔付，由受灾户在灾后向保险公司提出理赔申请，以赔偿金重建房屋。

在我国，危机事件中会有大量的房屋损毁，灾后的救助问题十分严重。我国的公众在灾后多是无力单独进行房屋的修复重建。这时，政府要给予必要的救助。与此同时，也应借鉴国外的经验，实现灾害损失补偿渠道的多样化，如大力推行灾害保险等。

（二）经济恢复重建

重大突发事件经常导致基础设施损毁、工业停产、商业中断、农业绝收等严重的直接经济损失，还可能引发物价上涨、就业率降低、居民收入下降等难以估算的间接经济损失。特别是重大自然灾害往往给农业、渔业、畜牧业、养殖业、林业带来灭顶之灾。因此，要消除重大突发事件所造成的负面经济影响往往非常困难。

在危机事件中，历史悠久、财力雄厚的大企业往往要比小企业更加具有抵御风险的能力。小企业的脆弱性强，损失也更为严重，因为：第一，小企业不像大企业那样在物理状况良好的场所办公。第二，小企业的安全措施不如大企业的安全措施健全，缺少应对风险的计划。第三，重大危机事件发生后，如果小企业所在地区的居民大量远距离搬迁，企业的经营也不可避免地要受到影响。

因为现代社会的运转高度依赖基础设施，所以在灾后恢复重建中，首先要恢复关键性基础设施的运行。其次，对于工农业生产受到严重影响的灾区，政府要及时出台减免税收、提供低息贷款等一系列的优惠和扶植政策。帮助灾区恢复正常的生产秩序，甚至实现产业的升级。再次，政府及非政府组织应及时收集、传递对恢复生产有用的信息，派出专家提供技术支持和指导，推动灾区经济的快速恢复与发展。当然，灾区也应发挥自身的主观能动性，自力更生，积极探索生产自救的有效方式。

（三）灾害损失补偿

1. 政府补偿

政府是应急管理的重要行为主体。在恢复重建过程中，政府下拨救灾款项以帮助灾区恢复生产生活秩序，这是灾害损失补偿的主要手段。"9·11"事件发生后，美国联邦应急管理署、小企业局（SBA）和纽约州下拨了大笔的救灾款项。截止2001年12月，总拨款额度已经超过了7亿美元。其中，以公共援助基金的形式拨款3.44亿美元，帮助纽约市修复受损的基础设施，恢复关键性的服务，清理废墟。以赠款和贷款的形式，提供个人援助超过1.96亿美元，用于修建临时灾害住房等。

2. 灾害保险

灾害保险起源于1666年的伦敦大火。在那场大火中，伦敦城3/4的建筑被毁，其惨烈的教训促使人们建立火灾保险制度，提供灾后经济补偿。在18世纪早期的美国，费城很重视消防，它设有7家灭火公司，并为建筑物的性质及位置确立了明确的规章。在富兰克林·罗斯福的领导下，费城人建立了美国第一家火灾保险公司。我国灾害保险的作用目前没有完全发挥出来。政府应与保险企业合作，实行可选择的强制性责任保险，并通过财政、税收方面的优惠政策，扶植灾害保险企业。

3. 捐助

这主要包括国内社会捐助与国际社会捐助两种。灾害发生后，国内外社会各界出于人道主义的立场，自发地捐款、捐物，这是灾害损失补偿的另一种手段。2001年1月26日，巴基斯坦古杰拉特发生强烈地震，影响了7904座村庄，两万多人死亡，16万多人受伤，损失超过21亿美元。灾害发生后，联合国粮食计划署、联合国儿童基金会、国际劳工组织、世界卫生组织等国际组织以及世界上许多国家都对巴基斯坦伸出了援助之手，慷慨捐助，为巴基斯坦实现灾后的恢复重建发挥了巨大的作用。此外，一些非政府组织在灾害捐助中以其中立、人道主义色彩及草根性发挥着独特的作用，是恢复重建中不可忽视的重要力量。

（四）心理干预

心理干预与辅导是恢复重建阶段的重要工作之一。因为重大危机事件对受害者及其家属甚至是救援者的心理造成极大的影响，引起相关人员的焦虑、恐惧、抑郁、强迫反应、脾气暴躁、过度警觉等心理反应，有人还因此留下了终身都挥之不去的心理创伤。

为此，我们需要采取以下措施：

（1）将心理承受能力的培养作为公共安全教育的一项长期内容。通过公共安全教育，有效地增强社会公众的心理承受能力，减轻重大突发事件的冲击。

（2）鼓励社会公众灾时开展自救、互救活动。使人们之间相互激励，实现社会的集体理性，减轻重大突发事件对个体心理的震荡。

（3）对突发事件中心理脆弱的群体给予物质和精神上的特殊关爱。特别是，要利用学缘、事缘、血缘、业缘、地缘的关系，疏导、安慰这些人；减轻他们的精神压力，缓解突发事件给他们带来的心理伤害，帮助他们渡过难关。

（4）开展专业心理咨询和治疗。应急管理部门应建立心理救援队伍，设立心理医生档案库。在重大突发事件发生后，利用专业人士的科学知识和技能，排解心理脆弱者的精神压力，帮助他们客观、冷静地看待现实。

（5）做好长期心理恢复的准备。由于突发事件的心理问题可能会有很长的间歇期，因而对患者的干预必须持之以恒。

五、案例分析

（一）案例情景

汶川大地震后的恢复重建工作

2008年汶川大地震后一个月，抗震救灾工作从危机回应阶段逐步进入恢复重建阶段。纷繁复杂、任务艰巨的重建工作如何开展，成为摆在党和政府及整个社会面前的重大问题。

为了保障汶川大地震灾后恢复重建工作有力、有序、有效地开展，积极、稳妥恢复灾区群众正常的生活、生产、学习、工作条件，促进灾区经济社会的恢复和发展，国务院发布了《汶川地震灾后恢复重建条例》，将灾后恢复重建工作纳入法制化轨道。条例共 9 章 80 条，包括总则、过渡性安置、调查评估、恢复重建规划、恢复重建的实施、资金筹集与政策扶持、监督管理、法律责任、附则等。条例对恢复重建过程中的生产力布局、城乡建设、土地利用、建筑设计、公共卫生、防灾减灾、地震遗址纪念、生态环境资源保护、历史文化保护、弱势群体保护等予以了全面考量，是各地区各部门开展灾后恢复重建工作的行动指南和重要法律依据。

随后召开的国务院常务会议审议并通过了《汶川地震灾后恢复重建总体规划》。总体规划共 15 章 57 节，包括前言、重建基础、总体要求、空间布局、城乡住房、城镇建设、农村建设、公共服务、基础设施、产业重建、防灾减灾、生态环境、精神家园、政策措施、重建资金、规划实施等，是开展恢复重建工作的重要依据，对加快灾区经济社会发展、重建美好家园具有重要指导作用。总体规划围绕用三年左右的时间使灾区的基本生活条件和经济社会发展达到或超过灾前水平的重建目标，提出了灾后恢复重建的主要任务：

（1）根据资源环境承载能力，科学安排恢复重建的空间布置，将规划区的国土空间划分为适宜重建、适度重建、生态重建三类；并分别明确这三类重建区城乡、产业布局和人口安置的基本原则。

（2）根据城乡居民住房建设和消费的不同特点，明确居民住房恢复重建的要求和相关政策。

（3）按照恢复完善功能、统筹安排的要求，优化城镇布局，增强防灾能力，改善人居环境。

（4）与统筹城乡综合配套改革、新农村建设和扶贫开发相结合，恢复重建农村生产生活设施，建设一批优质粮油、特色经济等生产基地。

（5）根据城乡布局和人口规模，推进教育科研、医疗卫生、文化体育自然遗产、就业和社会保障等公共服务设施建设。

（6）根据地质地理条件和城乡经济社会发展需要，合理确定建设标准恢复交通、通信、能源、水利设施，增强安全保障能力。

（7）合理引导受灾企业原地重建、异地新建和关停并转，支持发展特色优势产业。

（8）加强防灾减灾体系和综合减灾能力建设，提高灾害预防和紧急救援能力。

（9）尊重自然、尊重规律、尊重科学，加强生态修复和环境治理，促进人口、资源、环境协调发展。

（10）弘扬抗震救灾精神和中华民族优秀传统文化，重塑灾区群众积极乐观向上的精神面貌，抢救和保护具有历史价值、民族特色的非物质文化遗产。

（二）问题讨论

（1）在上述汶川大地震后恢复重建工作的案例中，你认为哪些地方还需要进一步改进与加强？

（2）如果是你，你会怎么去设计这个灾后的恢复重建工作？

（3）运用公共危机管理的有关理论、技术与方法，对上述案例作出全面细致的分析，并撰写案例分析报告。

第五节　公共危机管理中沟通的模拟实习

沟通在管理的任何时候都十分重要。组织活动经常是通过人与人之间的合作来完成的，而人与人之间的合作需要沟通。尤其在危机状态下，由于危机的破坏性和时间的紧迫性，更需要人们之间的团结合作，快速而准确的沟通就显得更为重要。危机状态下的沟通既有沟通的一般性，又有其自身的特殊性。

一、危机沟通的定义和特点

危机沟通，是指个人、群体和组织之间就危机问题交换信息和观点的互动过程。沟通的内容包括危机的性质、对危机信息的反应、对危机观点的表达以及危机管理的法律制度安排等多重信息。按照沟通主体来看，危机管理过程中的沟通主要包括危机管理组织间的沟通、危机管理组织与公众的沟通、危机管理组织与媒体的沟通等类型。

所有危机都具有共同的特征。首先，危机相对来说是负面的事件，它们使组织在公众眼中的信誉降低。其次，危机中可能掺杂有待证明的信息，这些信息只包含部分事实，可能引起公众对组织产生不良印象，组织必须做好回应错误言论的准备。再次，危机对于组织而言通常是破坏性的，导致日常工作处于停滞或半停滞状态。最后，危机使得组织处在反应状态之中，需要对局势、谣言和不友好的评论做出回应。危机的这些特点，使得危机沟通与一般的沟通相比具有特殊性。

（一）不稳定的信息环境

危机、高涨的社会情绪、有限的获取信息途径、谣言和小道消息、揣测和假设等，构成了不稳定的信息环境。首先，消息不灵通。危机的突发性和信息不对称，形成了一种难以应付和不易进行沟通的局面。在危机出现的最初几小时或几天，可靠的消息往往不多，这段信息真空很快便会被谣言和猜测充斥，而这也正是最需要采取行动和沟通的时刻。在经媒体首次报道后的最初 12-24 小时内，组织的一举一动将是外界评判组织如何处理这次危机的主要根据。其次，受到密切关注。政府、媒体、公众及其他利害关系者都将密切注视组织发出的第一份声明。对于组织在处理危机方面的做法和立场，舆论赞成与否往往会立刻或在第二天见诸报端，组织必须作好迅速和全面回应的准备。最后，事态发展步伐加快。由于现代媒体的发达，尤其是消息与舆论意见可以通过互联网即时传播，组织的管理层往往无法在危机中制定时间表并主动控制事态发展，而是被迫做出回应。这些因素的综合，会使管理层有一种"失控"的感觉。[1]

（二）第一时间的反应至关重要

危机发生后，各方面的报道可能铺天盖地。人们迫切希望了解危机信息：到底发生了什么，为什么会发生。但即便是善意的人，也可能作出不准确的理解或者夸大事实。

---

[1] 张成福，唐钧，谢一帆：《公共危机管理理论与实务》，313页，北京，中国人民大学出版社，2009。

因此组织首先要反复检查基本事实的准确性，一旦得到新的信息和详细情况，还应及时修正信息。其次，建立"唯一的信息源"，保证所有信息都来自于这唯一的渠道，并规定谁来负责解答公开提问的信息。这有助于组织不断进行自我检查，区分事实与谣言、实际与猜测。许多组织在危机中习惯性地封锁消息，实际上迅速、公开地对话是极为重要的。

（三）必须首先建立信任关系

信任是成功的危机沟通的基础，任何危机沟通的成功都要高度依赖于与利害关系者之间的历史联系。如果过去有着信任和互动的经历，沟通就会有成功的基础；如果过去存在着不信任甚至敌意，沟通就可能非常困难。为有利于信息的相互交流，危机管理组织和人员必须首先获取公众的信任。

二、危机沟通的意义

在危机管理中，沟通是最重要的工具之一。危机管理依赖于信息交流能力和危机管理者依据信息制定有效行动方针的能力。危机管理还需要收集危机现场以外的数据，包括科学及专业知识、以前的经验和危机前的预防等，而这些都需要建立有效的沟通机制。

（一）良好的信息沟通，即使不能防止危机发生，也可以控制危机及其影响

组织内部沟通不良，管理者就难以及时了解新情况，下达的命令也难以得到及时执行。这样，哪怕危机的征兆已经非常明显，管理者也感觉不到危机的来临；即使感觉到了危机的来临，危机处理也会非常迟缓，因此组织会丧失处理危机的最佳时机。组织外部沟通不良，危机管理中迅速而准确的信息交流就难以实现。缺少有效信息支持的危机管理者就无法作出快速而准确的决策，危机响应和危机恢复就不能有效展开，危机持续时间会更长，造成的损失会更大。

（二）良好的信息沟通，可以加强反危机的协调工作

恰当的沟通程序培育了公众对政府的信任，而这种信任对于应对危机至关重要。组织要加强外部沟通，例如与利害关系者的沟通。利害关系者与组织存在利益关系，组织如果需要他们的支持与合作，就要通过沟通及时了解利害关系者的需求和意见。沟通不良不但使危机征兆难以察觉，而且会使危机扩大，并加大危机恢复工作的难度。

（三）良好的信息沟通，可以防止信息误传和谣言传播

沟通方式直接影响人们对危机处理状况的判断。及时与公众沟通，可以提高公众对潜在危险的察觉和了解。通过沟通解释强制性的规定，提高公众对危机准备行动的理解和支持，并劝阻那些在恐惧驱使下做出的具有潜在危险的反社会行为；从而起到稳定民心、警示、教育、监督等多重作用，并提高公众在危机中的自救互救能力。

（四）良好的信息沟通，还有助于提高危机管理水平

通过沟通，能够使个人的经验和看法在管理中发挥作用，也使一些有用的经验和看法得到概括和总结；同时，使不同的观点得到充分展示和讨论，并相互借鉴、相互碰撞产生创新。沟通使人们能够参与危机的处理，这也是执行危机决策的重要组成部分。

三、不同公共危机管理阶段的沟通方式和策略

（一）危机潜伏期的沟通方式与策略

在危机全面爆发之前的特定潜伏时期，一些引发公众不满、冲突和对抗的社会问题已在孕育和形成，具有某些外部表征；诸如大规模的群众上访、示威游行以及小规模的暴力行动等。这就需要危机管理体系中的预警和检测系统在收集相关的信息资源的基础上，多方面、多角度作出初步的反应。在这个过程中，媒体的反应和报道就是公众很重要的一个信息来源渠道。

同时，通过媒体在民众日常生活中对危机意识的宣传和非正式教育，在全社会确立一种信仰支持系统，形成一致的社会舆论和大众共有的危机共识，对于危机的避免和尽快解决都有着重要意义。通过强化全社会的危机意识，预防和监测危机的出现和发生，不仅有利于危机爆发后形成社会公众的支持倾向，还能强化政府的政策评估与预测系统，改善政府政策的回应手段及措施；进而统一社会价值观念，整合社会有序能力，提高社会抗逆水平。

1. **媒体能够发掘危机潜在的信息**

在危机潜伏期，如果媒体能够及时发现危机存在的前兆，向社会传递潜在危机的信息，引起有关部门的注意，把潜在危机扼杀在萌芽状态之中，就会防范危机的发生。

2. **媒体也可能成为危机发生的"助燃剂"**

在一定情况下，媒体还可能对危机的发生起到推波助澜的作用。美国"9·11"事件的发生，除了纷繁复杂的国际矛盾外，其实也是媒体长期"培养"的结果。据统计，1981－1986年间，美国三大电视台（ABC、NBC、CBS）报道的恐怖活动平均每月11起，远远超出对贫穷、失业、种族歧视报道的总和。媒体特别是电视画面，过于渲染恐怖活动的血腥暴力场面，忽视对恐怖分子所受惩罚的报道，在客观上起到了教唆犯罪的作用。而且，当代恐怖组织非常懂得利用媒体的报道，引起社会的注意，甚至还有专攻新闻传播学的大学生参与其中，帮助制定宣传与公关策略。恐怖分子明白，即使在城市的一栋楼房里放一颗很小的炸弹，也肯定成为西方报纸的头版或大字标题新闻。正是因为新闻媒体能使人一举成名，恐怖分子才乐于铤而走险，选择世贸中心大楼等标志性建筑进行袭击。

（二）危机爆发期的沟通方式与策略

危机的爆发，造成的人员伤亡、财产损失和对公众信心的破坏，严重影响了社会秩序，使社会变革目标和公共政策发生变异与蜕化。而且，由于危机的爆发和发展进程充

满突发性和震撼性的特征,因而成为媒体关注的焦点。但对危机事件不恰当的报道,往往带来强烈的社会负面影响。因此,要有针对性地通过和媒体对话、宣传、引导,大力发挥社会新闻媒体的传播、聚合功能,迅速通过多渠道获得信息并对其加以分析综合。向社会公众阐明政府危机管理行为的意义、指导思想和现实条件下所采取的各种措施的必要性,阐述政府的有关政策,获得社会大众对危机管理主体所作努力的支持。

1. 危机爆发期的沟通原则

(1) 激发公众情绪,统一舆论基调。危机因其具有高度破坏性,自然会成为公众关注的焦点,激起公众的兴奋情绪。在危机管理中,公众的兴奋情绪是一道不可逾越的波涛,引导得好,会向着危机管理的有利方向发展;引导得不好,则不利于危机事件的处理。媒体是公众情绪的"风向标",更是公众情绪的"催化剂"、"导航员"。

(2) 设置舆论焦点,塑造政府的良好形象。美国传播学家 M. E. 麦库姆斯和 D. L. 肖认为,大众传媒具有一种为公众设置"议事日程"的功能,大众传媒作为"大事"加以报道的问题,同样也作为"大事"反映在公众的意识当中。传媒的新闻报道以赋予各种"议题"不同程度的显著性的方式,影响着人们对周围世界"大事"及其重要性的判断。任何危机传播,都会形成一定的舆论焦点,影响人们的观察。

(3) 稳定民心帮助保持社会正常运转。稳定民心,保持社会秩序的良好运转,是危机管理所追求的最佳效果。在这方面,媒体所发挥的作用是显而易见的。媒体不仅可以向公众提供危机事件零散的信息,还会随着事态的进展,分析事件的来龙去脉、发展趋势,作出自己的评价。这种引导,除了渗透在对事实的报道中,更多地以采访专家、学者的形式,通过别人之口来传达媒体的态度。有时,则以社论等各种言论文章的形式,直接表明态度。有时,还会采取让公众参与讨论的方式,给公众提供一个政策参与视角,让公众感觉到自己是国家的主人。正是在满足不同公众对不同信息需求的基础上,媒体保持了社会秩序的正常运转。

2. 危机爆发期沟通的策略

(1) 时间第一,争取舆论主动权,争取最快、最新信息的发布。为控制危机事态、稳定社会秩序、避免社会恐慌,危机管理主体首先必须快速应急,对危机事件有目的地选择信息源和信息传播渠道,有效地控制新闻传播的导向性。防止媒体为抢独家头条新闻或提高刊物的知名度,发表刺激危机局势的新闻消息,激化危机事态。同时,还要防止媒体传导不正确、不全面的消息,误导社会民众,或加剧公众的社会恐惧心理,为危机的顺利解决设置障碍。

(2) 言行一致,确立信息沟通的可信度和权威性。对于危机信息的发布,危机管理者必须掌握指导性原则,发挥媒体的信息传输和舆论导向功能,稳定民众的心理,引导公众选择正确的行为,正确对待各种突发性危机事件。在疏通主渠道的同时,还要特别注意防止各类谣言和小道消息的蔓延,控制其传播的范围和渠道,消除其破坏性作用。

(3) 明确危机新闻发言人及规范的信息发表渠道。危机形势的发展进程是个动态的、变化的过程,管理主体不可能掌握和控制所有的事态发展信息。因而,首先要求管理者就危机事务设置新闻发言人,不断向社会公众和新闻媒体说明危机发展的状况,唤起社会对危机管理行为的支持。

（4）危机新闻发言人必须与最高决策层有直接沟通，本人有权参与决策。危机情况下，记者下意识地认为他们得到的信息是不准确的；因而，媒体会寻求来源较为权威的信息。在正常途径不能获取的情况下，他们就会竭尽所能地寻找甚至编造各种没有事实根据的消息。因此，危机事务发言人作为危机状态下组织对危机事态的观点、意见的代表者，在整个危机管理计划中担当重要的专业化功能，其言行必须具备很强的说服力和权威性。

（5）恰当处理和"敌对"媒体的关系。在很多危机事件中，危机管理主体往往把媒体当作敌人。在危机爆发后，个别地方政府、执法机关对危机事件遮遮掩掩，甚至滥用行政权力封杀媒体，不仅延误救援、无视民情，还造成社会上流言四起。在危机信息发布的时候也采取和媒体不合作的态度，或者经常使用"无可奉告"之类的外交辞令。实际上，无论危机管理者是否表态，媒体都会报道危机事件。而且，为了有机会参加记者招待会和发言提问，媒体记者往往要等很长时间。因此，危机管理者应采取积极的态度与媒体合作，尽快将事实真相和对事件的看法清楚地呈现给公众，这才有利于危机事件的解决。

（三）危机恢复重建期的沟通方式与策略

作为社会变革和政治发展的一部分，危机对于一个理性的、有活力的政府而言，能够成为公共政策改进和完善的外部动力，调整公共政策的导向与价值选择。尽管从绝对意义上来说，危机对社会的负面影响远远大于其特殊的正面社会功能，甚至导致社会结构的解体（如大规模的战争）。但恰当地应对危机事件和有效地宣传危机管理绩效，对社会结构的调整和校正都有着潜在的积极意义。正如 L. 科塞所阐释的那样：作为社会安全阀机制和调整规范适应新环境的激发器，[①] 危机事件激发了新的规范、规则和制度的建立，强化对社会生活的参与，使社会关系的调整成为可能。因此，危机事件解决后，危机管理主体在尽快恢复社会结构和功能，重建社会秩序的同时，要有效地利用媒体发动全社会对危机事件进行冷静的理性思考。作多侧面、多层次的分析，挖掘危机事件的原因，寻求今后避免此类危机事件的发生和改进社会政策的办法。

四、案例分析

（一）案例情景

安徽阜阳劣质奶粉危机事件

按照温家宝总理等国务院领导同志的指示精神，国务院调查组于 2004 年 4 月 22 日晚赶赴安徽，会同安徽省政府组成联合调查组，对安徽阜阳等地劣质婴儿奶粉事件展开调查。调查组根据工作需要，成立了市场调查组、劣质奶粉源头追踪组、受害婴儿情况调查组、专项整顿调研组、案件查处组和综合组等 6 个工作小组。通过市场清查、源头

[①] 肖鹏军：《公共危机管理导论》，223 页，北京，中国人民大学出版社，2006。

追踪、农村婴儿营养普查、医院病案核查、分析资料、产品检测、召开食品生产经营企业座谈会以及与相关人员谈话等形式，采取行政调查与专家鉴定相结合的方式，对阜阳劣质奶粉事件进行了深入调查、认真核实，在全国范围内，全面追查劣质奶粉案件线索。

1. **基本情况**

（1）营养不良的婴幼儿发病情况及原因调查。联合调查组对该市 2003 年 5 月 1 日以后出生、以奶粉喂养为主的婴儿进行了营养状况普查和免费体检，共有 1.6 万人就诊。对其中符合筛查条件的 1663 人进一步进行喂养史调查和体格检查，共查出轻、中度营养不良的婴儿 189 例，重度营养不良婴儿 28 例，死亡 12 例。

调查组对阜阳市奶粉制假窝点进行的卫生学调查显示，劣质婴儿奶粉是用淀粉、蔗糖等价格低廉的食品原料全部或部分替代了乳粉，再用奶香精等添加剂进行调香调味，根本不含国家相关标准规定的、婴儿生长发育所必需的蛋白质、脂肪以及维生素和矿物质等营养素。卫生部的进一步检验结果表明，劣质奶粉低蛋白质、低微量营养素等因素是造成婴幼儿营养不良的主要原因。结合阜阳市营养不良患儿均有食用奶粉的人工喂养史，可以认为在当地发生的婴儿营养不良事件与市场上普遍存在的劣质奶粉有关。

（2）对 45 家不合格奶粉生产企业的源头实行查处。根据阜阳市政府提供的不合格奶粉名单，质检部门对所标识的 45 家奶粉生产企业的调查显示，45 家企业中有 2 家无厂名厂址，43 家有标称生产单位。

质检部门进一步调查发现，在被冒用厂名厂址或品牌的 3 家企业、没注销仍生产的 13 家企业和注册名称相近的 14 家企业，共计 30 家企业中，有 22 家生产婴幼儿配方奶粉。其中 2 家属上述被冒用厂名厂址企业，其余 20 家均属无生产许可证生产婴幼儿配方奶粉。

对上述查处的违法行为，各地视不同情况依法进行了处理。一是对检验为劣质产品的，予以没收、销毁，责令企业停产、整改并及时通报、追缴劣质产品。二是对无生产许可证生产婴幼儿配方奶粉的企业责令停产，要求依法申领生产许可证后方可恢复生产。三是对产品经检验合格的，解除对企业产品的暂控，企业可以恢复正常生产经营活动。四是对涉嫌犯罪的 7 起案件已移送公安部门处理。五是打击假冒产品、保护名优产品。如各地质检部门获悉"三鹿"牌奶粉系被假冒后，立即对封存产品进行检验，合格的予以解封。

（3）劣质奶粉销售渠道情况及特点。调查显示，在阜阳市场上查获的各种劣质奶粉多数来自外省，销售渠道主要是在郑州万客来市场、合肥长江批发市场、蚌埠市太平街新市场、阜阳元丰市场等批发市场和生产厂家批量购进并批发到各县（市）、区的奶粉经销商、超市、百货商店、日杂店和行政村的小卖部，销售范围主要是阜阳市各区县的乡镇和农村市场。

一般来说，劣质奶粉大多是经过一级或两级批发到零售商手中，再由零售商销售到消费者手中。从全国情况看，劣质奶粉销售范围覆盖全国城乡，主要面向农村市场。

2. **主要工作措施**

调查组在安徽省政府、阜阳市政府的密切配合下，紧紧围绕四个"结合"开展了以下工作：

（1）彻底查清劣质奶粉来龙去脉与妥善医治受害儿童相结合。调查组详细查阅了阜阳市政府提供的"劣质奶粉"有关资料，对提供的32份案卷、42份检验报告逐一认真查看，基本查清了55个品种劣质奶粉的来源。同时通过看资料、调案卷、查现场以及与相关人员谈话、犯罪嫌疑人提审等途径，初步掌握了全国、安徽省、阜阳市奶粉市场的基本情况、经营主体情况、扣留封存涉嫌劣质奶粉情况等。

在追查劣质奶粉的同时，调查组积极组织了对受害儿童情况的调查工作和医疗救助工作。初步查清了劣质奶粉在阜阳市的危害范围和致病原因，并提出了预防和治疗婴儿营养不良的措施和指导意见。卫生部专家组及时制定了《关于安徽省阜阳市189例营养不良婴幼儿干预措施的几点建议》，建议阜阳市人民政府采取必要的干预治疗措施，以全面改善轻、中度营养不良婴幼儿的健康状况。

（2）严厉打击制售劣质奶粉违法犯罪行为与依法保护合法企业正当权益相结合。阜阳市共抽检各类奶粉586组，对49459袋涉嫌不合格的奶粉进行了扣留，就地封存了进货渠道不明、质量证明不全的奶粉61237袋，责令暂停销售91686袋。在调查组和安徽省阜阳市公安机关的指挥、协调下，阜阳全市共出动警力2148人次，车辆631台次，立案查处涉嫌销售劣质奶粉案件36起，捣毁劣质奶粉制造及分装窝点4个，刑事拘留42人，留置审查59人，依法传讯87人，派出了19个追捕调查组76名民警分赴浙江、福建、河南、山东、内蒙古、黑龙江、江西、北京、河北等9个省（区、市）开展劣质奶粉源头追查工作。

调查组到达阜阳后发现，阜阳市查获的劣质"三鹿"牌婴儿奶粉系假冒产品，真正的"三鹿"牌奶粉经抽查全部合格。鉴于此，调查组要求阜阳市政府立即采取措施妥善处理，并由国家食品药品监督管理局、卫生部、国家工商总局、国家质检总局四部门联合发文，要求在查处涉及"三鹿"牌奶粉的过程中，注意鉴别真伪，防止因清查劣质奶粉而对合格产品造成误伤。

（3）对阜阳"劣质奶粉事件"全面调查与全国奶粉市场清理、整顿工作相结合。调查组以全面、深入调查阜阳"劣质奶粉事件"为立足点，带动全国奶粉尤其是婴幼儿奶粉市场的全面清理、整顿工作。卫生部两次发出密电，要求各地卫生行政部门加大抽验力度，清剿劣质奶粉。质检总局部署了在全国范围内对奶粉生产专项检查的行动。食品药品监管局向涉及劣质奶粉事件的9个省（区、市）食品药品监督管理部门发出核查督办函。工商总局通知要求各级工商部门立即开展对奶粉市场的专项检查。公安部及时协调四川、浙江、河北等地公安机关积极配合当地工商、卫生、质检等部门开展劣质奶粉的专项打假工作，有力地推动全国奶粉市场的清理、整顿工作。

（4）对制售劣质奶粉违法犯罪行为予以曝光与适度控制宣传报道相结合。为避免媒体对此事件的过于炒作而诱发社会不安定因素，根据中宣部新闻局、国务院办公厅对此次事件调查新闻报道工作的要求，随同调查的新华社、人民日报、中央电视台记者与调查组密切配合，严格把握对外宣传口径，所有新闻稿以新华社通稿为准。通过正确的舆论导向，不仅对制售劣质婴儿奶粉的典型案例进行曝光，而且有力地宣传了党中央、国务院对阜阳劣质奶粉事件的关心，宣传了职能部门对案件的查处力度，起到了动员全国范围的清理整顿、普及婴儿喂养常识、稳定人心、震慑违法犯罪分子的作用。

（二）问题讨论

（1）在上述安徽阜阳劣质奶粉危机事件案例中，你认为存在哪些危机沟通问题？

（2）对于案例中的"严格把握对外宣传口径，所有新闻稿以新华社通稿为准"的危机沟通模式，你认为符合"雄鹰"式危机沟通策略吗？

（3）运用公共部门危机沟通管理的有关理论、技术与方法，对上述案例作出全面细致的分析，并撰写案例分析报告。

第七章 公共管理研究模拟实习

第一节 选题与文献回顾模拟实习

社会科学在其几千年的历史长河中，以研究人类自身及所构建的社会为主要对象及较强的综合性学科特征决定了对研究问题的把握和选择关键。爱因斯坦说过："提出一个问题往往比解决一个问题更为重要，因为解决一个问题也许仅是一个数学上或实验上的技能而已。而提出新的问题、新的可能性，从新的角度去看旧的问题，都需要有创造性的想象力，而且标志着科学的真正进步。"德鲁克说过："管理学研究者的任务不是解答问题，而是提出问题。"弗朗西斯·培根说过："如果你从肯定开始，必将以问题告终；如果你从问题开始，则将以肯定结束。"可见，认识问题、提出问题、解决问题既是辩证统一的相互关系，也是科学研究的生命源泉。

一、研究问题的概念

在一定程度上，研究问题（research problem or research question）是所有科学研究（包括自然科学、社会科学、人文科学等）的核心。它源自现实世界和人类生活等客观存在，却又必须依据科学的方法寻求解决，探索事物的本质特征。

通俗的说，研究问题指的是有争议或者大家缺乏了解的领域或知识，通过研究过程将这些问题弄清楚，或者为未来的研究打下一定的基础。研究问题通常都可以用一个或者一系列问题的表述（statement）或论断来表达。研究问题要明确具体，不要宽泛；既要重点突出，又要有一定的灵活性，包容相关的问题。研究问题不能是一个概念本身，而是一个有关这个概念的问题；也就是要对这个问题寻求具体的答案，而不是笼统地讲一个概念。在一般逻辑上，有三个层次的问题，即 what（是什么）、why（为什么）、how（如何做）。

提出一个好的研究问题是进行科学研究的出发点。对所研究的问题可视研究的目的或作侧重于专业基础的研究，或作侧重于专题的研究，或作侧重于对策的研究，或三者兼而有之，进行某种组合。准确地表述研究的问题意味着研究工作有了一个好的开端，或者说问题已经解决了一半。研究问题的表述要遵循以下原则：第一，问题的陈述要尽可能的简单、清楚、客观，不带有价值判断或主观性，避免用价值判断性的语言。第二，问题表述中所用的词语之间的逻辑关系要清晰，让读者一目了然哪些是自变量、哪些是因变量。第三，问题的陈述中最好能让读者明白了解是实证研究还是理论研究，如果是实证研究，陈述中指出实证检验的案例或样本会大有益处。

二、公共管理研究的问题

作为一个既古老又年轻的学科，公共管理是一个大规模协调人类共存与合作，具有社会管理工程特性的学问。作为不以营利为目的，旨在追求有效增进和公平分配社会公共利益的调控活动，公共利益是公共管理研究的逻辑起点。它追求用公共政策和公共管理的方法解决人与人、人与社会、社会与社会甚至社会与环境之间的问题，是一个博大的领域，需要对特定的问题开发出自己独有的方法。它注重人与人、人与物、人与环境之间互动效益的协调，大到国家组织的运行，小到小组、社团或基层组织的运作，在追求高效率的同时，注重目标、文化环境、经济能力、人力资源和自然资源、历史传承、行文习惯等。因此，公共管理的具体研究问题往往依托于其交叉性、独立性兼具的学科特征，与政府、非政府组织的公共机构（非营利部门、第三部门）、私人部门等主题对象相互对应，或研究政协民主监督、村民自治，或研究社区治理、基金会运作，或研究妇女参政、行业协会运作等。

三、选题的具体标准

和其他人文社会科学的研究选题类似，公共管理研究的选题在具有价值性的基础上，具体还应具备创新性、可行性、合适性等重要标准。

（一）创新性

创新性又可理解为创造性、独立独特性（creativity of innovation），是指研究问题应该具有新的内涵，具有新颖性和先进性，要有一定的提高，并能推动学科的前进和发展，这一点与价值性密切相关。作为一种科学的认识活动，每一项具体的研究必须能够在某些方面增加人们对现实世界的认知，能够为人们了解、理解、熟悉和掌握现实社会生活中的各种现象、问题、规律提供新的东西，而不能总是在同一领域、同一范围、同一层次上重复别人的研究，重提已有的结论。[①]

创新是人类特有的认识能力和实践能力，是人类主观能动性的高级表现形式，人类社会发展的历史就是一部充满生机与活力的创造历史。以开放的态度勇于探索未知领域，在人类文明成果积累的基础上不断地创新，是人类文明的根本法则。科学研究的根本特点就在于创新性，创新性是科学研究的灵魂。

对于公共管理等社会科学研究领域而言，最具创造性、创新性的研究自然是全新的、前人尚未问津、无人做过的问题，即"填补空白"型的问题。但是这类研究问题的发掘并非易事，当前社会科学的发展和发达决定了完全新颖的课题是很少存在的。对于大多数的研究者而言，一项问题具有创造性往往是指这一问题在研究的思路、角度、理论、对象、具体方法、研究内容的某一方面或某些方面与前人的研究有所不同，有独特、新颖的地方。

（二）可行性

选题的可行性（feasibility）是指研究者需要具备完成一项研究课题的主客观条件，以充分保证研究的顺利进行和取得预期成果。通常，研究问题的价值性、创新性与其可

[①] 风笑天：《社会学研究方法》，第三版，53页，北京，中国人民大学出版社，2009。

行性并不吻合。相反，越是具有高度研究价值和独立创新特点的主题可能执行的难度越大，甚至不可能顺利开展，即可行性较差。那么这时，研究主题及其预期都只能是一种空想，只能暂时放弃。因此，选题的可行性及主客观条件的充分具备是一项研究的重要原则。

实际研究工作中，选题可行性较差的原因可能是研究者自身存在的主观方面的限制，包括研究者的生活阅历、知识结构和组织能力等；也可能是因为研究课题所要接触的客观条件有所限制，比如研究经费支持不足、相关部门不予配合、研究问题涉及隐私、文献资料涉及保密等；也可能是因为主观、客观条件都不支持。因此，研究选题的可行性是必须重视和提前考虑的。一项不具备可行性的研究课题，无论其多么有价值、多么有新意，最多也只是一项"伟大的空想"。可行性原则体现了科学研究的"实践原则"。研究者必须量力而行，既要从客观条件出发，也要从个人知识结构与研究能力出发，切忌草率行事。

（三）合适性

合适性是指选择研究的问题既最适合研究者的个人特点，包括研究者对研究问题的兴趣、对研究问题相关的社会生活领域的熟悉程度、研究者与所研究对象之间的相似性程度以及研究者所具有的各种资源、条件与该问题的要求相符合的程度等，又最适合社会现实发展的需要和趋势。

研究问题的合适性首先要与研究者个人相匹配。尽管个人的兴趣爱好或好奇并不能完全决定一个选题，但是它们却非常有助于研究者选择一个较为合适的主题。在其他条件相类似的情况下，研究者应该首选自己熟悉和有兴趣的研究主题。比如大学生研究者有过政府机关单位的实习经历或者多次参与 NGO 的志愿者活动，那么以政府效率提高或非政府组织发展为主题的研究项目往往是其研究首选。这往往既能与其兴趣相结合，又可充分发挥其有过这些组织单位丰富实际经历的优势，能够较好地保证研究的顺利、高效开展。

研究问题其次要与现实社会的发展相一致。尽管不能否定传统公共管理研究主题的重要性，但是伴随着社会的变迁与转型，新的社会现象乃至问题层出不穷，研究者必须对社会变迁保持敏感，以保证选题的合适性。比如同样是研究政府管理，传统的科层制选题往往不如政府公共服务电子化更为贴切。而对于非政府组织的类型研究则不如把非政府组织的作用和现代社区治理模式相结合进行研究。

总之，选题的合适性绝不仅限于上述的可行性与可能性，而是为了保证研究的最优方式和最佳结果。这种最佳和最优通常也是研究者长期摸索、探求的结果，是社会科学和公共管理研究中较为宝贵的内涵。

由此也可以看出，对于公共管理的研究选题而言，我们往往会首选那些在社会发展中较为重要的有价值的议题，在此基础上会考虑这类选题是否可行、能否操作、能否顺利开展、能否取得成果等。如果可以，那么我们往往从这类议题中选择一定时间内、一定程度上最适合自己情况，并且最能为社会发展做出贡献的选题。那么，公共管理研究的选题不同的标准和原则，实则是一个相互关联，紧密相扣的统一体。

四、文献回顾

(一) 文献回顾的概念和方法

文献综述得以形成的过程就是运用一定的方法对相关领域大量研究文献进行回顾和梳理,这种文献回顾也泛称文献考察或文献评论。它的主要工作就是系统地识别、寻找、考察和总结与研究相关的工作。文献回顾过程的结果呈现为研究综述。进行文献回顾和研究综述可以帮助研究者熟悉和了解本领域的研究状况,尤其是已经取得的研究成果,可以为研究者提供一些可供参考的研究思路和研究方法并为解释研究成果提供一定的背景资料。因此,以文献回顾为线索的研究综述的过程是非常必要的。

针对目前社会科学领域研究论文数量较为庞杂的现状,如何对上千乃至上万的学术价值不等的研究论文进行筛选、阅读、概括、归纳、使其最为有利于研究自身,需要明确的思路和研究计划。因此,以阅读、掌握文献为线索的研究综述过程一般需要遵循以下方法:

首先,明确文献来源,归类查找文献。公共管理学科的文献来源主要包括三个方面:一是学术类或应用类的著作。二是学术论文。三是相关部门的统计资料和档案资料。

与研究相关的著作有些是偏向案例和应用的,有些则是偏向学术、科研的,通常能给研究工作提供相对全面的研究背景和理论知识。一般而言,国内外各类出版社每年都会出版发行一定的公共管理学科领域的教材、案例典型研究著作及其他学术著作。研究者在各种书店或各地图书馆和高校图书馆都可按照图书分类获得相应的书籍与著作。除了手工查询获得书籍之外,各大高校数字图书馆均可提供校园网络书籍查询,研究者可以通过书籍的名称、作者、索引号、出版社乃至出版年月等重要信息在校园图书馆网络查询并获得相关书籍与著作。

科研学术论文在研究工作中的参考和指导价值最为重要。目前,国内外的社会科学界学术论文的来源首先就是各类定期的权威期刊,其次是各类学术会议论文集,再次则是特别的优秀论文集与专著,还有专门刊登各类学术论文的学术期刊。各地相关部门的统计资料和档案资料也是研究者探索研究问题的重要背景资料和宏观依据,可以保证研究更科学、更有说服力,也是文献回顾过程和研究综述中重要的一部分。除了到相关政府部门专门寻求相关的统计数据和文献档案等,研究者还可以通过各部门的网站查询相关资料,同时也可参阅相关权威部门负责出版发行的统计年鉴、资料手册等。

其次,选择确定需要和必要的文献资料。通过上述的书籍著作、期刊论文、统计数据获得全面的文献资料后,就要对文献资料进行选择,提取对研究最为需要和必要的部分,其余部分可以保留,作为参考备用。因为任何一个研究领域和一项研究问题的文献都可能是非常庞杂的。无论书籍还是论文,都可能有上百、上千乃至上万的相关论文,有些是具有重要参考价值的,有些则是浏览即可,研究者不可能也不需要逐一阅读。因此,选择和确定必要的参考文献也显得非常重要。

在选择文献过程中,研究者可以依据文献的相似性作出选择。即文献中的研究主题、方法、内容与自身研究的相似程度越高越具有选择阅读价值，对自己研究的启发和参考也就更大。研究者也可在相似性基础上根据文献的出处进行选择。一般而言，刊物越是权威，文章在同一研究领域影响越大，研究者越是资深学者，相关研究质量就会越高，这些文献对于后人的研究越具有参考指导价值。研究者也可根据时间选择文献，大多数文献尤其是学术论文往往时间越近越有效，和社会发展的步伐一致，对于研究参考价值就更大。不过有时同类主题的研究也可根据实际情况选择每十年、每五年或每一年的文献中较为权威的文献作为历史时代比较研究，剖析历史变迁的影响等。这种方法虽然辛苦，但是对研究者往往是很好的开端。

最后，阅读文献并做综述。在依据权威、质量、时间和重要性的原则基础上确定阅读文献后，研究者就要开始认真阅读相关文献。如何阅读文献，以便对研究发挥最大作用，这也是学术研究工作的一个难点。有时，文献并非读得越多越好，越快越好；而是越深越好，越精越好，要做到精深阅读文献并非易事。研究者需要耐心、细心、专业敏感和学术灵感；当然，这些都不是天生的，而是后天培养的。所以任何研究者的研究工作都将是积累的过程而非一蹴而就的。在阅读文献和写作综述时，研究者对文献要重点分析其研究背景、理论框架、研究方法的选择和应用、操作化的思路和过程、实证资料的分析和运用乃至最后的理论归属、观点提炼等，并从中思考自身研究的发展规划。这样，往往可以做出一项较好的文献综述。

（二）文献综述的基本结构

文献综述的内容决定文献的形式和结构。由于课题、材料的占有和资料结构等方面的情况多种多样，很难完全统一或限定各类文献综述的形式和结构，但一般都包含以下几个部分：①综述题目；②作者单位；③摘要；④关键词；⑤前言；⑥主体部分；⑦总结；⑧参考文献。下面着重介绍前言部分、主体部分、总结部分及参考文献。撰写文献综述时可按这四部分拟写提纲，再根据提纲进行撰写。

1. 前言部分

前言部分主要是说明写作的目的，介绍有关的概念与定义以及综述的范围，扼要说明有关主题的现状或争论的焦点，使读者对全文要叙述的问题有一个初步的轮廓。这部分主要包括以下四个方面的内容：①说明写作的目的。②有关概念的定义。③规定综述的范围。其包括："专题涉及的学科范围"，综述范围切忌过宽、过杂。"时间范围"必须声明引用文献起止的年份。④扼要说明有关问题的现况或争论焦点，引出所写综述的核心主题。这是广大读者最关心而又感兴趣的，也是写作综述的主线。

2. 主体部分

主体部分主要包括论据和论证。通过提出问题、分析问题和解决问题，比较各种观点的异同点及其理论根据，从而反映作者的见解。为把问题说得明白透彻，可分为若干个小标题分述。这部分应包括历史发展、现状分析和趋向预测几个方面的内容。

（1）历史发展。要按时间顺序，简要说明这一课题的提出及各历史阶段的发展状况，体现各阶段的研究水平。

（2）现状分析。介绍国内外对本课题的研究现状及各派观点，包括作者本人的观点。将归纳、整理的科学事实和资料进行排列和必要的分析。对有创造性和发展前途的理论或假说要详细介绍，并引出论据。对有争论的问题要介绍各家观点或学说，进行比较，指出问题的焦点和可能的发展趋势，并提出自己的看法。对陈旧的、过时的或已被否定的观点可从简。对一般读者熟知的问题只要提及即可。

（3）趋向预测。在纵横对比中肯定所综述课题的研究水平、存在问题和不同观点，提出展望性意见。这部分内容要写得客观、准确；不但要指明方向，而且要提示捷径；为有志于攀登新高峰者指明方向，搭梯铺路。主体部分没有固定的格式，有按问题发展历史依年代顺序介绍的，也有按问题的现状加以阐述的。不论采用哪种方式，都应比较各家学说及论据，阐明问题的历史背景、现状和发展方向。

3. 总结部分

总结部分与研究性论文的小结有些类似，将全文主题进行扼要总结。对所综述的主题，有研究的作者，最好能提出自己的见解。

4. 参考文献

由于参考文献不仅表示对引用文献作者的尊重及引用文献的依据，而且也为评审者审查提供查找线索。参考文献的编排应条目清楚，查找方便，内容准确无误。参考文献著录格式如下：

（1）期刊作者．题名［J］．刊名，出版年，卷（期）：起止页码．
（2）专著作者．书名［M］．版本（第一版不著录）．出版地：出版者，出版年：起止页码．
（3）论文集作者．题名［C］．编者．论文集名，出版地：出版者，出版年：起止页码．
（4）学位论文作者．题名［D］．保存地点：保存单位，年份．
（5）专利所有者．专利文献题名：国别，专利号［P］．出版日期．
（6）标准代号，标准名称［S］．出版地：出版者，出版年．
（7）报纸作者．题名［N］．报纸名．出版日期（版次）．
（8）报告作者．题名［R］．报告地：报告会主办单位，年份．
（9）电子文献作者．题名［电子文献及载体类型标识］．文献出处，日期．访问路径．

五、课程模拟练习

根据自己所学的专业，收集某一专题的大量文献资料，经过阅读、分析、综合而撰写一篇文献综述。

1. 文献查阅的基本要求

（1）查阅与课题有关的近3-6年的文献。
（2）应尽量选用有质量、有代表性的文献，认真阅读指导教师指定的参考文献，同时也要阅读自选资料。

2. 文献综述正文格式和要求可参考文种的相关内容

3. 要求字数在 3000 字以上，内容要切题

前言的基本内容包括课题研究的主要方向，历史渊源，目前状况，存在问题及展望等。

正文是综述主要内容的叙述部分。一般要叙述所选研究题目的国内外研究状况；本研究至目前的主要他人研究成果；比较各种学术观点，阐明本研究的发展趋势；目前存在的问题。对当前工作的现状，今后的发展趋势应作重点、详尽而具体的叙述。

结论部分一般除研究所得的结论外，还应概括指出研究意见，存在的不同意见和待解决的问题等。

撰写文献综述，应注意公允综述，但应有本人观点、意见和想法。综述要以科学事实为依据，它的原材料不能挂一漏万，尤其各种具有代表性观点的文献不能遗漏。要用简洁的文字高度浓缩式叙述。

第二节　研究设计模拟实习

对于任何一项科学研究，人们总是想使有关的资源得到合理的分配和有效利用，并追求最大效益。公共管理研究设计如同一份工作蓝图，能够提供给研究者符合逻辑的推理流程，突出研究工作的重点，指引研究者明确、顺利、经济地完成研究任务。公共研究设计本身是否科学、合理和完善，直接关系到研究的进程和代价、研究结论的可靠性和科学性等。所以，在进行公共管理研究之前，严密、审慎地做好研究设计工作是十分必要的。一个好的公共管理研究设计，对研究工作具有一定的保证作用，能够收到事半功倍的效果。

一、研究设计的内涵

美国社会学家艾尔·巴比（Earl Babbie）在《社会研究方法》中将研究设计界定为：研究设计适于最初的兴趣、想法和理论期待，接下来的是一系列相互关联的步骤，以逐渐集中研究的焦点，概念、方法和程序也随之界定清楚。一个好的研究设计必须事先考虑这些步骤。他认为，必须尽量明确要发现的东西，必须采用最好的研究方法进行研究是研究设计的两个主要方面。

风笑天在《社会学研究方法》一书中认为，研究设计是指对整个研究工作进行规划，制定出探索特定社会现象或事物的具体策略，确定研究的最佳途径，选择恰当的研究方法。同时，它还包含制定研究方案及详细的操作步骤等方面的内容。

吴建南在《公共管理研究方法导论》一书中将研究设计概括为：研究设计就是研究者为了探究研究问题的解答或解释，而对未来研究工作的具体步骤和进程所作的筹划或设想。它包括明确研究目的、设定取样方式、确定分析单元和研究干预方式、选取研究方法和手段以及选定时间框架等一系列内容。同时，它还需要为以上内容制定详细而具体的操作步骤。

由此可见，研究设计在以实证性为特征的社会科学研究领域的重要地位早已达成共识，只是不同学者的表述因学科特色而略显差异。由此我们可以看出公共管理研究设计的基本任务包括两个方面：一是选择、确定收集和分析研究数据的方式方法，保证研究所采用的方式方法是合理的、可靠的和经济的。二是构思、制定实现研究目的的操作程序和控制方案，保证研究是有效的、客观的和明确的。研究设计的核心内容是保证回答研究的问题和达到研究的目的。

二、研究设计的基本要素

作为对整个研究工作的方案、策略、途径、步骤、过程进行规划和操作的过程，研究设计工作建立在明确研究性质和研究目的的基础之上，是具体包含研究目的、研究问题、研究变量、研究假设、分析单元、时间维度和分析方法七个基本要素在内的完整体系（如图7-1所示）。

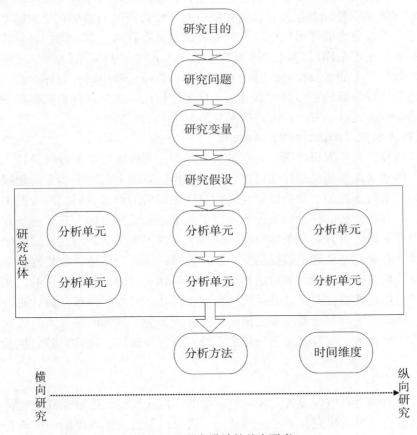

图7-1 研究设计的基本要素

（一）研究目的

按照研究目的分类，可以将科学研究分为探索性研究、描述性研究、解释性研究三大类型。

1. 探索性研究（exploration research）

探索性研究是以对现象或问题进行初步了解，获得基本印象和感性认识，进而为深入研究提供基础和方向为目的的研究。探索性研究以小样本为对象，具有主观定性研究、设计简单、形式自由的特征，其基本目的在于提供一些资料帮助研究者认识和理解所面对的问题。所以通常适用于一种更正式的调研之前，帮助调研者将问题定义得更为准确，帮助确定相关的行动路线或获取更多的资料。一般而言，探索性研究的方式可以区分为次级资料研究、专家访问、相似案例分析、深度访谈等四种。

2. 描述性研究（descriptive research）

描述性研究，又称叙述性研究，是指为研究结果为正确描述某些总体（population）或某种现象的特征或全貌的研究。任务是收集资料、发现情况、提供信息和从杂乱的现象中描述出主要的规律和特征。重点不在为什么会存在这样的分布状况，而是描述（叙述）分布情况的准确性和概括性。描述性研究与探索性研究的差别在于它的系统性、结构性和全面性以及研究的样本规模。一般是有计划、有目的、有方向、有较详细提纲的研究。收集资料主要采用以封闭式问题为主的问卷调查，并采用统计方法处理资料数据，得出以数字为主的各种结果，并把它们推论到总体，即用研究的样本资料说明总体的情况。公共管理领域的很多研究都适用于描述性研究。属于这种研究类型的方式有多种，如问卷调查、比较研究、相关研究和发展研究。

3. 解释性研究（explanatory research）

解释性研究，也称因果性研究。这种研究类型主要探索某种假设与条件因素之间的因果关系，即在认识到现象是什么以及其状况怎样的基础上，进一步弄清楚或弄明白事物和现象为什么是这样的。解释性研究是探寻现象背后的原因，揭示现象发生或变化的内在规律，回答为什么的科学研究类型。因果关系是比较复杂的，有某一条件与某一现象之间的因果关系，也有多种条件与某一现象之间的因果关系。教育方面的因果关系大都属于后者。它通常是从理论假设出发，涉及实验或深入到实地，收集资料，并通过对资料的统计分析来检验假设，最后达到对事物或问题进行理论解释的目的。在实验的设计上，除了与描述性研究一样具有系统性和周密性外，更为严谨和具有针对性。在分析方法上，往往要求进行双变量或多变量的统计分析。对于这种因果关系的研究有实验研究和非实验研究两种。实验研究还可分为实验室研究与现场（或称自然）实验研究。

（二）研究问题

研究问题指的是有争议或者大家缺乏了解的领域或知识，通过研究过程将这些问题弄清楚，或者为未来的研究打下一定的基础。研究问题通常都可以用一个或者一系列问题的表述（statement）或论断来表达。研究问题要明确具体，不要宽泛；既要重点突出，又要有一定的灵活性，包容相关的问题。研究问题不能是一个概念本身，而是一个有关这个概念的问题，也就是要对这个问题寻求具体的答案，而不是笼统地讲一个概念。在一般逻辑上，有三个层次的问题，即 what（是什么）、why（为什么）、how（如何做）。

(三) 研究变量

研究变量设计是指研究问题的概念化、具体化和可操作化,使所研究的问题在研究中可以测量,并制订可操作的研究方案的过程。研究变量是指研究者所要研究与测量的,随条件和情境变化而变化的因素。通俗地说,变量就是会变化的、有差异的因素。变量是相对于常量而言的。常量是指在一个研究中所有个体都具有相同的特征或条件,而变量则是指在一个研究中不同的个体具有不同的特征或条件。在公共管理研究中,常量不是要研究的内容,研究要探讨的是变量之间的相互关系。一项研究往往会涉及多个变量及其相互关系。因此,研究者必须事先决定研究的主要变量,并理清变量之间的关系。

(四) 研究假设

公共管理研究必须有理论构思,理论构思的主要任务之一就是建立明确的研究假设。能否提出一个好的研究假设,不仅关系到研究过程的科学化水平,而且关系到能否取得好的研究成果。研究假设是研究者根据现有的科学理论和经验事实对所研究问题的规律或原因作出的一种推测性论断和假定性解释,是在进行研究之前预先设想的、暂定的理论。它是对问题的尝试性解答。由于这种设想目前还未获得充分的证据,故研究假设需要在调查研究中加以证明。

研究假设的功能主要在于它是理论的先导,起着纲领性作用。恩格斯曾高度评价研究假设在科学研究中的作用,他指出:只要自然科学在思维着,它的发展形式就是假设。一个新的事实被观察到了,它使得过去用来说明和它同类的事实的方式不中用了。从这一瞬间起,就需要新的说明方式了——它最初仅仅以有限数量的事实和观察为基础。进一步的观察材料会使这些假设纯化,取消一些,直到最后纯粹地构成定律。

(五) 分析单元

分析单元是公共管理研究者试图观察、描述和解释的对象,即在公共管理研究中被分析、描述和解释的人或事物。任何研究首先必须有明确的研究分析单元,然后才能根据研究的分析单元收集资料。选择研究的分析单元是公共管理研究设计的主要内容之一,它不仅与研究目的、内容密切相关,而且还直接关系到资料的收集、整理、分析,同时它还涉及整个研究的费用以及应用范围。公共管理研究的分析单元是多种多样的,它包括个体、群体、组织、公共产品。

(六) 时间维度

时间维度是指公共管理研究者在确定选题的基础上,明确研究目的、性质、分析单位等基本要素,并进一步确定研究的时间跨度,包括横向研究和纵向研究等。由于事物和现象都会跟随时间不断演化,不同时间阶段的事物特征不尽相同。因此,研究中的时间维度也必须在研究设计过程中加以明确。

1. 横向研究

横向研究（cross-sectional studies）又称横剖研究，是指在一个时间点上收集研究资料，并用以描述研究对象在这一时间点上的发展和状况，或者用以探讨这一时间上不同变量之间的关系。各种类型的民意测验和全国人口普查都是横向研究的典型代表。

在公共管理研究中，横向研究应用较广，它有助于分析和比较属于不同群体、不同阶层或具有不同性别、不同年龄、不同职业和不同文化程度等特征的研究对象在一定时间和空间分布范围内的分布状况及特征。横向研究可以迅速、全面地了解事物和社会现象各部分之间的真实情况，了解所研究事物或社会现象的要素、成分、结构特征和各种比例的关系。但其缺点在于时间较短，通常只能搜集和分析被调查对象在某一特定时间的资料，不易看到发展的连续过程和关键的转变点，难以研究事物发展变化的原因和趋势。

2. 纵向研究

纵向研究（longitudinal studies）是指在较长时间内或在若干不同的时间点上收集资料，用以描述事物现象的发展变化，解释不同现象前后之间的联系；对同一个体或群体、组织的行为发展进行系统的定期研究，也称追踪研究。纵向研究具体可以分为：①趋势研究（trend studies），是对一般总体随时间推移而发生变化的研究；以通过对一般总体在不同时期的态度、行为或状况进行比较，以揭示和发现社会现象的变化趋势和规律。②同期群研究（cohort studies），又称人口特征组研究，是指对某一特殊人群随时间推移而发生变化的研究。③同组研究（panel studies），又称定组研究或追踪研究，是指对同一组人随时间推移而发生变化的研究。用以探讨人们的行为、态度或意向的改变模式和变化过程，分析影响这种改变的各种因素。

纵向研究的范围可以是某一个体行为的发展，也可以是某个群体和组织行为的发展，它可以比较系统、详尽地了解研究对象行为发展的连续过程和量变质变的规律；但是研究的时间一般很长，不宜同时进行大量研究。影响背景的条件不易查明和控制，而且生活条件的变化使得研究很难进行前后比较。

3. 混合研究

混合研究（integrative studies）也称动态研究，是指把横向研究和纵向研究结合起来，充分考虑到研究对象和发展的关系，从而解决时间层面的两难问题。比如，研究政府的领导能力这一问题时，可以同时测查不同年龄的政府官员，进行比较，即横截面研究。之后集体追踪记录，进行纵向方法；对这几个年龄组同时测验、比较，进一步利用横截面法；即开始对某些追踪组测量和比较，若干年后再次测查和比较。就理想状态而言，混合研究吸收纵向法和横截面法的优点，具有扬长避短的作用。

（七）分析方法

研究路径（approaches）是指研究者对某事物的规律进行研究的出发点或者角度。研究路径通常包括实证研究（empirical study）和规范研究（normative study）两个方面。

实证研究一般使用标准的度量方法，或者通过观察对象进行描述，主要用来总结是什么情况（what is the case）。通常研究者用这种研究路径去提出理论假设，并验证假设。规范研究是解决应该是什么（what should be）的问题。研究者通常是建立概念模型（conceptual model）和（或）定量模型（quantitative model）来推论事物的发展规律。研究者也会用这种路径去建立理论规范。

上述两种研究的路径不是彼此可以替代的关系。二者之间存在着彼此依存和相辅相成的关系。对于反映事物发展规律的理论而言，实证研究与规范研究二者缺一不可。前者为理论的创建提供支持和依据，后者为理论的创建提供可以遵循的研究框架和研究思路。

在社会科学（包括公共管理）的研究领域，无论是实证研究，还是规范研究，都可能采取两类研究方法（research methods）；即定量研究（quantitative analysis, quantitative method）和定性研究（qualitative analysis, qualitative method）的方法。定性分析方法是用文字所表述的内容或者其他非数量形式的数据进行分析和处理的方法。而定量分析方法则是对用数量所描述的内容或者其他可以转化为数量形式的数据进行分析和处理的方法。定量分析的主要工具是统计方法，用以揭示所研究问题的数量关系。基本描述性的统计方法包括频数分布、百分比、方差分析、离散情况等。探索变量之间关系的方法包括相关分析、回归分析、多变量之间的多因素分析以及统计检验等。定量分析之所以被研究者所强调，是因为定量分析的过程和定量结果具有某种程度的系统性（systematic）和可控性（controlled），不受研究者主观因素的影响。定量分析被认为是实证研究的主要方法，其优势是对理论进行验证（theory testing），而不是创建理论（theory generation）。

三、课程模拟练习

（1）根据自己所学的专业选择一篇或几篇该专业领域中研究设计进行对比分析，说明该研究设计涉及的基本要素都包括了哪些方面？这样写的好处在哪里？不足之处又有哪些？

（2）根据自己所学的专业方向写一篇研究设计，不少于3000字。

第三节 概念的测量及操作化模拟实习

为了认识社会现象并进而发现社会现象的本质及规律，人们经常运用归纳或演绎等逻辑推理方法，对社会现象及现象间的关系进行简化，提出描述社会现象运动形式、运动特征和运动规律的概念、假设和理论。概念和理论为各种实践活动的正确进行指明了方向，在对社会现象的认识中起着非常重要的作用。但这些概念和理论往往是抽象的、模糊的。此外，在社会生活中，人们使用的概念往往是模糊不清的，也不能被研究直接使用。因此，要真正使概念和理论有效地作用于公共管理研究，还必须对理论和概念进行定量化，使其由抽象变为具体，由模糊变成明确，由粗略变为精确，这一过程实际上就是社会现象认识的数量化过程。使用含义明确、可以操作的概念以便从中导出可以实际观察、衡量的具体指标，也是构建科学理论的基本要求之一。概念的操作化是科学的过程中一个重要环节，它是将抽象的理论与具体的经验现象联结起来，使科学知识能够被经验事实所检验的重要环节。

一、概念的定义

在社会生活中,使用的概念和自然科学的概念不同,它们通常是模糊或含义不清的。社会研究如果不对这些概念作出具体定义和具体化就无法对社会现象进行观察和测量。因此,对抽象概念的具体化是对社会现象测量的第一步。

概念(concept):是对研究范围内同一类现象的概括性表述,是人们根据经验观察,从类似的事物中归纳出的一些独立的共同属性。这就是说,概念不仅仅反映感性经验,还具有理性认识的特征。概念源于现实,又高于现实。概念具体由名词、抽象定义和经验研究内涵组成。例如,"生物"是一个概念,它所指的并不是单一的有生命的物体,而是代表各种有生命物体的共同特征。"重量"也是一个概念,它所指的并不是单一物体的某种特点,而是观察过很多物体后所抽离出来的一种属性。

变量:是概念的一种类型,它是通过对概念的具体化而转换来的。变量具体指概念内涵的各种类型或各种状态,反映了概念的可变动性。艾尔·巴比认为"变量是属性的逻辑聚合(logical grouping of attributes),而属性是用于描述客体的特点和性质。"它们被用于各种实际存在的事物,因此变量是可以观察和量度的。比如性别就是一个变量,它表示男性和女性两种不同的状态;所以可以说变量是关于群体而不是个体的概念。

指标:把表示一个概念或变量含义的一组可观察到的事物称作这一概念或变量的一组指标。指标是用来说明概念属性的,是具体的、可观察和辨认的,是可以观察到的客观存在的事物。它把现象质的方面和量的方面紧密结合起来描述社会现象的特征。例如迅速地辨识各类地图是"智力"的一个指标,耐心回答行人的问路是"同情心"的一个指标。因此,用经验现象的度量就可以说明抽象层次的概念。同时我们也要看到,指标只表示概念内涵的某一方面或某一方面的部分内容,因此,要更有效地测量变量就需要多个指标。

概念、变量、指标三者之间既有联系又有不同。在调查研究中,变量是概念的具体表达方式,概念必须用变量的形式来反映。指标是相对于抽象程度较高的概念而言的,一般某个抽象概念通过一套指标得到测量,这个概念就取得了变量的形式。相对于概念和变量来说,指标一般是具体的、可观察的。从抽象程度上说,从概念到变量再到指标,抽象程度越来越低,而这个过程实际上就是操作化的过程(见图7-2)。

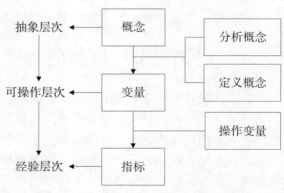

图7-2 概念、变量、指标三者间的关系

二、测量

(一) 测量的含义

美国学者史蒂文斯 (S. S. Stevens) 认为：测量就是依据某种法则给物体安排数字。这一定义被许多社会科学研究人员所采用。在此基础上，进一步解释测量的含义可以认为：所谓测量 (measurement)，就是根据一定的法则，将某种物体或现象所具有的属性或特征用数字或符号表示出来的过程和方法。测量的主要作用在于确定一个特定分析单位的特定属性的类别或水平。它不仅可以对事物的属性做定量的说明（即确定特定属性的水平），同时，它也能对事物的属性做定性的说明（即确定特定属性的类别）。[①]

(二) 测量的四个要素

为了更好地理解测量的概念，有必要对测量定义的测量的客体、测量的内容、测量的法则、数字或符号四个要素进行专门说明。

1. 测量客体，即测量的对象

测量客体是客观世界中所存在的事物或现象，是我们要用数字或符号来进行表达、解释和说明的对象。比如，我们测量一张桌子的高度时，这张桌子就是我们测量的客体或对象。在社会研究中，最常见的测量客体是各种各样的个人，以及由若干个个人所组成的各种社会群体、社会组织、社区等。在测量的四个要素中，测量客体所对应的是"测量谁"的问题。

2. 测量内容

测量内容即测量客体的某种属性或特征。实际上，在任何一种测量中，所测量的对象虽然是某一客体，但所测量的内容却并不是客体本身，而是这一客体的特征或属性。比如，桌子是我们的测量客体，而桌子本身我们却无法测量。只有桌子的各种特征，比如它的高度、宽度、重量、颜色，等等，才能构成我们测量的内容。同样的道理，社会中的个人、群体、组织，以及社区等等是我们的测量客体，是社会研究中的测量对象；但我们所测量的却并不是这些个人、群体、组织或社区本身，而是他们的各种特征。在测量的4个基本要素中，测量内容所对应的是"测量什么"的问题。

3. 测量法则

测量法则即用数字和符号表达事物各种属性或特征的统一标准。也可以说，它是某种具体的操作程序和区分不同特征或属性的标准。比如，衡量学生学习成绩的五级分制或100分制，那么用什么标准来确定每个学生具体得分是多少就是由测量法则决定的。在测量的四个基本要素中，测量法则所对应的是"怎么测"的问题。

4. 数字和符号

数字和符号即用来表示测量结果的工具。比如，120厘米、110厘米等就是测量桌子高度所得的结果；350元、460元等就是测量人们收入的结果。在社会科学研究中，

[①] 李志，潘丽霞：《社会科学研究方法导论》，133页，重庆大学出版社，2012。

研究者进行测量的结果中，不像自然科学那样都是数字型的，它既有用数字来表示的，比如，被研究者的年龄、收入等；也有许多是用文字来表示的，比如，被研究者的性别用男和女表示，婚姻状况用未婚、已婚、离婚、丧偶表示等。尽管许多用文字表达的测量结果在统计分析时都转换成了数字，但这种数字并不能像算术中的数字那样进行加、减、乘、除运算，最多只能作为不同类别的代号进行频数统计。

（三）测量层次

由于社会科学研究中所涉及的现象具有各种不同的性质和特征，因而对它们的测量也就具有不同的层次和标准。史蒂文斯1951年创立了被广泛采用的测量层次分类法，即有4种类型的测量尺度：定类尺度、定序尺度、定距尺度和定比尺度。与这4种测量尺度相对应，他将测量层次分为4种，即定类测量、定序测量、定距测量和定比测量。

1. 定类测量

定类测量（nominal measurement）也称为类别测量或定名测量，它是测量层次中最低的一种。定类测量在本质上是一种分类体系，即将研究对象的不同属性或特征加以区分，标以不同的名称或符号，确定其类别。定类测量的数学特征主要是等于与不等于（或者属于与不属于）。在社会科学研究中，对诸如人们的性别、职业、婚姻状况、兴趣爱好等特征的测量，都是常见的定类层次的测量。

2. 定序测量

定序测量（ordinal measurement）也称为等级测量或顺序测量。定序测量的取值可以按照某种逻辑顺序将研究对象排列出高低或大小，确定其等级及次序。或者说，定序测量可以按某种特征或标准将对象区分为强度、程度或等级不同的序列。研究者可以用定序测量来对人们的社会地位、生活水平、住房条件、工作能力等特征进行类似的等级排列。

3. 定距测量

定距测量（interval measurement）也称为等距测量或区间测量。它不仅能够将社会现象或事物区分为不同的类别和等级，而且可以确定它们相互之间不同等级的间隔距离和数量差别。比如，测量人的智商，测量自然界中的温度就是定距测量的典型例子。在定距测量中，我们不仅可以说明哪一类别的等级较高，而且还能说明这一等级比那一等级高出多少单位。定距测量有"零点"，但是这个零点并不代表没有。例如零摄氏度，并不代表没有温度。因此定距测量的结果相互之间可以进行加减运算，但是不能进行乘除。

4. 定比测量

定比测量（ratio measurement）也称为等比测量或比例测量。定比测量除了具有上述三种测量的全部性质之外，还具有一个绝对的零点（有实际意义的零点）。所以它测量所得到的数据既能进行加减运算，又能进行乘除运算。比如，对人们的收入、年龄、出生率、性别比、离婚率、城市的人口密度、收入增长速度等所进行的测量都是定比测量。它们的测量结果都能进行乘除运算。

三、操作化的含义和方法

所谓操作化,就是要把我们无法得到的有关社会结构、制度或过程,以及有关人们行为、思想和特征的内在事实,用代表它们的外在事实来替换,以便于通过后者来研究前者。或者说,操作化就是将抽象的概念转化为可观察的具体指标的过程。它是对那些抽象层次较高的概念进行具体测量所采用的程序、步骤、方法、手段的详细说明。比如,将抽象概念"同情心"转化为"主动帮助盲人过街"、"主动给讨饭者钱物"、"主动向灾区捐款",就是操作化的一个例子。

对概念进行操作化处理,就是要给出概念的操作定义,这种定义是一套程序化的工具,它告诉研究者如何辨识抽象概念所指称的现实世界中的现象。从大的方面看,这种操作化过程主要包括两个方面的工作:一是澄清与界定概念,二是发展测量指标。

(一) 概念澄清与界定

默顿指出:"概念澄清的一个功能,是弄清包摄于一个概念之下的资料的性质。"通过精确地指出一个概念包括什么,排斥什么,就可以为我们提供对资料进行分析和组织的指导性框架。

在具体操作上,我们首先要弄清概念定义的范围。可以先看看其他的研究者对这一概念所下的定义是怎样的。而对于那些并未对该概念下正式的定义的研究来说,我们就需要从其对概念的运用中来确定他对这一概念的界定。当我们通过收集和查询,了解到有关这一概念的各种不同的定义,从而对这一定义的大致范围有所理解以后,便可对这些定义进行分类。其次,决定一个定义。列出了有关这一概念的各种类型的定义,或者总结出各种定义中最具共同性的元素后,就该决定采取哪一种定义方式了。需要特别注意的是,这种选择应该以研究者进行具体社会研究的需要为标准,哪种定义方式最适合研究的目的,就应该重点考虑这种定义方式。

(二) 发展测量指标

概念的澄清和界定只是解决了概念名义定义的内涵问题,即相当于给我们划定了概念内涵的具体范围。对于经验性的社会研究来说,还需要对其进行操作化,使其转化成为能具体观察和测量的事物。

首先,列出概念的维度。许多比较抽象的概念往往具有若干不同的方面和维度。一个抽象的概念往往对应于现实生活中的一组复杂的现象,而不仅仅只对应于一个单纯的可直接观察到的现象。因此,我们在界定概念的同时,指出概念所具有的不同维度,对于概念的操作化、概念测量指标的选择,以及对综合的理论思考与分析,都是十分有用的。比如,要测量社会中某一群体的社会地位,往往是先将这一概念的主要维度列举出来。

其次,我们通常可以采取下列两种方式来发展概念的指标。第一种方式是寻找和利用前人已有的指标,当然许多前人的指标不一定完全适合我们的概念。需要作一定的修改和补充。用前人的指标具有可与其他统计值的结果进行比较的优点,同时,这种做法比每个研究者都发展一套自己特定的指标的做法,更有利于社会知识的积累和形成。第二种方式是研究者先进行一段时间的探索性研究,采用实地观察和无结构式访问的方式,进行资料收集的初步工作。尤其是与被研究者中的关键人物进行比较深入的交谈,从这些人那里获得符合实际的答案。

四、课程模拟练习

(1) 挑选一个公共管理的概念,具体说明这个概念的含义,以便为研究计划作准备。注意,一定要指明包括在(和排除在)概念化定义之内(外)的维度。

(2) 如何将抽象概念操作化?尝试结合实例说明。

第四节 研究资料收集模拟实习

质的研究方法是社会科学研究的重要方法,它使用归纳法分析资料和形成理论,通过与研究对象互动对其行为和意义构建获得解释性理解。质的研究方法以研究者本人作为研究工作,在自然情境下采用多种资料收集方法,对社会现象进行整体性探究。其中,最常用的资料收集方法有访谈法、观察法及实物分析法。

一、访谈法

(一) 访谈法的内涵

访谈法是访谈者通过与受访者之间的口头交谈,借以了解受访者的动机、态度、个性和价值观念等,以收集研究第一手资料的一种研究方法。在访谈过程中,尽管谈话者和听话者的角色经常在交换,但归根到底访谈者是听话者,受访者是谈话者。访谈法作为一种研究方法,与日常谈话是有区别的。访谈有明确的目的性,访谈者与受访者接触较为正规,受访者所提供的信息应该大致限定在访谈目的之内。访谈法具有两个明显的特点:一是整个访谈是访谈者与受访者相互影响、互相作用的过程。二是它具有特定的科学目的和一整套设计、编制和实施的原则。

(二) 访谈法的意义与局限性

访谈法作为定性研究的重要方法,愈来愈多地受到公共管理者的重视。访谈是研究性的交流活动,通过研究者的主动询问、被研究者的深情倾诉,从而建构公共管理研究问题的理论意义。

在公共管理研究中,访谈法的意义主要表现在以下几个方面:

1. 访谈法是定量研究的必要补充

在公共管理研究中定量研究主要用于变量之间关系的确定、变量的未来预测,以及事物的数量特征描述等。在解释变量间的关系和定义结论时要依靠访谈法等方法收集资料,以便合理地解释变量之间的关系。

2. 访谈法可以对访谈对象进行全面深入的观察

访谈者在进行访谈时,不仅可以了解访谈对象口头表述的内容,而且还可以同时从访谈对象身上了解更多的信息。访谈对象在表述一个观点或陈述一个事实时，言谈举止的表现往往隐藏着重大的信息。

3. 访谈法灵活性强

访谈者可以根据访谈过程中具体情况来灵活决定诸如是否需要进一步问一些与调查主题有关的其他问题，是否需要重复或进一步解释那些访谈对象不太理解的问题等。

4. 访谈法可以使用比较复杂的调查问卷或访谈提纲

由于有访谈者作为访谈对象的指导者，尤其是那些受过良好训练并富有访谈经验的访谈调查员，他们可以利用一些问卷和访谈提纲了解一些比较复杂的问题。

5. 访谈法可以克服问卷调查中问卷回收率低的缺点

在公共管理研究中，访谈法是了解现状、确立研究问题、构建公共管理理论的重要方法。但访谈法的局限性也不能忽视，主要表现在以下几个方面：

首先，费用多，时间长，从而使访谈调查的应用范围受到局限。

其次，标准化程序低，难于统计分析。访谈中即使研究者设计好一整套访谈提纲，由于具体访谈情境的变化，也就不得不对访谈提纲作一定程度的调整或修改。

最后，访谈极易产生偏差。访谈调查是访谈者与访谈对象的互动过程。在这个过程中，无论是访谈对象还是访谈者都极易导致各种偏差。

此外，访谈调查还有诸如没有足够的时间让访谈对象深思熟虑，不能保证受访者匿名，不能查阅有关资料以及易受环境的干扰等缺点。

二、问卷法

（一）问卷法的内涵

艾尔·巴比曾说过，"问卷是社会调查的支柱"。英国社会学家莫泽也说："十项社会调查中就有九项是采用问卷进行的。"随着实证主义的盛行，作为收集标准化的定量资料方法的问卷已经非常普及。总之，问卷调查已成为探求民情民意、辅助政府等公共管理部门进行决策的最有效的方法之一。

（二）问卷法的优点与局限性

问卷是研究者用来收集资料的一种技术，它的性质重在对个人意见、态度和兴趣的调查。问卷的目的，主要是在经由填答者填写问卷后，从而得知有关被测者对某项问题的态度、意见和看法；然后比较、分析大多数人对该项问题的看法，以便被研究者参考。与其他调查方法相比，问卷调查具有如下优点：

1. 效率较高，费用较低

问卷调查可以在较大范围内进行，如全国、一个省或一个地区，且在较短时间内就可获得大量调查对象的资料，其费用常常也较其他方法低。

2. 调查结果受别人干扰较少

问卷调查一般不要求调查对象在问卷上署名。采用报刊和邮寄方式进行问卷调查，更增加了其匿名性，它有利于调查对象无所顾忌地表达自己的真实情况和想法。

3．调查结果便于统计处理与分析

问卷是严格按照统一原则和固定结构进行设计的，标准化程度较高，其调查问题的表达形式、提问的顺序、答案的方式与方法都是固定的。

4．能够做大样本的调查研究

问卷可以通过邮寄分发，也可以面对面分发。同时问卷调查法不受人数限制，调查的人数可以较多，能够做一些大样本的调查研究。

由于问卷法具有上述的优点，已被越来越多的公共管理研究者所采用。

问卷法也有其局限性，主要体现在以下几个方面：

1．调查问卷设计难

调查问卷主题内容设计的好坏，将直接影响整个专项调查的价值。

2．问卷调查结果广而不深

问卷调查是一种用文字进行对话的方法，问题太多会令填答者生厌，故而置之不理。

3．问卷调查结果的普遍性难以得到有效保证

如果问卷的回收率较低，样本的代表性将难以保证。

4．问卷调查的实施难度较大

问卷调查的前提是调查对象能够真实回答，对那些"拒绝作答"、"不懂"、"装好"、"装坏"或"随机作答"的人束手无策。

5．问卷法缺乏弹性，难以充分挖掘一些深层次的信息

问卷中大部分问题的答案由问卷设计者预先划定了有限的范围，缺乏弹性。这使得调查对象的作答受到限制，从而可能遗漏一些更多深层、细致的信息。

三、实验法

（一）实验法的内涵

英国哲学家培根认为"实验是科学之母"。实验是发展真理的基础，也是检验真理的方式。在科学史上，重大的发现和突破都是与科学实验紧密联系。科学理论的发展不仅是以生产实验为基础的，而且要依靠科学实验提供精确的数据，再经过分析、判断、推理而形成理论。科学的理论是否正确，都必须经过实验的检验，其中就包括科学实验。

（二）实验法的特征和局限性

实验是定量研究的一种特定类型，在检验变量之间的因果关系方面，实验研究具有最突出的效果。实验法具有主动性、可控制性、可重复性、精确性和因果性等一些基本特点。

1．主动性

在实验中研究者处于主动状态，可以主动地操纵实验条件，人为地改变对象的存在方式和变化过程，使它服从于认识的需要。此外，研究者可以通过反复验证，主动地揭示某种公共管理现象或公共管理行为的发生、发展和变化的规律。

2. 可控制性

实验法的精髓在于对实验条件的控制。没有控制,便无所谓的实验。控制条件通常是指主动操控自变量,客观地测定因变量,严格地控制无关变量。

3. 可重复性

实验是可以重复实验的,对同一被试或相似被试在相似的控制条件下,应得出相似的研究结果。这种重复实验的程度越高,实验研究的可靠性和有效性也就越高。

4. 精确性

在公共管理实验研究中,可以针对研究项目的需要,进行合适的实验设计,有效地控制实验环境,并反复进行研究;造成便于精确测量和运用机械方法记录的条件,使研究更为精密,以提高研究的精确性。

5. 因果性

实验以发现、确认事物之间的因果联系为直接宗旨和主要任务,本质上是按因果推论逻辑设计与实施的,它是揭示事物之间的因果联系的有效工具和必要途径。实验法在建立因果关系方面,优于其他研究方法。

实验法将事物间的因果联系以可检验的方式显现出来,最终不是靠思维的力量而是靠事实的说服力,不是由推理的逻辑而是以操作性的实践,不是以定性的方法而是以定量的方法来证明、确认研究对象的因果联系的客观存在,保证了研究过程的可重复性、结论的可检验性和认识结果的客观性。

实验法在公共管理研究中的局限性如下。

1. 研究周期较长,成本较高

虽然实验研究能在相对较短的时间中创造一种我们所需要的情形和事件,但是,这里的"相对较短的时间"是相对其自然产生的情形来说的。

2. 无关变量的控制难度较大

无关变量也就是非实验因素,主要来自实验者、实验对象和实验环境三个方面。对无关变量的控制,就是要从这三个方面着手。

3. 一些复杂的公共管理问题很难进行实验研究

实验研究的目标就是检验和证明因果关系。因此,在进行一项公共管理具体实验时,研究者应了解所要引入的自变量是什么,特别是要清楚如何引入作为自变量的实验刺激。

4. 研究的外部效度通常较低

外部效度是指实验结果的概括性和代表性,即实验结果是否可以推论到实验对象以外的其他被试,或实验情境以外的其他情境。一个实验越能实现这个目标,就表示该实验越有良好的外部效度。

四、实地研究

(一)实地研究的概念

实地研究是一种深入到研究现象的生活背景中、以参与观察和非结构访谈的方式搜集资料,并通过对这些资料的定性分析来理解和解释现象的社会研究方式。实地研究中用来收集资料的主要方式有观察和访谈两种。它们包括非正式的、随生活环境和事件自然进行的各种观察、旁听和闲谈;也包括正式的采访、座谈和参观等。①

(二) 实地研究的优缺点

实地研究是一种定性研究方式,也是一种理论建构型的研究方式。实地研究具有的优点有以下几点:

1. **适合在自然条件下观察和研究人们的态度和行为**

实地研究者所寻求的是一种更具有情感性的和人文主义类型的资料,他们与研究对象之间的关系也更是人与人之间的关系。这种方式特别适合那些不便于、或者不可能进行简单的问卷调查的社会现象和问题。

2. **研究的效度较高**

相对于问卷调查中最大的问题——表面化、简单化现象。实地研究的深入观察、设身处地的感受和理解,具有很高的效度——研究者测量的的确是他所希望测量的概念或现象。

3. **方式比较灵活,弹性较大**

相对于实验研究和调查研究,实地研究的操作程序不是那样严格,只需要较少的准备工作。在研究进行的过程中,可以随时修正研究的目标和设计。

4. **适合研究现象发展变化的过程及其特征**

由于实地研究不仅要深入实地,而且要在实地生活相当一段时间。因此,对于研究社会现象的发展变化过程来说,是一种较好的方式。

实地研究的一些主要缺点有以下几点:

1. **概括性较差**

由于实地研究所得到的基本上是定性资料,且在很多情况下都是以某个个案为对象,因而其资料既难以进行定量分析,也无法概括大的总体。

2. **信度较低**

实地研究中研究者主要以参与观察和无结构访谈的方式收集资料,所处的是一种被动的地位,对观察场景也往往缺乏控制,因而其所得的资料琐碎、凌乱,不易系统化。

3. **对研究对象的影响**

实地研究者的观察并非像照相机或显微镜那样处于所观察的对象之外,实际上,观察者是他正在观察的对象的一部分。无论是参与观察还是实地访谈,研究者的参与本身对其所研究的对象都会造成影响。

4. **所需时间较长**

由于参与生活的需要,实地研究方式的周期一般都比较长。通常少则几个月,长则好几年。这种长时间的要求,不仅对于研究者来说是一个困难,有时对于所研究的对象来说也是一种困难。

---

①风笑天:《简明社会学研究方法》,226页,北京,华文出版社,2005。

5. 伦理问题

这一问题主要是针对参与观察中隐藏研究者身份的做法提出的。它所包含的实际问题是：

（1）研究者有没有为了研究的目的而欺骗研究对象的权力？

（2）研究者作为社会的成员，应不应该为了研究而采取欺骗研究对象的做法？

五、课程模拟练习

（1）说明你们对访谈、实验、问卷调查和实地调查不同优缺点的了解，为各种方法举出两个特别适用的研究议题，要确定你们所提出的每一项研究都是最适合所谈到的研究方法。

（2）到杂志或报纸上找一份问卷（例如读者调查），把它带到课堂上进行评论，并就调查设计的其他方面加以评论。

（3）假设要求你研究某款新型手提电脑的接受率，请设计一个专题小组实验以获取有用的信息。

第五节 研究资料分析模拟实习

当我们运用前述的各种方法收集到资料后，接下来的任务就是要对我们收集来的资料进行分析。资料的分析工作是整个研究工作中非常重要的一环，分析的深和浅、好和坏直接关系着人们对于研究结果的评价。资料分析一般包括两种：定性的和定量的分析。定性的分析主要是使用我们熟悉的逻辑方法对资料进行性质、特点的分析。定量的分析，则是使用统计及其他数学方法对收集来的资料进行各种数量分析。应该说，在社会研究中，这两种分析都是必不可少的。定性分析是基础，定量的分析使定性分析更加科学和精确。

一、单变量统计分析

单变量统计分析可以分为两个大的方面，即描述统计和推论统计。描述统计的主要目的在于用最简单的概括形式反映出大量数据资料所容纳的基本信息，它的基本方法包括集中量数分析、离散量数分析等。而推论统计的主要目的，则是用从样本中所得到的数据资料来推断总体的情况，它主要包括区间估计和假设检验等。

（一）集中量数分析

集中量数分析指的是用一个典型值或代表值来反映一组数据的一般水平，或者说反映这组数据向这个典型值集中的情况。最常见的集中量数有算术平均（简称平均数，也称为均值）、众数和中位数三种。这里只对使用最多的平均数略作介绍。平均数的定义是：总体各单位数值之和除以总体单位数目之商。

（二）离散量数分析

与集中量数分析相反，离散量数分析指的是用一个特别的数值来反映一组数据相互之间的离散程度。它与集中量数一起，分别从两个不同的侧面描述和揭示一组数据的分布情况，共同反映出资料分布的全面特征。同时，它还对相应的集中量数（如平均数、众数、中位数）的代表性作出补充说明。

二、单变量推论统计

简单地说，推论统计就是利用样本的统计值对总体的参数值进行估计的方法。推论统计主要包括两个方面：一是区间估计，二是假设检验。

（一）区间估计

区间估计的实质就是在一定的可信度（置信度）下，用样本统计值的某个范围（置信区间）来估价总体的参数值。范围的大小反映的是这种估计的精确性问题，而可信度高低反映的则是这种估计的可靠性或把握性问题。区间估计的结果通常可以采取下述方式来表述："我们有95%的把握认为，全市职工的月工资收入在182元至218元之间。"或者"全省人口中，女性占50%至52%的可能性为99%"。

（二）假设检验

假设检验问题是推论统计中的另一种类型。首先需要说明的是，这里的假设不是指抽象层次的理论假设，而是指和抽样手段联系在一起、并且依靠抽样数据进行验证的经验层次的假设，即统计假设。

假设检验，实际上就是先对总体的某一参数作出假设，然后用样本的统计量去进行验证，以决定假设是否为总体所接受。假设检验所依据的是概率论中的小概率原理，即"小概率事件在一次观察中不可能出现"的原理。但是，如果现实的情况恰恰是在一次观察中小概率事件出现了，那该如何判断呢？一种是认为该事件的概率仍然很小，只不过凑巧被碰上了。另一种则是怀疑和否定该事件的概率未必很小，即认为该事件本身就不是一种小概率事件，而是一种大概率事件。后一种判断更为合理，它所代表的正是假设检验的基本思想。

三、双变量统计分析

双变量分析主要探讨两个变量之间的关系。根据变量层次的不同，这种分析所采取的具体形式也不一样。

（一）交互分类

交互分类是一种专门用来分析两个定类变量（或一个定类变量，一个定序变量）之间关系的方法。它是将研究所得的一组数据按照两个不同的变量进行综合的分类，其结果通常以交互分类表（又称为列联表）的形式反映出来。交互分类可以较为深入地表述样本资料的分布状况和内在结构。更重要的则是可以对变量之间的关系进行分析和解释。总之，交互分类表既可以用来对总体的分布情况和内在结构进行描述；又可以用来进行分组比较；还可以用来解释变量之间的关系。但是，需要指出的是，上述结论通常只是在所调查的样本范围内成立。而我们进行研究的目的常常又不仅仅是描述或说明样本的情况，更重要的是要通过样本的情况来反映和说明总体的情况。

（二）不同层次变量的相关测量

前面我们主要讨论的是交互分类表中两个变量间是否存在关系的问题。而变量关系的强弱并不代表变量间是否存在关系。所以要判断两个变量之间的相关强度，必须进行相关系数的测量。而这种相关测量与变量的层次有着密切的关系。

四、定性资料分析

（一）定性资料分析的基本过程

定性资料分析的过程是一个对资料进行分析、描述、综合、归纳的过程。定性资料分析的基本逻辑的归纳法，即从具体的、个别的、经验的事例中逐步概括、抽象到概念和理论。其主要工作任务可以概括为对信息的组织、归类和对信息内涵提取。为了方便理解，我们还是把这种分析大致分成三个不同阶段。

1. 初步浏览阶段

即先对整个实地观察记录和访谈笔记等资料粗略地浏览一遍，其目的是对全部资料的整体有所了解和熟悉，同时也可以重新回想起许多实地参与中的情景和感受。这种浏览实际上起到了某种提供背景和分析基础的作用，它使得研究者在对原始资料进行各种处理时更加心中有数。

2. 阅读编码阶段

在第一阶段初步浏览的基础上，研究者重新开始逐段逐行地仔细阅读每一段实地记录，分析每一段笔记的内容，并且在阅读中进行资料的各种编码工作。通常，研究者边阅读边根据具体内容做记号，以标签的形式表明各种具体事例、行为、观点的核心内容或实质，并将其归入所属的各种不同主题或概念备忘录中，形成整理后的、具有更为清晰的内容框架的资料。

3. 分析抽象阶段

最后再次回过头来，根据不同的标准或从不同的角度，仔细审阅和思考资料中所做的各种记号，思考和比较各种不同的主题及分析备忘录。看看哪些东西反复出现，看看哪些资料中存在突出差异，并从中归纳或抽象出解释和说明现象及社会生活过程的主要变量、关系和模式。

（二）几种定性资料分析方法

1. 连续接近法

连续接近法指的是这样一种方法，它通过不断地反复和循环的步骤，使得研究者从开始时一个比较含糊的观念以及杂乱、具体的资料细节，到达一个具有概括性的综合分析的结果。

2. 举例说明法

举例说明法即是用经验证据来说明某种理论。这是定性资料分析中最为普遍的一种方法。根据这一方法，研究者将理论应用于某种事件或背景中，或者根据先前存在的理论来组织资料。这种先前存在的理论提供了一只"空盒子"，研究者在资料中将那些可以作为证据的内容集中起来，去填满这只空盒子。当然，这种用来填满盒子的经验证据既可以是支持理论的，也可以是否定理论的。

3. 比较分析法

比较是各种资料分析的中心过程，无论对定量资料还是对定性资料都是如此。定性资料分析中的比较分析法与前述的举例说明法不同。即研究者并不是从一个总的理论模型的"空盒子"开始，然后用资料中的证据去填满盒子；而是从先前已有的理论或从归纳中发展出相关的规律或关系模型的思想，然后研究者将注意力集中在少数规律上，用其他替换的解释与之进行比较。在此基础上，研究者进一步考察那些不限于某一特定背景（如某一特定时间、特定地点、特定群体等）的规律性。当然，要说明的是，研究者并不是要寻求那种具有普遍意义的法则，而仅仅只是那种在某种社会状况中所表现出的规律性。

五、定性资料分析与定量资料分析的差异

数据化和非数据化这种资料形式上的差别，使得公共管理定量资料分析与定性资料分析在诸多方面存在较大差异。这主要体现在如下几个方面。

（一）资料分析的起始点不同

定量资料分析往往是整个研究过程中划分十分明确的一个特定阶段。对资料进行定量分析，研究者通常要等到资料收集全部完成，并对它们进行编码，将其变成数字和录入计算机形成数据文件后，才开始对资料进行统计分析。研究者正是通过对数据文件的统计分析来发现社会现象之间的关系或模式。与定量资料分析不同，定性资料分析并不具体构成研究过程中的某个具体阶段，而是贯穿在整个研究过程之中。也就是说，在定性分析中，资料收集和资料分析是同步进行的。在着手收集资料的同时就已经开始了对资料的分析工作，并且早期资料分析的结果对后续资料的收集工作具有指导意义。

（二）资料分析的方式不同

在定量资料分析中，研究者主要处理量化的数字。他们利用统计分析技术探讨大量数字中所蕴含的各种变量关系和变化规律，并以此来解释社会生活的性质。在定性资料分析中，研究者所面对的是那些零碎、分散、片段式的文字记录材料。对于这些非数据化的资料，研究者所要采用的分析方式也主要是主观的、顿悟性的和感知的。其对社会生活事件的描述和对社会生活内涵的表达，也主要采用基于上下文的，而且可能具有多种不同含义的文字表达。

（三）资料分析程序与技术的标准化程度不同

在定量资料分析中，研究者可以使用一整套专门性、标准化的资料分析技术，并且其基本分析程序也大体相同。假设检验的模式和统计分析的方法不会因为具体研究项目的变化而不同。也就是说，具体的社会研究项目可能会是多种多样的；但只要对研究资料进行定量分析，其所采用的统计分析技术和所遵循的分析程序大体上不会有什么变化。与此相反，定性资料分析往往缺乏这种标准化的分析程序和技术。与各种不同范式、不同视角的定性研究相伴随的，是各种各样、风格迥异的资料分析技术。此外，定性资料分析遵循归纳逻辑，即从具体到抽象，从特殊到一般。因而，研究者在开始从事一项具体研究时，往往难以预料整个资料分析过程的各个具体细节。他们只能根据自身对研究进程的主观判断，摸索着向前推进研究，这样最终每个研究者所走过的分析过程自然不会完全相同。

（四）资料分析的目的不同

定性资料分析与定量资料分析在目的上的差异，主要体现为两者在处理资料与理论之间关系的问题上。在定量资料分析中，资料通常用来证实或证伪某种已存在的理论假设，研究者往往研究代表经验事实的数字来检验以变量形式表示的理论假设。在定性资料分析中，研究者的目的不在于检验假设，而是通过对经验材料的分析和归纳，将经验证据与抽象概念结合起来，以建构某种"扎根理论"。[1]

六、课程模拟练习

（1）查阅相关资料根据下列信息制作一个列联表并解释：300名民主党党员赞成提高最低工资，100名反对；200名共和党党员赞成提高最低工资，60名反对。

（2）假设你已进行了一项关于性别平等态度的定量研究，制作一个假设性的双变量百分比表格并解释其意义。其中一个变量必须是性别不平等的指标，另一个变量必须是引起这一态度的原因。

第六节 研究论文撰写模拟实习

古人言：独木不成林。西方人也有"一朵花儿算不上春天"的说法。今天我们的学科研究也是如此。学术共同体的存续和繁荣依赖于学者之间密切的交流，所谓奇文共欣赏，疑义相与析。故此，当完成了研究资料的收集、整理和分析等一系列研究工作后，最后的一个任务就是撰写研究论文。研究论文是全面、正确地反映研究成果，集中体现研究价值的重要形式，也是公共管理研究者进行学术沟通和交流的重要手段。

---

[1] 风笑天：《社会学研究方法》，第三版，289页，北京，中国人民大学出版社，2009。

一、研究论文的分类

研究论文是对科研成果的一种表达与反映,凡真正有价值的科研成果,总是要通过研究论文的形式表达出来。这既是对科学研究成果的描述与记录,又是人类进行科学技术交流的工具。公共管理研究论文作为研究论文的一种,对于检验公共管理领域的科研水平,对于提高各级公共管理部门绩效,对于国际间的公共管理学科交流,都具有十分重要的意义。

研究论文是个很宽泛的概念,它可以是课题的研究报告,也可以是针对某一理论问题进行探讨、分析的学术性论文。研究论文涉及的内容纷繁复杂,其表现形式多种多样。从研究成果的写作形式来看,有观察报告、调查报告、实验报告、经验总结、理论性的论文、综述、述评等。一般来讲,采用什么样的研究方法,就产生什么类型的研究成果。采用实证性的研究方法就形成实证性的研究报告;如用实验法进行研究,就形成实验报告;用调查法进行研究,就形成调查报告;采用思辨性的研究方法研究,就形成理论性的学术论文。

(一) 研究报告和学术论文

根据研究论文的性质和特点,可以把研究论文分为实证性的研究报告和理论性的学术论文两大类。

1. 研究报告

研究报告也称科学论文,是对研究过程和研究成果的概括和总结,是以事实和数据来说明和解释问题的论文。这类论文有比较固定的写作结构,它要求对方法和材料必须描述得具体、清楚,客观地呈现研究过程,合理地解释研究结果。这类论文主要有实验报告、调查报告、观察报告等。

2. 学术论文

学术论文也称理论性的研究报告,这类论文是以议论文的形式,通过理性的分析,用概念、判断、推理等逻辑方法来证明和解释研究的问题。这类论文不像研究报告那样具有典型的写作结构,在写作表现方式上比较灵活、自由;但它要求所写论文具有新理论、新见解,论点明确,论据确凿,论证严密,逻辑性强,能清楚地展现理论、观点形成的过程。学术论文通常与思辨性的研究方法相联系,常见的形式有经验总结、综述、述评、理论性的论文等。

(二) 论述性、描述性、实证性或实验性和综述性的研究论文

根据研究论文的内容和写作形式,可以把研究论文分为论述性研究论文、描述性研究论文、实证性或实验性研究论文和综述性研究论文四个类别。

1. 论述性研究论文

这是一种旨在阐明研究对象的本质及其规律性的研究论文。

2. 描述性研究论文

这是一种旨在说明研究对象是什么、发生了什么的研究论文。

3. 实证性或实验性研究论文

这是一种旨在用事实说明现象或事物之间相互关系,以及现象为什么发生、怎么能发生的研究论文。

4. 综述性研究论文

这是在归纳、总结前人或今人对某学科中某一学术问题已有研究成果的基础上,加以介绍或评论,从而发表自己见解的一种论文。

(三)学士、硕士和博士学位论文

根据不同学位等级的要求,为解决某一课题而撰写的具有不同深度和广度的学术论文称为学位论文。它是高等学校或研究机构的学生为取得学位,在导师指导下完成的科学研究、科学实验成果的书面报告。学位论文通常分为学士论文、硕士论文、博士论文三种类型。

1. 学士论文

学士论文是合格的本科毕业生撰写的论文。毕业论文应反映出研究者能够准确地掌握大学阶段所学的专业基础知识,基本学会综合运用所学知识进行科学研究的方法,对所研究的问题有一定的心得体会。论文题目的范围不宜过宽,一般选择本学科某一重要问题的一个侧面或一个难点,选择题目还应避免过小、过旧和过长。

2. 硕士论文

硕士论文是攻读硕士学位的研究生所撰写的论文。它应能反映出研究者广泛而深入地掌握的专业基础知识,具有独立开展研究的能力,对所研究的题目有新的独立见解。论文具有一定的深度和科学价值,对本专业学术水平的提高有积极作用。

3. 博士论文

博士论文是攻读博士学位的研究生所撰写的论文。它要求研究者在导师的指导下,能够自己选择潜在的研究方向,开辟新的研究领域,掌握相当渊博的本学科有关领域的理论知识,具有相当熟练的科学研究能力。对本学科能够提供创造性的见解,论文具有较高的学术价值,对学科的发展具有重要的推动作用。

二、研究论文的基本特点

一篇研究论文是否有意义,关键取决于它的质量。研究论文的质量高低通常体现在科学性、创新性、理论性和逻辑性等几个方面。

(一)科学性

科学性是研究论文的前提和基础。研究论文的科学性包括三层含义:一是论文内容的科学性。其表现为论文的内容和资料是真实的,是指研究论文的内容、材料、结果必须是客观存在的事实,能够经得起科学的验证和实践的考验。二是论文表述的科学性。其表现为表述准确、明白,这是表达最基本的要求,语言的使用上要十分贴切,没有疏漏、差错或歧义。要以事实为依据,无论是阐述因果关系、结论的利弊和价值,还是结论的实用性和可行性,都必须从事实出发。三是论文结构的科学性。论文是客观事物事理的反映，其结构应具有严密的逻辑性。运用综合方法，从已掌握的材料得出结论。

（二）创新性

创新性是研究论文的核心和灵魂。别人没有提出过的理论、概念和观点，别人没有用过的研究方法，别人没有观察到的现象，在实验和调查中第一次获得的数据等，都是创新性的研究成果。研究论文的创新性是指创新的有无问题，并不是指创新的大小问题。"首次提出"、"首次发现"具有重大价值的研究成果，这毕竟是数不多；在某一个问题上有新意，对某一点有发展，就属于创新的范围。一篇研究论文通常在某一个方面具有创新性，或者是发展新理论，或者是提出新观点，或者是解决新问题，或者是得出新结论等；而绝不能人云亦云，简单重复、模仿、因袭前人的工作。研究论文报道的是研究者自己的研究成果，因而与他人相重复的研究内容，基础性的知识，某些一般性的、具体的实验过程和操作或数学推导，以及比较浅显的分析等都应删去，或者只作简要的说明。主要是突出自己的心得，同时应对原始材料有整理、有取舍、有提高，要形成新观点、新认识、新结论。

（三）理论性

研究论文是建立在一定的理论基础之上，是以科学的理论为指导的。研究论文要将调查、实验、观测所得的结果，从理论高度进行分析，把感性认识上升到理性认识，进而找到带有规律性的东西，得出科学的结论。论文所表述的发现或发明，不但具有应用价值，而且还应具有一定的理论价值；使论文具有较强的理论性，达到以理服人的目的。

（四）逻辑性

一篇研究论文，应当是内容和形式的统一。内容是指主题和材料，形式是指逻辑结构和语言表达。人们要进行思维，就要使用概念、判断、推理等思维形式。这些思维形式既是人类用来反映客观现实的手段，又是构筑研究论文的基本材料。要正确处理研究论文内容之间的逻辑联系，增强论文的逻辑力量，必须学会运用逻辑思维方法。逻辑思维方法是一个整体，它是由一系列既相互区别又相互联系的方法所组成的，其中主要包括归纳和演绎的方法、分析和综合的方法、从具体到抽象和从抽象上升到具体的方法、逻辑和历史统一的方法。逻辑思维方法不仅是论文写作中内容安排和逻辑论证的方法，而且更重要的是它是进行科学研究的方法。

研究论文的科学性、创新性、理论性和逻辑性，是为学术界公认的，符合客观实际的基本准则。撰写研究论文，要符合这些基本特点的要求。要从实际出发，提出问题、分析问题、解决问题，做出合乎客观实际的结论。

三、研究论文的基本结构

清楚研究论文的类型之后，还必须进一步了解研究论文是由哪些基本结构组成的，也就是研究论文的结构问题。任何研究论文都有自己的结构，无结构不成研究论文。研究论文的结构是研究内容的表现形式,是研究者对研究成果在写作上的布局、谋划和安排。一篇研究论文的结构应该是一个统一的整体。毛泽东同志说过:"写文章要讲逻辑。就是要注意整篇文章的结构,开头、中间、结尾要有一种内部的联系,不要互相冲突。"这就是说,一篇文章要层次分明、头尾连贯、符合逻辑,必须有一个完整的结构。

任何研究论文的结构都不是固定不变的,但也不是无规律可循的。研究论文的基本结构可以分为三大部分:①前置部分,其是指正文以外的有关资料。②主体部分,其是指学位论文的主体。③附注部分,其是指正文后所附的资料。研究论文的基本结构如图7-3所示。

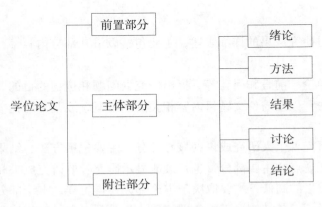

图7-3 研究论文的基本结构

(一) 前置部分

前置部分通过有关项目简要说明论文的基本情况,包括以下几部分内容。

1. 题目

题目通常具有三方面的基本功能:一是概括全文,题目应能准确地概括全文内容。一般要求提纲挈领,点明主题,做到文题相符。二是吸引读者。读者往往"以题取文",论文题目有吸引力,才能吸引人去读正文。一般情况下,看标题的读者远远多于读正文的读者。三是便于检索。题目是检索论文的重要索引,好的题目有利于研究论文的扩散和传播。

2. 研究者姓名和单位

论文研究者的署名包括:参加撰写论文的人员,参与选定研究题目和制定研究方案的人员,直接参与全部或主要部分研究工作并做出贡献的人员。如果是两个或两个以上的人员联合完成的论文,应根据每个人员的贡献大小或根据约定排列人名。研究者的单位是本单位及其具体单位的名称。

3. 摘要

摘要即摘录要点,是对论文内容的简短陈述,提示论文的主要观点、见解、论据或概括地简单介绍论文的主要内容。摘要是对论文不加注释和评论的简短陈述。摘要的目的就是告诉读者文章的内容。也就是说，在不阅读全文的情况下，读者可迅速、准确地把握论文的主要观点，获得必要的信息。摘要有两个特点：一是独立性，其是指它是一篇完整的短文，可以独立使用。即不阅读全文，不借助人为注释，就能获得必要的信息。二是自含性，其是指摘要的内容应包括与论文同等量的主要信息。

论文摘要通常有两种类型：①资料性摘要（报道性摘要）。一般包括研究目的、方法、结果和结论。期刊论文或会议论文绝大多数属于资料性摘要。②指导性摘要（指示性摘要），其主要是指综述性文章。对于以汇集文献资料为主、辅以注释、非常客观、很少评述的一类综合性文章，其摘要多为指导性的。

（二）主体部分

主体部分是对研究成果的详细表述，主要包括以下几部分内容。

1. 绪论

绪论，又称导论、前言和引言等，提出研究的问题和选题的目的、文献综述、研究的起点、研究方法，以及与论文题目内容相关的基本概念或基本理论。

2. 本论

本论是表达研究者个人研究成果的核心部分，主要包括方法、结果、讨论等。本论是分析问题、论证观点的主要部分，也是最能显示研究者的研究成果和学术水平的重要部分。一篇论文质量的高低，主要取决于本论部分写得怎样。本论部分的要求：一是论证充分，说服力强；二是结构严谨，条理清楚；三是观点和材料相统一。

3. 结论

结论是一篇论文的收束部分，是以研究成果和讨论为前提，经过严密的逻辑推理和论证所得出的最后结论。结论部分大致包括以下两项内容：①提出论证结果。在这一部分中，研究者应对全篇文章所论证的内容作一个归纳，提出自己对问题的总体性看法和意见。②指出进一步研究的方向。在论文结论部分，研究者常常不仅概括自己的研究成果，而且还指出课题研究中所存在的不足，为他人继续研究指明方向、提供线索。结论在一篇论文中的地位是不可忽视的。

（三）附注部分

附注是对正文相关内容的必要说明，包括以下几部分内容。

1. 附录

附录为不宜放在正文中但有参考价值的内容，如调查问卷、公式推演、编写程序、原始数据附表等。

2. 参考文献

参考文献是研究者在撰写研究论文过程中所查阅参考过的著作和报纸杂志等。论文所列的参考文献是与本论文密切相关的，对撰写论文起着重要参考作用的主要的文献。列出的参考文献一般要写清书名或篇名、研究者、出版者和出版年份等。参考文献先列中文参考文献后列外文参考文献。

3. 调查附记

调查附记是研究者为撰写论文而进行的调查活动及其结果的记录。一般要列出调查单位名称。

4. 科研活动

研究者在学习期间发表的论文和书籍，参加的课题研究、学术研讨会和调查研究活动，获得的奖励等。

5. 致谢

研究者对论文写作过程中提供帮助的人表示感谢，特别是对论文指导教师表示感谢。致谢语一般放在文章最后。致谢的词语要诚恳、简洁恰当。

四、课程模拟练习

（1）认真研读两篇学术论文，体会文章写作风格、特点及写作规范，课上与老师、同学分享读后感。

（2）思考自己以后如何写作学术论文？

参 考 文 献

[1] 周琼婕. 浅析情景模拟教学法在《公共管理学》教学中的运用[J]. 企业导报, 2013 (16).

[2] 张术松. 公共管理实验教程[M]. 天津大学出版社, 2009.

[3] 刘雪明. 情景模拟法在公共政策课程教学中的应用[J]. 教育评论, 2011 (1).

[4] 闫章荟. 公共管理专业情境模拟教学模式设计及应用[J]. 中国电力教育, 2012 (20).

[5] 聂火云, 黄心华. 公共事业管理专业人才培养中情景模拟教学法的应用探讨[J]. 成都工业学院学报, 2014 (1).

[6] 黄宇驰, 王皓白, 何亚岚. 情景模拟教学法在商务沟通课上的应用[J]. 高等工程教育研究, 2010 (S1).

[7] 陈华平, 王太钧, 孙杰. 现代公文写作与处理教程[M]. 武汉: 华中科技大学出版社, 2007: 3, 356.

[8] 本书编写组. 现代公文写作与公文处理简明教程[M]. 北京: 中共中央党校出版社, 2005: 168, 258.

[9] 张浩. 最新公文处理规范与实务[M]. 北京: 蓝天出版社, 2005: 210, 332.

[10] 陈天祥. 公共部门人力资源管理及案例教程[M]. 修订版. 北京: 中国人民大学出版社, 2011: 11, 223.

[11] 魏成龙. 公共部门人力资源管理[M]. 北京师范大学出版社, 2008: 75.

[12] 张一驰, 张正堂. 人力资源管理教程[M]. 第二版. 北京大学出版社, 2010: 93.

[13] 薛子平. 公共部门人力资源绩效管理浅析[J]. 经济研究导刊, 2010 (27).

[14] 任焕琴. 公共关系学实用教程[M]. 北京大学出版社, 2012: 10.

[15] 陶应虎, 顾晓燕. 公共关系原理与实务[M]. 北京: 清华大学出版社, 2006: 8.

[16] [英] 大卫·菲利普斯. 网络公关[M]. 陈刚, 袁泉, 译. 北京大学出版社, 2006: 39.

[17] 姚凯. 网络公关及其传播方式研究[J]. 科学管理研究, 2004 (1).

[18] 刘向晖. 网络营销导论[M]. 北京: 清华大学出版社, 2005: 152.

[19] 薛澜, 张强, 钟开斌. 危机管理[M]. 北京: 清华大学出版社, 2003: 42.

[20] 汪玉凯. 公共管理[M]. 北京: 中共中央党校出版社, 2003: 5-6.

[21] 赵平则. 危机管理[M]. 太原: 山西人民出版社, 2005: 93.

[22] David A. McEntire. Disaster Response and Recovery: Stategies and Tactics for

Resilience[M]. John Wiley & Sons. Inc., 2007: 3.

[23] Sarah Norman. New Zealand's Holistic Framework for Disaster Recovery[J]. The Australian Journal of Emergency Management, 2006 (4): 21.

[24] 邹明, 史培军, 周武光, 周俊华. 中国洪水灾后恢复重建行动与理论探讨[J]. 自然灾害学报, 2002 (2).

[25] Natural Hazards Center. Holistic Disaster Recovery: Ideas for Building Local Sustainability after a Natural Disaster[M]. Published by the Public Entity Risk Institute. 2005: 1-10.

[26] 张成福, 唐钧, 谢一帆. 公共危机管理理论与实务[M]. 北京: 中国人民大学出版社, 2009: 313.

[27] 肖鹏军. 公共危机管理导论[M]. 北京: 中国人民大学出版社, 2006: 223.

[28] 风笑天. 社会学研究方法[M]. 第三版. 北京: 中国人民大学出版社, 2009: 53, 289.

[29] 李志, 潘丽霞. 社会科学研究方法导论[M]. 重庆大学出版社, 2012: 133.

[30] 风笑天. 简明社会学研究方法[M]. 北京: 华文出版社, 2005: 226.